全国高等农林院校实验系列规划教材

植物学实验指导

袁 明 姜述君 主编

科学出版社
北 京

内 容 简 介

本书是在袁明主编的《植物学实验》(2006)的基础上，融入了合作院校近年来植物学精品课程建设的成果，结合当前植物学实验教学的发展趋势编写而成的。全书分为基本技能、基础实验、综合性实验和设计性实验以及附录四个部分。基本技能部分主要介绍了光学显微镜的使用、植物显微观察制片技术以及生物绘图法。基础实验的内容涉及植物形态解剖及系统分类；该部分内容除验证性实验外，还增设了"拓展训练"，将探索性思维训练贯穿到每一次实验中，培养学生的探索精神和创新能力。综合性实验和设计性实验提供了10个参考选题，目的在于培养学生综合运用植物学知识分析自然现象的能力，培养学生发现问题、分析问题和解决问题的能力。附录提供了植物学研究常用的方法以及实验准备相关知识，目的在于扩大学生植物学知识面，为进一步独立研究植物现象做准备。

本教材可作为高等农林、师范和综合性大学的生物科学、农学、林学、园林、园艺等各专业本科生的植物学实验教材，也可供中小学生物教师及相关领域的植物爱好者参考。

图书在版编目（CIP）数据

植物学实验指导/袁明，姜述君主编. —北京：科学出版社，2012

全国高等农林院校实验系列规划教材
ISBN 978-7-03-035385-6

Ⅰ.①植… Ⅱ.①袁…②姜… Ⅲ.①植物学-实验-高等学校-教学参考资料 Ⅳ.①Q94-33

中国版本图书馆 CIP 数据核字（2012）第 196361 号

责任编辑：吴美丽/责任校对：林青梅
责任印制：师艳茹/封面设计：耕者图文设计

科学出版社 出版
北京东黄城根北街 16 号
邮政编码：100717
http://www.sciencep.com

天津市新科印刷有限公司 印刷
科学出版社发行　各地新华书店经销

*

2012 年 8 月第　一　版　　开本：787×1092 1/16
2021 年12月第十三次印刷　　印张：13
字数：289 000

定价：39.00 元
（如有印装质量问题，我社负责调换）

《植物学实验指导》编写人员

主　编　袁　明（四川农业大学）

　　　　　姜述君（黑龙江八一农垦大学）

副主编　代其林（西南科技大学）

参　编　刘　静（四川农业大学）

　　　　　古　玉（四川农业大学）

　　　　　周莉君（四川农业大学）

　　　　　王艳红（黑龙江八一农垦大学）

　　　　　杨瑞武（四川农业大学）

　　　　　姜　丹（黑龙江八一农垦大学）

　　　　　胡　超（四川农业大学）

前 言

植物学是高等农林院校植物生产类专业的学科基础课,是一门实践性很强的学科。实验教学是植物学教学的重要环节,对于学生理解基本概念、基础知识和基本理论,培养实验技能、形象思维和创新能力起重要作用。

本书融入了我们近年来植物学实验教学改革的成果,是在袁明主编的《植物学实验》(2006)的基础上,根据这些年在教学实践中发现的问题和从学生中收集到的反馈信息,经过多次调整和修订,并结合当前植物学实验教学的发展趋势编写而成的。本书旨在加强学生对实验技术与动手能力的训练,以及从事科学研究和技术工作的基本素质和创新能力的培养。全书分为植物学实验的基本技能、植物学基础实验、植物学综合性实验和设计性实验以及附录4部分。

植物学实验的基本技能部分,主要介绍了普通复式显微镜以及体视显微镜的使用,徒手切片、撕片、压片、涂片、整体制片和组织离析制片等多种制片技术,以及生物绘图法等多种植物学实验常用的方法和技术。熟练掌握这些实验技术有利于学生独立开展植物学相关研究。在教学过程中,强化植物学实验基本技能环节的目的在于培养和提高学生的实践动手能力,因此基本实验技能训练是植物学实践教学的重要内容之一,始终贯穿于植物学实践教学的全过程。

本书精选了15个植物学基础实验,其内容涉及植物形态解剖、植物胚胎发育、植物界基本类群和被子植物分类等多个学科知识和实验技术;在实验形式设置上,不仅包括传统的验证性实验,还增设了"拓展训练",以培养学生动手能力和创新能力。基础实验部分丰富的实验内容和多样化的实验形式编排不仅验证植物学的基础理论和基本知识,训练学生基本实验的技能,同时也能激发学生的学习兴趣,引导学生用眼观察、动手操作、用脑思考,自觉地将探索性思维贯穿到每一次实验中,培养学生的探索精神和创新能力。考虑到我国不同地区植物种类的差异和不同学校实验教学学时的差异,每次实验所列的实验材料和内容较多,便于任课教师根据具体情况选择取舍。特别是被子植物分类章节,教材选用院校可根据教学需要分为2~7次实验,每次实验选取3~5个科,每个科重点观察1~3种代表植物,重点解剖花或果实,了解其结构特点及其分类学意义;观察每个科不同植物的标本或新鲜材料,了解其形态特点,比较不同种类间的差异;根据观察结果,利用工具书鉴定植物种类。

植物学综合性实验和设计性实验部分,为学生提供了10个参考选题,内容包括细胞的显微化学鉴定,植物茎、叶的形态结构与生境的适应性,植物传粉生物学观察,校园植物和农田杂草调查,植物染色体观察等。2~5个学生组成一个小组,可根据自己的兴趣,在进一步查阅相关文献资料的基础上选定一个选题(也可以根据自己的兴趣自主选题),自行制订更详细的实验方案,自主完成实验准备、实验实施、结果记录和分析。该类别实验的设置目的在于培养学生综合运用植物学理论知识和实验技术去分析自然现象的能力,提高学生发现问题、分析问题和解决问题的能力。

书后附录提供了一些植物形态解剖学的研究手段和方法,包括石蜡切片、冰冻切片、电子显微镜制片技术以及原色标本和浸制标本的制作方法、常用显微镜的种类与用途、植物学实验室常用药品试剂的配制等。目的在于扩大学生的植物学知识面,为其进一步独立研究植物现象做准备。

　　本书每个实验计划 3 学时，在教学实践中可以根据植物学教学大纲的要求，结合实验条件、本地植物资源及专业特点等情况，对实验内容和学时进行相应的调整。

　　本书是由四川农业大学、西南科技大学和黑龙江八一农垦大学的植物学课程骨干教师共同编写完成。植物学实验的基本技能部分由袁明、杨瑞武、胡超和代其林编写；植物学基础实验部分由袁明、刘静、古玉、姜述君、代其林和王艳红编写；植物学综合性实验和设计性实验部分由姜述君、袁明、姜丹、周莉君和代其林编写；附录由袁明、古玉和姜述君编写；全书由袁明和姜述君统稿。本书所用插图均引自国内外有关书籍，由于篇幅有限，未逐一加注。在编写过程中得到了四川农业大学教务处的大力支持，在此深表谢意。

　　限于编者水平，书中的不完善和疏漏之处在所难免，恳请使用者赐教，以便改进和提高。

编　者

2012 年 5 月 4 日

植物学实验室规则

植物学实验室是开展植物学实验教学和科学研究的场所，进入植物学实验室后，必须严格遵守下列规则。

1. 爱护实验室一切仪器及设备，节约水、电和一切消耗物资。
2. 学生应提前5分钟进入实验室，做好实验准备工作。如实验提前结束，须经指导老师许可后，方可离开。
3. 保持实验室的整洁和安静，实验要严肃认真，专心观察，切忌任意谈笑。
4. 每次实验前必须预习本次实验的目的要求、内容、方法和步骤。
5. 实验时，学生应根据实验教材独立操作，仔细观察，随时做好记录。遇到问题，应积极思考，分析原因，排除障碍。对于经自己努力解决不了的问题，应请指导教师帮助。
6. 实验时同学要带上实验指导书、课堂笔记、教科书、实验报告纸、3H（或4H）和HB绘图铅笔各一支，橡皮、直尺（或三角板）等。
7. 一切实验用具用完后要擦洗干净，放回原处，每次实验完毕后按规定交实验报告。
8. 实验中损坏仪器或仪器出现故障时，要及时报告指导老师，以便处理，严禁私自调换仪器。
9. 实验室内一切用具和物品，不得擅自带出实验室。
10. 实验结束后，每个学生要认真填写实验仪器使用记录本，详细记录所使用仪器的情况，并签名。
11. 同学轮流值日，搞好清洁卫生工作。最后离开实验室的同学要检查水、电、门、窗等。

目 录

前言
植物学实验室规则

第一篇 植物学实验的基本技能 ··· 1
   实验一 光学显微镜的构造及使用方法 ································· 3
   实验二 体视显微镜的构造与使用 ····································· 11
   实验三 植物学绘图方法 ··· 14
   实验四 常用植物制片技术 ··· 16

第二篇 植物学基础实验 ·· 23
   实验五 植物细胞 ·· 25
   实验六 植物组织 ·· 32
   实验七 种子和幼苗类型 ··· 39
   实验八 根的形态与结构 ··· 43
   实验九 茎的形态与结构 ··· 50
   实验十 叶的形态与结构 ··· 57
   实验十一 花的组成、花药和花粉粒的结构 ························· 64
   实验十二 雌蕊、种子和果实的结构与发育 ························· 68
   实验十三 藻类、菌类、地衣植物 ···································· 73
   实验十四 苔藓与蕨类植物 ··· 79
   实验十五 裸子植物 ·· 84
   实验十六 被子植物分类的形态学基础（一）根、茎、叶 ··········· 88
   实验十七 被子植物分类的形态学基础（二）花和果实 ············· 96
   实验十八 被子植物分类的基本方法 ································· 107
   实验十九 被子植物分类 ··· 110

第三篇 植物学综合性实验和设计性实验 ································ 137
   实验二十 腊叶标本的制作 ··· 139
   实验二十一 不同生境下植物叶片形态结构的比较观察 ············· 143
   实验二十二 不同植物茎形态结构的比较观察 ······················· 145
   实验二十三 常见观赏植物器官颜色的观察分析 ····················· 147
   实验二十四 田园常见杂草调查与种类识别 ························· 149
   实验二十五 校园植物观察 ··· 151
   实验二十六 植物传粉生物学观察 ···································· 153
   实验二十七 常见中药材的显微鉴定 ································· 155
   实验二十八 植物细胞的显微化学鉴定 ······························· 158
   实验二十九 植物染色体观察 ··· 161

参考文献 ··· 164
附录 ··· 167

附录一　石蜡切片技术·· 169
附录二　冰冻切片技术·· 172
附录三　电子显微镜制片技术·· 174
附录四　研究用生物显微镜·· 177
附录五　原色标本的采集、制作与保存··· 180
附录六　浸制标本的采集、制作与保存··· 183
附录七　国际植物命名法规简介··· 185
附录八　植物实验常用试剂的配制·· 189

第一篇 植物学实验的基本技能

◎ 实验一　光学显微镜的构造及使用方法
◎ 实验二　体视显微镜的构造与使用
◎ 实验三　植物学绘图方法
◎ 实验四　常用植物制片技术

实验一

光学显微镜的构造及使用方法

一、显微镜的结构

光学显微镜的种类很多，一般常用的是复式显微镜。不同复式显微镜的外观虽有不同，但它们的基本结构相同，都是由机械部分和光学部分构成（图1-1）。

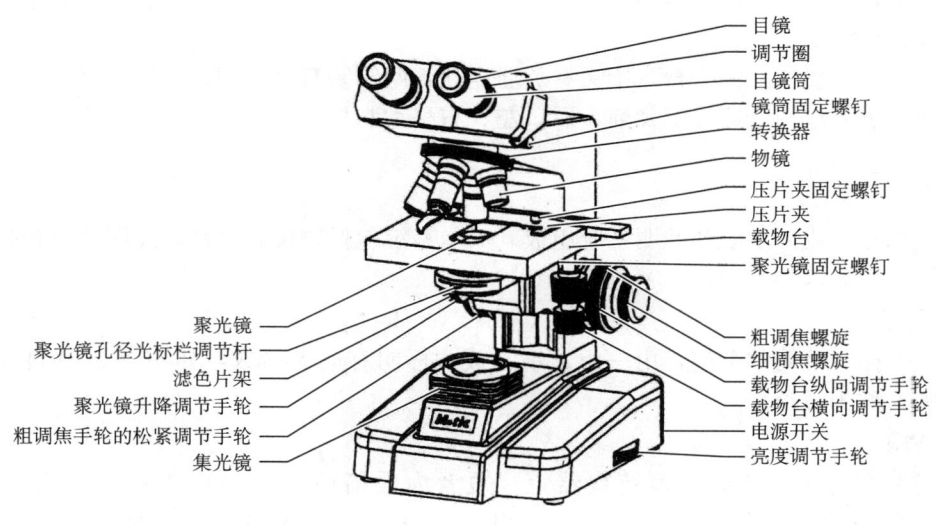

图1-1　光学显微镜的基本结构

（一）机械部分

显微镜的机械装置是显微镜的重要组成部分。机械装置的作用是固定与调节光学镜头、固定与移动制片等。只有机械装置保持良好状态，显微镜才能充分发挥作用。

显微镜的机械装置由各种精密零件组成，主要有镜筒、物镜转换器、粗调焦螺旋、细调焦螺旋、镜座、镜柱、镜臂、载物台等。

1. 镜筒

镜筒为一金属圆筒，上端安插目镜，下端与物镜转换器相连，可以使目镜和物镜的配合保持一定的距离，一般是160 mm。镜筒的作用是保护成像的光路与亮度。

2. 物镜转换器

物镜转换器为位于镜筒下端的金属圆盘，其上有数孔，分别安装低倍物镜和高倍物镜。

在实验中常常需要根据标本的大小和观察要求更换物镜。更换物镜时要利用物镜转换器。每台显微镜在制造时还根据每个物镜的工作距离来确定物镜的高度，使物镜转换器上各个不同倍数物镜的焦距基本处于同一平面。

3. 粗调焦螺旋

粗调焦螺旋为位于镜柱两侧的一对大螺旋，用于调节焦距，旋转一周可使载物台上升或下降 10 mm。

4. 细调焦螺旋

细调焦螺旋为与粗调焦螺旋同轴的一对小螺旋，旋转一周可使载物台上升或下降 0.1 mm。

5. 镜座

镜座为方形金属座，用以稳固和支持镜身。

6. 镜柱

镜柱连接镜座与镜臂，支持镜臂与载物台。

7. 镜臂

镜臂也称执手，连接镜筒与镜柱，是执镜的部位。

8. 载物台

载物台为放置切片的平台，中央有一通光孔，两侧装有固定制片的压片夹，压片夹与推进器相连，可通过推进器的螺旋前、后、左、右移动制片。

（二）光学部分

光学部分由成像系统和照明系统组成。成像系统包括物镜和目镜，照明系统包括照明器（反光镜）、聚光器和光圈。

1. 目镜

目镜安插于镜筒的上端，由一组透镜组成，标明有放大倍数，如 10×。从目镜中观察到的范围，称为视野。

2. 物镜

物镜装在镜筒下端的物镜转换器上，短者为低倍镜（4×和 10×），长者为高倍镜（40×）。物镜的金属筒上刻有 N.A. 0.25、N.A. 0.5、N.A. 0.65 或 N.A. 1.25 等标记，这是镜口率，或称数值孔径，是指光线经过盖玻片引起折射后成光锥底面的口径数值，此数值越大被吸收的光量就越多，观察起来也越清楚。物镜的前端透镜与物体之间的距离称为工作距离。物镜的工作距离与物镜的焦距有关，物镜的焦距越长，放大倍数越低，其工作距离就越长；反之，物镜的焦距越短，放大倍数越高，其工作距离就越短。例如，10×的物镜上可标出 10/0.25 和 160/0.17，此处 10 为物镜的放大倍数（或写为 10×）；0.25 为数值孔径（或写成 N.A. 0.25）；160 为镜筒长度（或机械筒长），单位为毫米；0.17 为所要求的盖玻片厚度，单位为毫米。盖片过厚，超过高倍镜或油镜的工作距离，就观察不到标本。

3. 聚光器

聚光器位于载物台下方，由一组透镜组成。聚光器可以通过螺旋上下调节，以获得适宜光度。聚光器下降亮度降低，上升亮度则加强。

4. 光圈

光圈也称虹彩光圈、可变光圈，由若干金属片组成，位于聚光器下方，可缩小或扩大，借以调节光线的强弱。光强时缩小光圈,光弱时放大光圈。

5. 照明器或反光镜

照明器又称内置光源,安装在镜座上,通常采用高亮度、高效率的卤素灯和非球面聚光镜,可通过亮度调节旋钮调节其亮度。在没有照明器的显微镜都装有反光镜,有平面和凹面,可按需要翻转反光镜以反射不同的光线。

二、显微镜的使用

(一)取镜和放置

(1)搬运时应右手握住镜臂,左手平托镜座,保持镜体直立,不可歪斜。如显微镜有镜臂孔,应双手抓住镜臂孔的两侧,小心搬运(图1-2)。禁止用单手提着显微镜搬运,以免目镜从镜筒中滑出。禁止握住载物台、镜筒等搬运。

 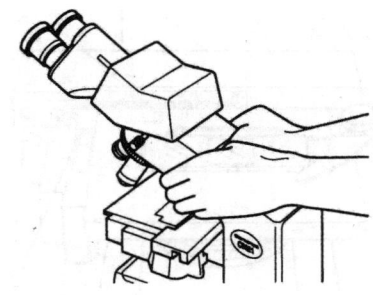

图1-2 拿取显微镜的正确方法

(2)放置桌上时,动作要轻,一般应放在座位的左侧,离桌面边缘约一拳头远(约10 cm),以便观察和防止掉落。

(二)显微镜的使用

(1)取下防尘套,折叠好后放入抽屉。

(2)接好电源,将电源开关拨到I(主电源开的状态)侧。调整灯泡亮度,按箭头方向调整旋钮则变亮,相反则变暗。旋钮周围的数值代表电压值的大小(图1-3)。

 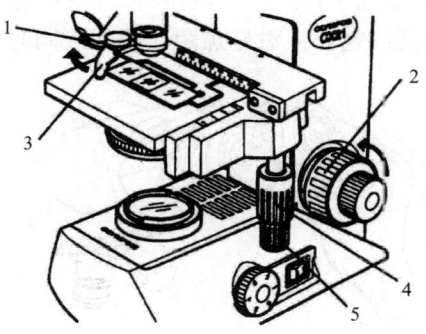

图1-3 调节灯泡亮度
1. 主电源开关;2. 亮度调整旋钮

图1-4 放置制片
1. 压片夹旋钮;2. 粗调焦螺旋;3. 压片夹;
4. 垂直移动旋转杆;5. 水平移动旋转杆

在没有内置光源的显微镜中需要对光。一般情况下可利用由窗口进入室内的散射光（应避免用直射阳光）或用日光灯作光源。对光时，先把低倍物镜对准载物台上的通光孔，然后从目镜观察，同时用手转动反光镜，使镜面向着光源。一般使用平面镜即可，光弱时可用凹面镜。当光线从反光镜表面向上反射入镜筒时，在镜筒内就可以看到一个圆形的、明亮的视野。此时再利用聚光器或虹彩光圈调节光的强度，使视野内的光线既均匀明亮，又不刺眼。在对光的过程中，要体会反光镜、聚光器和虹彩光圈在调节光线中的不同作用。

（3）下降载物台，按箭头方向拉开压片夹，自前向后将制片放入载物台，松开压片夹（图1-4）。转动上侧的垂直移动旋转杆，制片在垂直方向移动，转动下侧的水平移动旋转杆，制片在水平方向移动。通过垂直移动旋转杆和水平移动旋转杆的调整，使观察的材料对准通光孔。请不要直接移动机械式载物台来移动制片，以免损坏旋钮的转动部件。

载物台上的刻度方便确定所观察材料的位置，即使材料移动后也可以很快回到原位。水平刻度的标识位置以1的位置来读取，垂直刻度的标识线以2的位置来读取（图1-5）。

图1-5 载物台位置刻度
1. 水平刻度读取位置；2. 垂直刻度读取位置

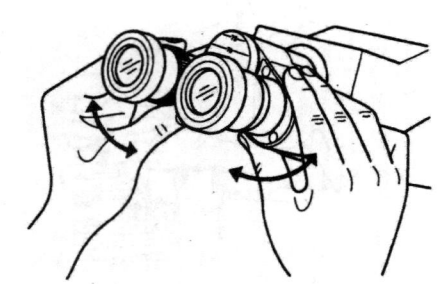

图1-6 调整瞳距

（4）旋转镜头转换器，将低倍镜对准通光孔，调节粗调螺旋，将载物台升至最高。然后一边看目镜，一边缓慢调节粗调螺旋下降载物台，直到看到制片中实验材料的影像为止。如果物像不够清晰，可轻轻来回调节细调螺旋，直到图像最清晰。

（5）调整瞳距，使两眼同时看到一个显微镜像，能防止观察时的疲劳。具体方法是：一边看目镜，一边移动双目镜筒，让左右视野一致（图1-6）。记住自己的瞳距值，利于下次观察时的调整。

（6）调整屈光度，以右眼看右侧目镜，调整调焦螺旋对好焦距，以左眼看左侧目镜，旋转屈光度调整环，对好焦距，使两眼同时看到清晰的显微镜像（图1-7）。

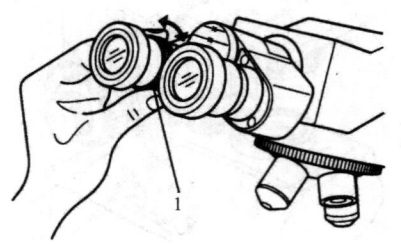

图1-7 调整屈光度
1. 旋转屈光度调整环

图1-8 目镜眼罩的使用方法

目镜眼罩的使用方法：戴眼镜的时候，将眼罩折叠，可防止眼镜和目镜接触造成擦痕；不戴眼镜时，将眼罩按箭头方向拉长，可防止目镜和眼睛之间射入不必要的光线影响观察（图 1-8）。

（7）一般聚光器是在上限位置使用，但观察视野亮度不太均衡时，用聚光器上下移动旋钮向下微调聚光器，可获得良好的照明。虹彩光圈上刻有物镜倍率（4×、10×、40×、100×），观察时将与使用物镜相对应的倍率调整到正面(图 1-9)。

（8）在低倍镜下看到清晰的显微镜像后，前、后、左、右移动材料观察，如果需要对某一部位进行详细观察，可先将该部位移到视野中央，再旋转物镜转换器换成高倍镜进行观察，此时只需来回调节细调螺旋即可。如果还不清晰，可回到低倍镜重新开始上述操作。

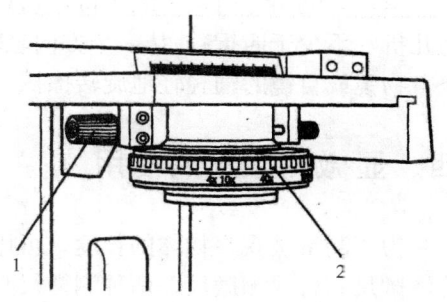

图 1-9　调整聚光器和虹彩光圈
1. 聚光器上下移动旋钮；2. 虹彩光圈

观察时注意光线强弱，尤其是低倍镜与高倍镜转换时，或实验材料透光强度变化较大时，注意使用光圈或调节聚光器的高度来调节好光亮。

注意：

① 旋转物镜转换器时，不要用手指直接推动物镜，这样时间一长就容易使光轴歪斜，破坏物镜与目镜的合轴，使成像质量变差。所以，旋转物镜转换器时，应该用手指捏住旋转碟旋转。

② 在高倍镜下请勿使用粗调螺旋，以免损坏制片和镜头。

③ 由于高倍镜与制片的距离非常近，请勿在高倍镜下直接取放制片。

④ 要使用高倍镜观察，请一定先在低倍镜看清楚后，再切换到高倍镜。

（9）在油镜使用前，也必须先从低倍镜中找到被检部分后，再换高倍物镜调节焦距，并将被检部位移到视野中心，然后再换用油镜。

在使用油镜前，一定要在盖玻片上滴加一滴香柏油（镜油），然后才能使用。当聚光器镜口率在 1.0 以上时，还要在聚光器上面滴加一滴香柏油（油滴位于载玻片与聚光器之间），以便使油镜发挥应有的作用。

在用油镜观察标本时，绝对不许使用粗调焦螺旋，只能用细调焦螺旋调节焦距。如盖玻片过厚不能聚焦，应注意调换，否则就会压碎玻片或损伤镜头。

油镜使用完毕，需立即擦净。擦拭方法是用棉棒或擦镜纸蘸少许清洁剂（乙醚和无水乙醇的混合液），将镜头上残留的油迹擦去。否则香柏油干燥后，就不易擦净，且易损坏镜头。

（10）观察结束后，关掉电源，拔下插头，将物镜移离光路，取下制片，将载物台降至原位，将压片夹移回原位。用清洁擦布（纸）擦拭机械部分，用镜头纸擦拭光学部分。套好防尘罩，放回原处。

三、显微镜的保护

（1）显微镜是精密、贵重的仪器，应特别细心爱护，不可任意拆卸。遇有零件失灵或阻滞现象，不得强力扭动，应及时报告指导老师，以便检查修理。

（2）显微镜应经常保持清洁，严防潮湿。在使用中要注意避免水滴、试剂、染液等污损物镜和镜台，如不慎被沾污时，应立即擦拭干净。

（3）显微镜的机械部分沾染的污物与灰尘要用软布擦拭干净。而目镜、物镜和聚光器中的透镜，只能用专门擦镜纸擦拭，切忌用指头、纱布、纸巾等擦拭。擦时要先将擦镜纸折叠为几折（不少于四折），从一个方向轻轻擦拭镜头，每擦一次，擦镜纸就要折叠一次。然后绕着物镜或目镜的轴轻轻地旋转擦拭。

四、显微测微尺的使用

为了测量被观察物体的长度，可用测微尺进行测量，并计算其长度。常用的测微尺有目镜测微尺和台式测微尺，两种测微尺必须配合使用。

1. 目镜测微尺简介

目镜测微尺为一块圆形的薄玻璃片，直径为 20～21 mm，正好能放入目镜的镜筒内，其上面刻有不同形式的标尺（图 1-10）。这种放在目镜内的测微尺有直线式和网格式两种，直线式又分"十"字形和"一"字形两种。直线式测微尺总长 10 mm，分为 10 大格 100 小格。网格式测微尺常用来测量面积或计数。

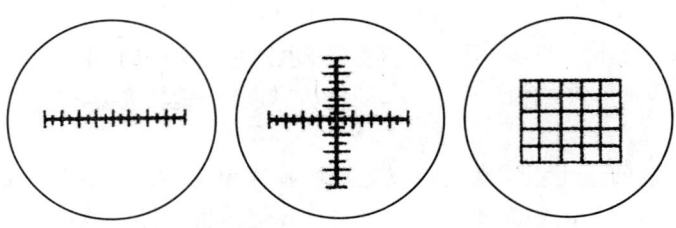

图 1-10　目镜测微尺的种类

2. 台式测微尺简介

台式测微尺是一种特制的载玻片，在中央有一个有刻度的标尺，为直线式标尺，全长为 1 mm，分为 10 大格 100 小格，每小格长度为 0.01 mm，即为 10 μm（图 1-11）。

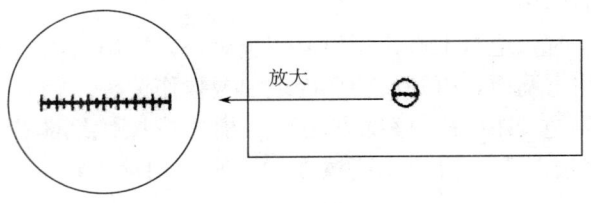

图 1-11　台式测微尺

3. 安装与校尺

先将目镜测微尺从盒中取出擦净，再将目镜取下，并将目镜盖旋下，轻轻将圆玻璃标尺放入目镜镜筒中部的铁环上，盖上镜盖后插入显微镜镜筒，观察标尺是否水平或垂直，可以旋转目镜调整。

目镜测微尺装好后不能立即使用，因为它的长度标准会因物镜的倍数改变而改变，必须在某一物镜下用台式测微尺来校尺。当更换另一个物镜时，必须再次校尺。使用时最好先将 4×、10×、40× 物镜分别校尺，并做好记录。具体测量时要细心，看清物镜的倍率。

校尺时，在某一物镜下将台式测微尺放在载物台上，调整后在目镜的视野中要能见到两标尺平行排放。若不平行，则要慢慢旋转目镜，使之平行。观察两种标尺的大格刻度，发现两种标尺的大格子有两处完全重合对齐时，记录下两者各自的小格子数（图 1-12）。

然后根据下面的关系式计算目镜测微尺小格的格值为多少，并记录物镜的倍率：

$$目镜测微尺的格值(\mu m) = \frac{两重合线间台尺测微尺的小格数 \times 10 \mu m}{两重合线间目镜测微尺的小格数}$$

例如，在 10× 物镜下，目镜测微尺的 10 格等长于台式测微尺的 10 格，即目镜测微尺每小格的长度为 10 μm。

4. 测微尺的使用

校尺完毕，记录下数据，并计算好目镜测微尺在不同物镜组合下的长度后，取下并收好台式测微尺，然后就可以使用目镜测微尺进行测量了。把装有花粉、孢子、孢子囊或单细胞的玻片放入载物台，观察各物体在目镜测微尺下的长度，不要忘了乘以每小格的格值。

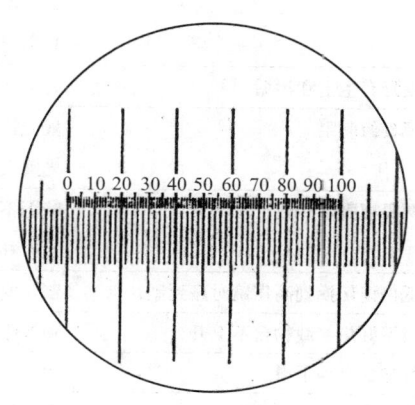

图 1-12 测定目镜测微尺每格的实际长度

五、显微镜有关术语

1. 总放大倍率

显微镜的总放大倍率等于单个物镜的放大倍率与目镜的放大倍率的乘积。

2. 分辨率

衡量光学系统分辨相隔微小距离两个点的能力指标称为光学系统的分辨率。对于一个光学系统，它所能分辨的两点之间的距离越小，分辨率就越高。分辨率与数值孔径的关系为：

$$分辨率 = \frac{\lambda}{2 \times N.A.}$$

式中，λ 为所使用光线的波长。

3. 工作距离（W.D.）

当一个标本图像被清晰聚焦时，从物镜的前端到盖玻片上表面的距离称为工作距离。通常物镜的放大倍率越高，其工作距离越短。

4. 视场数

视场数是指透过目镜可观察到的视场的直径，单位为毫米。例如，如果在目镜的顶端标明 10×/18，则表示目镜的放大倍率为 10×，视场数为 18mm。

5. 物方视场

物方视场是指标本在显微镜下实际能被观察到的圆形区域的直径。它可由下述公式表示：

$$物方视场 = \frac{视场数}{物镜的放大倍率}$$

六、显微镜使用中发生的问题和处理方法

复式光学显微镜使用中常见问题及处理办法见表 1-1。

表 1-1　显微镜常见问题及处理办法

问题	原因	处理方法
视野亮度不均匀	物镜未放入光路	确实放入光路（听到咔哒声）
	聚光器太低	放到最高位
	光学器件有污垢	充分清洁
视野有尘土和污垢	光学器件或标本有污垢	充分清洁
观察像刺眼	聚光器太高	降低聚光器
	光圈太大	对照物镜倍率
两眼视野不一致	瞳距不合适	正确调整
	没有补正两眼视差	正确调整
低倍镜切换到高倍镜时碰到制片	制片安装反了	盖玻片向上重新安装
对不好焦（载物台不上升）	粗调限位太低	调高粗调限位
载物台自动下滑	粗调螺旋松紧度调整环太松	适当调紧
灯泡不亮	电源线没有插好	重新插好插头
	灯泡坏了	更换灯泡

实验二

体视显微镜的构造与使用

一、体视显微镜的一般构造

体视显微镜又称实体显微镜、解剖镜等，具有视场直径大，焦深大，工作距离长，能形成正立、真实感强的物像等特点，便于对微小的物体进行观察和操作。体视显微镜是生物解剖和形态观察不可缺少的一种工具，有多种类型，目前使用最多的是连续变倍体视显微镜，下面以它为例来说明体视显微镜的构造和使用方法。

体视显微镜由光学系统和机械装置两大部分组成（图 2-1）。光学系统由目镜、镜体和内部光学透镜组等部分组成。机械装置由各种精密零件组成，主要有底座、立柱、台板、调焦手轮和变倍手轮等。

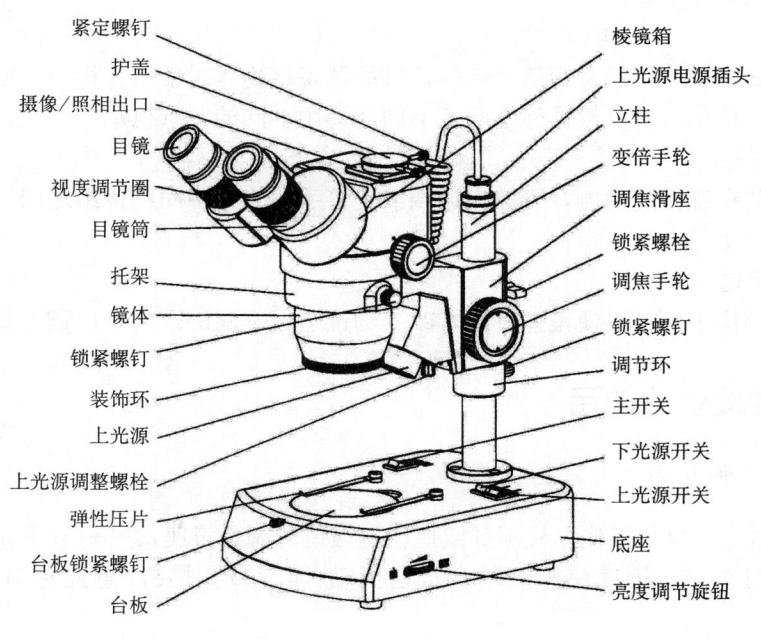

图 2-1 体视显微镜基本构造

1. 目镜

目镜安插于镜筒的上端，由一组透镜组成，标有放大倍数，如 10×。

2. 镜体

镜体中装有圆形转鼓，转鼓上安装着几组不同放大倍数的物镜。其上端安装双目镜筒，下端安装一个大物镜。

3. 五角棱镜组

五角棱镜组组位于物镜和目镜之间的一个密封的金属壳中。标本经物镜作第一次放大后，由五角棱镜使物像正转，再经目镜作第二次放大。这样在目镜中看到的标本像正立，真实感强。

4. 眼罩

用塑料或橡皮等材料制成，呈环状，套在目镜的上端。观察时它能遮挡住杂散光线的干扰，使镜像亮度增强。

5. 目镜筒

目镜筒上端安装目镜，下端与镜体相连接。两个目镜镜筒之间的距离可以调整，适于瞳孔距不同的人使用。

6. 视度调节圈

由于观察者的两眼视力可能会有不同，为充分发挥两眼视力，可转动目镜调焦环使两眼观察的物像同等清晰。

7. 立柱

立柱固定在镜座上，是支撑镜体的支柱。有些型号的显微镜在立柱的上部安装有照明光源，可作反射照明观察。

8. 底座

显微镜的底座，起稳定和支持整个镜体的作用。有些型号的显微镜在底座内部安装有照明光源，可作透射照明观察。

9. 台板

台板位于底座中央，通常为活动圆板，供放置观察物体时使用。板的一面涂成黑色，另一面涂成白色，使用时可以根据标本颜色不同，选用不同的背景色。

10. 变倍手轮

变倍手轮装在镜体的两侧，可以通过调节变倍手轮改变中间物镜组之间的距离，从而改变图像的放大倍率。

11. 调焦手轮

镜体上的调焦手轮可以使镜体升降，改变物镜与标本间的距离，以调节焦距。

二、体视显微镜的使用

（一）取镜和放置

（1）搬运时应一只手握住立柱顶部或握住显微镜的调焦滑座，另一只手托住底座，保持镜体直立，不可歪斜。因底座中间的台板是活动的，移动时要注意避免滑落到地上造成损坏。

（2）放置桌上时，动作要轻，一般应放在座位的左侧，离桌面边缘约一拳头远（约10 cm），以便观察和防止掉落。

（二）显微镜的使用

（1）取下防尘套，折叠好后放入抽屉。

（2）接好电源，打开主开关，旋转亮度调节旋钮调整光源亮度。眼睛从目镜中观察，视野中光线要明亮、均匀。如果两个目镜之间距离不合适,可以适当调节目镜之间的距离。无内置光源的显微镜,让载物台朝向自然光或灯光。

(3) 根据被观察标本的颜色来确定选用黑白板。一般来说,标本的颜色与圆板颜色反差越大越好。

(4) 通常将样品直接放在载物台中央,但像花的解剖等实验过程中要使用到解剖针及镊子,为防止载物台被划出痕迹,应在载物台上先放一张载玻片或一个培养皿等,然后再在上面放入样品进行观察和解剖。

(5) 样品放好后,先旋转变倍手轮到最低放大倍率,两眼从目镜中同时观察样品。如样品较为模糊,则旋转调焦手轮直到样品变得清晰。如观察者左右眼视力存在差异,可调节镜筒上的视度调节圈以校正双目视力差,使图像变得最为清晰。如要再放大观察,可调节变倍手轮逐级放大,再微调调焦手轮使物像清晰。需要注意的是,物像越放大,焦深越小,样品中清晰显示的范围越小。

体视显微镜放大倍数的计算方法同复式光学显微镜,如目镜 $25\times$,物镜 $10\times$,则放大倍数为 $25\times10=250$ 倍。

(6) 观察结束后,将光源亮度旋钮调至最小,关掉电源,拔下插头,将台板清洗干净。用清洁擦布(纸)擦拭机械部分,用镜头纸擦拭光学部分。套好防尘罩,放回原处。

实验三

植物学绘图方法

绘图是植物学教学和科学研究工作中一项重要的基本技能，是否掌握了植物绘图技术，是衡量植物学科技工作者基本素质的标准之一。在实验报告中，或是在将来的科学研究报告中，都需要用一些细胞结构图或轮廓图来表示组织或器官的结构。尽管目前显微摄影已很普遍，但有时也要衬以简洁的线条图以使所显示的结构更加清晰。因此，在学习过程中有必要掌握正确的绘图方法和技巧，现简要说明植物学绘图方法。

(1) 首先要注意科学性和准确性。必须认真观察要画的对象，学习有关的理论知识，正确理解各部分的特征，才能在绘图时保证形态结构的准确性，并说明某一科学问题。绘图前先要把所需要绘图的对象观察仔细，各部分的结构都要看清楚，同时要把正常的结构与偶然的、人为的一些"结构"区分开，然后选那些有代表性的部位进行绘图。

(2) 绘图前要先确定所要绘的图在实验报告纸上的位置和大小，然后才能开始绘图。不能任意地、毫无计划地在实验报告纸上绘图，这样会使所绘的图在实验报告纸上的位置不当，过大或过小都会影响注字和说明。一般需根据在实验报告纸上所需绘图的数量来确定位置，如果要绘两个图，那么先要在实验报告纸上方空档处写下本次实验的名称，余下部分可一分为二，作为两个绘图区域，一定要在实验报告纸上方规定位置上写上班级、专业、姓名、学号、日期。

(3) 当绘图的位置确定以后，就要确定图的大小，一般要尽可能地把图画大一些。如果绘的是细胞图，为了清楚地表明细胞内部结构，所绘细胞不宜过多，只需画 1~2 个即可。如需绘器官的结构图，也不一定把全部切面（如根或茎的横切面）画出，只绘 1/8~1/4 部分即可。

(4) 绘图时先用 HB 铅笔起草，如果画细胞结构图，要把细胞的轮廓轻轻描出。描图时要不断地观察显微镜，注意细胞轮廓的大小、宽窄、长短等是否与观察的细胞相符合，同时也要注意细胞的内部结构。勾画草图时应做到：①轮廓准确、比例协调、空间布置要合理；②落笔轻雅，线条简洁，划线不宜太重，要考虑容易擦去；③保持图面清洁。

当草图与实物基本相符合后，用 3H 或 4H 铅笔把各部分的结构绘出来（图 3-1）。

(5) 绘制生物组织结构的黑白线条图，要求所有线条都要均匀、平滑，不可有深浅、虚实之分；要用点来表示不同部位颜色的深浅或距离的远近，切忌采用艺

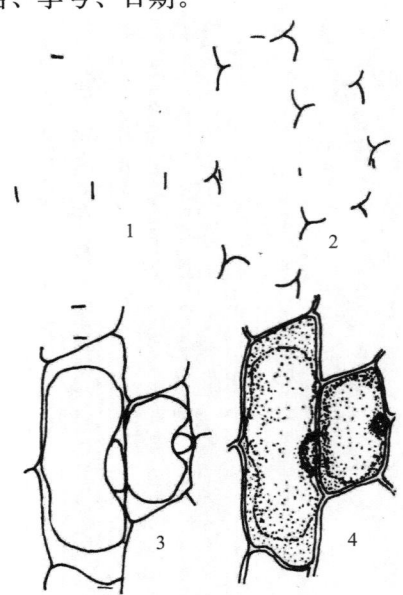

图 3-1 绘图步骤（高信曾，1986）
1~4. 表示绘图顺序

画中写生的画法。线条要尽可能一气呵成，不要反复描绘；点要点得圆、点得匀，不要等画好后，再加点子，后加的点子会显得不均匀。

（6）绘植物细胞结构图时，细胞壁用双线条表示，线条间的距离表示壁的厚度。细胞器用单线条表示，细胞质、细胞核等结构因颜色较深，故用点的疏密表示。液泡一般不用线条绘出，留出较为透明的区域表示其存在的位置、大小和形状即可。绘图时，要不断观察显微镜，力求各部分结构的大小、形状以及与整个细胞的比例都要切合实际。细胞与其他细胞相连接处应绘出一部分来，以表示所绘的细胞不是孤立的。

（7）绘植物器官结构的细胞图时，由于植物各器官细胞数量较多，在绘详图时，薄壁细胞的细胞壁一般用单线条绘出，厚壁细胞用双线条表示细胞壁的厚度，细胞内的结构除特殊情况（如厚角组织细胞内的叶绿体）外，一般可以不表示。不一定把全部的切面（如根或茎的横切面）都绘出来，只绘其中一部分即可，但要清楚地表示各部分细胞的形状、大小、排列方式，一般细胞的内部结构不必表示。

（8）轮廓图与细胞图一样，也要注意各部分结构的比例、大小，区别是不用画出每一个细胞，只需用一些轮廓线把各部分结构在切片中所占的比例以及不同部分排列的相对位置表示出来即可，而无需绘出细胞，色深部分适当用点的疏密表示。

（9）图画好后，要再与显微镜下实物对照，检查一下有无遗漏或错误，然后标注各部分的名称，同时在图下方标注图的名称。注字时要尽可能详细，所注的字最好在图右边一侧，用平行线引出，排列要整齐（图3-2）。

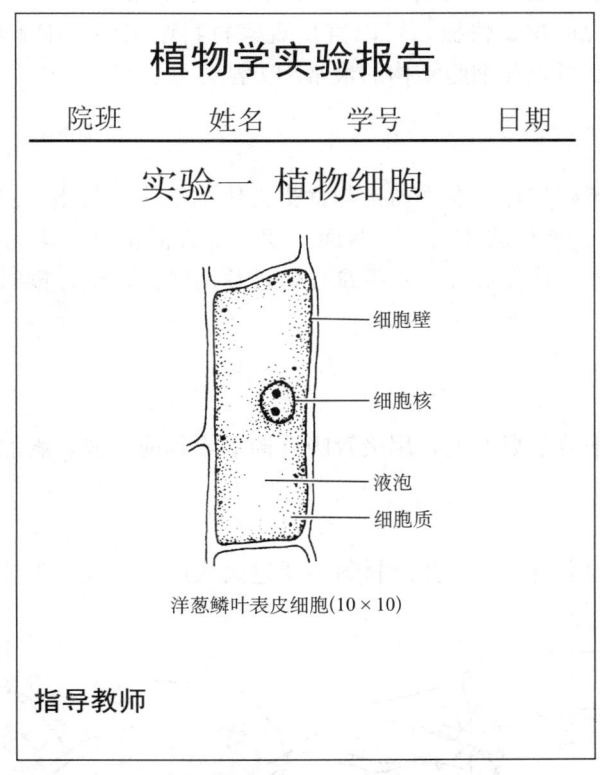

图3-2 植物学实验报告范例

（10）注字及画图一定要用铅笔，不要用钢笔、圆珠笔或彩色铅笔。

实验四

常用植物制片技术

一、临时水装片的制作

在植物学教学和研究中,常常使用光学显微镜观察植物的内部结构。要使用光学显微镜观察植物的内部结构,需先将植物组织切成透明的薄片,然后用载玻片和盖玻片制成玻片标本(或称制片)。在植物学实验教学和科学研究中,玻片标本是很重要的材料。学会制作各种标本,对丰富教学实验内容以及科学研究都具有很重要的意义。根据玻片标本保存时间的长短,可以分为临时装片和永久制片,本章主要介绍临时装片的制作。

临时装片是用少量的新鲜植物材料,放在载玻片上的溶液中,加盖玻片制成的薄片标本。临时装片制作过程简单、快捷,可以直接观察材料中组织、细胞的生活状态和自然色彩,是研究植物器官、组织和细胞结构的最常用方法之一。

(一)擦拭玻片

用干净的纱布擦拭载玻片,左手拇指与食指夹住载玻片的两侧(注意不要用手指涂抹玻片表面),右手持纱布,夹住玻片上、下两面,朝一个方向擦拭干净为止。擦盖玻片时,右手大拇指和食指用纱布夹住盖玻片,左手拿住盖玻片两侧并转动,擦时手指用力要均匀,否则容易损坏玻片。

(二)滴液

将干净的载玻片平放于桌面上,用吸管吸蒸馏水或其他溶液,滴加于载玻片中央。

(三)放置材料

用镊子撕取或挑取新鲜材料,注意材料不要过大或过多,放置于玻片的液滴中,注意不要使材料重叠。

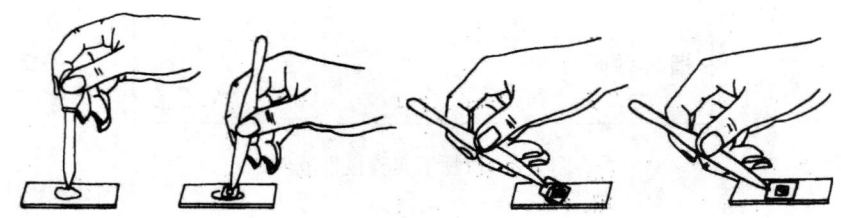

图 4-1 临时水装片的制作过程(王幼芳等,2007)

（四）加盖玻片

用镊子夹住盖玻片的一侧，另一侧靠放在载玻片上液滴的边缘，用镊子夹住盖玻片一边慢慢地往下放，注意不要产生气泡，有气泡会影响观察（图4-1）。盖好盖玻片后，如果水太多，可用吸水纸从盖玻片一侧吸去多余的水，水太少或有气泡，可用滴管吸水，从盖玻片一侧加入，以赶走气泡。盖好片后，用吸水纸擦去多余的水，即可在显微镜下观察。

（五）染色或药剂处理

有时为了使植物组织不同部位细胞显得更为清晰，可以对制片进行染色。从盖玻片一侧加适量染液或其他试剂，在相对的另一侧用吸水纸吸去多余染液以使药液渗入材料。注意将制片外部的液体擦拭干净，以免污染镜头。

良好装片的标准是：材料无皱折、不重叠、水分适宜、无气泡。

临时装片可用各种不同方法制成，如撕片法、徒手切片法、压片法、组织离析法、涂片法等，至于采取何种方法要因材料的性质和观察的目的而定。

二、徒手切片

（一）取材

根据实验或研究目的选取有代表性、软硬适度的新鲜植物材料，用解剖刀或双面刀片截取长2~3 cm的材料一段，并将其截面削平。过于柔软的器官，如幼嫩的叶片，难于直接拿在手中进行切片。切时需夹在维持物中，以便于把握操作，维持物一般用胡萝卜根、马铃薯块茎等，将要切的材料夹于其中。

（二）切片

用左手大拇指和食指夹住材料，并使材料的纵轴面与水平面相垂直。材料的上方突出于手指2~3 mm，不宜太高，否则材料容易摇动。材料的下端可用中指顶住，切片时可将材料缓缓向上顶。右手以拇指和食指拿稳刀片，然后即可切片（图4-2）。

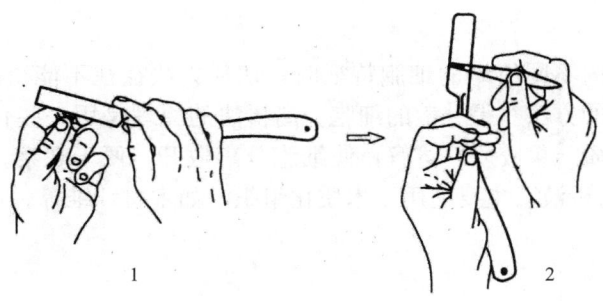

图4-2 徒手切片的方法（汪小凡，2007）
1. 徒手切片姿势；2. 从刀上取下切片

为了避免材料干枯，切片时应使材料的切面和刀刃上保持有水，呈湿润状态。然后刀刃应以水平方向轻轻压住材料，以均匀的力量和平稳的动作，从刀刃的右侧斜向左的方向切。切时要用臂力而不要用腕力，而且不要用力过大，也不可从左右两个方向来回切割材料。每切 2～3 片后，就把所切材料移入盛有清水的培养皿中备用。如果切面倾斜，应立即纠正，否则由于细胞切面偏斜，影响观察。

（三）制片

切片后应尽量选择比较完整的切片，按照临时水装片制作方法制片。有时为了使植物组织不同部位细胞显得更为清晰，可对材料进行染色。

三、撕片法

主要用于制作植物表皮的制片。

（一）取材

选取一生活的洋葱鳞叶。

（二）撕片

用解剖刀在其凹下的一面划若干小方格，从一角用镊子轻轻刺入表皮层，然后捏紧镊子夹住表皮，并朝一个方向撕下（凹面的表皮较易撕下，有时凸面也可以用）。将撕下的表皮迅速放在滴有水滴的载玻片上。

撕表皮时要注意：①不要把表皮撕得过大，如撕下的一块表皮面积大于盖玻片时，则应放在有水的载玻片上，用刀片切成小块，才便于观察；②撕时操作要迅速，勿将撕下的表皮在空气中暴露过久，致使生活细胞由于失水而受到损伤；③撕开的一面最好朝上放在载玻片上，以利于染色和进行组织化学试验的观察；④撕下的表皮一定要平铺在有水的载玻片上，如发生折皱或重叠可用解剖针将其铺平，折皱和重叠都将影响观察效果。

（三）制片

表皮撕好后按照临时水装片制作方法制片观察。

四、离析法

在观察植物器官内不同组织的细胞特征时，切片方法往往不能得到单个细胞的立体形态，因此常采用离析的方法获得分散的细胞。离析法的原理是用一些化学药品配制离析液，把细胞壁中的中层物质（果胶质）溶解，使细胞分离散开，便于观察。离析液的种类很多，常用的有铬酸-硝酸离析液，主要适用于木质化组织，如木材纤维等。

（一）选材

根据实验或研究目的选取有代表性、软硬适度的植物材料，先将材料洗净，用刀切成 1～2 mm 宽的狭条（如叶片）或切成火柴棍粗细的长约 1 cm 的小条（如根茎）。

（二）离析

切好的材料放进小玻璃瓶中，然后加入离析液，加入量约为材料的 20 倍，塞紧瓶塞置于 30～40 ℃的温箱中，浸渍时间因材料性质而异，一些叶片或幼嫩的根和茎，3～4 h 即可，而有些次生结构（如木质部）则需 1~2 天，如超过 2 天仍未离析，应更换离析液一次。对于难于离析的材料，可以先在沸水中煮 20 min，然后再进行离析。

检查材料是否离析，可先取出少许材料，放在载玻片上，加一滴水，盖上盖玻片，然后用小镊子末端轻轻敲打，如果材料分离则表明浸渍时间已够。此后倒去离析液，用清水冲洗，即可制片观察，或放于 50% 或 70% 的乙醇中保存备用。

五、压片法

压片法是将植物的幼嫩器官，如根尖、茎尖和幼叶等压碎在载玻片上的一种制片法。这种方法比较简便，经染色后可作临时的观察标本，也可以经过脱水、透明等过程制成永久的制片。在观察植物细胞的有丝分裂、植物细胞遗传学等方面的研究中应用极为普遍，特别是在染色体数目的检查方面，此法尤为重要。

压片法的主要实验步骤包括：取材→预处理→固定→解离→染色→压片→镜检和封固等。

（一）取材

用锋利的双面刀片截取生长良好的植物的幼嫩根尖或茎尖，长度约为 0.5 cm。

（二）预处理

将材料放入 8-羟基喹啉或对二氯苯等预处理液中进行预处理，使细胞分裂停留在有丝分裂的中期，并使染色体缩短变粗。预处理的时间因材料而异，一般蚕豆根尖用对二氯苯预处理液处理 4~5 h。

（三）固定

一般采用卡诺氏固定液进行固定，固定时间通常为 2~24 h，以低温固定效果较好。材料经固定后，如不立即进行压片，可保存在 70% 的乙醇中，置于冰箱内长期保存。

（四）解离

用酶或盐酸处理固定后的材料，使细胞分离，便于压片。一般是将固定后的材料在 50% 的乙醇中浸泡 5 min，再用蒸馏水洗涤 5 min 后，转入浓度为 1 mol/L 的盐酸溶液中，置于 60℃恒温水浴锅中解离，解离时间一般 2~8 min，时间太短，细胞不易分离，时间过长，则染色体着色浅或不着色。

（五）染色

将解离的材料用蒸馏水充分水洗（3~5 次，每次 5~10 min），取一根尖置于载玻片上，加核染色剂进行染色。加盖玻片静置数分钟或酒精灯上稍微加热（但不能使其沸腾，以免染料沉淀），再静置。

（六）压片

压片时左手食指和拇指套上指套或放张小纸片，紧按盖玻片的两斜对角；右手用解剖针或铅笔等杆状物的平截端在盖玻片上轻轻敲击（为使样品易于观察，可在载玻片下垫一张白纸），当细胞均匀分散成一薄层时，再用吸水纸吸去多余染料。

（七）镜检

将压片置于显微镜下观察，选取染色体分散、清晰的细胞，用记号笔在载玻片和盖玻片上分别作记号。

六、涂布法

涂布法与压片法类似，但材料不必水解离析，适用于花粉和花粉母细胞等疏松组织，可将这些组织均匀地涂布在载玻片上，在花粉粒的发育、染色体数目的检查等教学与科研中广泛应用。

（一）取材

由于新鲜而适用的花药不是任何时候都可以采到，所以必须预先采集花药，经过药液的固定，把花药储存起来，做实验时就不会受到季节的限制。如需要制作花粉母细胞减数分裂全过程的制片，就必须采集幼嫩的、呈绿色的花药（浅绿色而透明者太嫩，黄绿色或黄色者则已过时）。由于不同植物的花期不同，具体的采集时间也不一样。至于观察减数分裂的具体取材时间，因其也有昼夜的节律性，一般于清晨 6~7 时和下午 4~5 时取材效果较好。

（二）固定

一般小型花朵采集后，可将幼嫩小花甚至整个花序固定于卡诺氏固定液中，大型花朵可以只固定雄蕊的花药，经过 2~24 h 后，逐级换入 95% 的乙醇和 85% 的乙醇浸洗，再转入 70% 的乙醇中保存。注意必须洗净固定液中的乙酸，以免材料受腐蚀。若有条件，可将固定的材料保存在 4℃ 的冰箱中，能数年不坏，随用随取，十分方便。

（三）染色与涂布

取已经固定好的材料转入 50% 的乙醇，经蒸馏水清洗后，取出一个花药置于清洁的载玻片上，加一小滴改良的苯酚-碱性品红染色液，用刀片切去花药的一端，用小镊子夹着花药，将其切面放在载玻片上涂抹；或用刀片在花药中部横断为二，再用解剖针从花药的两端向中部断开处压挤，使花粉母细胞散出，并涂布成一薄层（注意去掉药壁的残渣），再滴一滴 45% 的乙酸使之软化与分色；盖上盖玻片，用橡皮头轻压盖玻片，使花粉母细胞均匀散开即可观察。

七、整体制片法

整体制片法是将植物完整的器官或组织进行处理并封藏，观察其形态结构的方法。整体制片操作简单快捷，可以显示器官或组织的完整形态和结构。

（一）取材

选取 0.5~1 cm 的植物根尖置于载玻片上。若需要染色，可在透明前进行。

（二）透明

加一滴乳酸酚溶液于材料上，手持载玻片在酒精灯上稍稍加热，让透明剂浸透而使材料变得透明。加热时注意掌握温度，可一边加热一边用手触摸载玻片，感觉到微微发烫即可，勿使材料变干。

（三）封片

轻轻盖上盖玻片，对较细的根尖，不需要在盖玻片上施加压力，若透明剂挥发过多，可适当添加乳酸酚溶液再封片。

如采用氢氧化钾透明法，先将材料在氢氧化钾溶液中浸泡数小时，若材料较硬，可以在 50℃ 处理 24 h 以上。处理完毕用蒸馏水彻底漂洗，然后再染色、封片。

除上述制片方法外，植物学研究中常用的制片技术还有石蜡切片、冰冻切片和电镜制片等，详见附录。

第二篇
植物学基础实验

- 实验五　植物细胞
- 实验六　植物组织
- 实验七　种子和幼苗类型
- 实验八　根的形态与结构
- 实验九　茎的形态与结构
- 实验十　叶的形态与结构
- 实验十一　花的组成、花药和花粉粒的结构
- 实验十二　雌蕊、种子和果实的结构与发育
- 实验十三　藻类、菌类、地衣植物
- 实验十四　苔藓与蕨类植物
- 实验十五　裸子植物
- 实验十六　被子植物分类的形态学基础（一）根、茎、叶
- 实验十七　被子植物分类的形态学基础（二）花和果实
- 实验十八　被子植物分类的基本方法
- 实验十九　被子植物分类

实验五

植物细胞

一、目的要求

（1）掌握光学显微镜下植物细胞的基本结构。
（2）了解植物细胞后含物的形态特点、分布和化学鉴定方法。
（3）掌握植物细胞有丝分裂各时期的特点。

二、实验用品

1. 新鲜材料

洋葱鳞茎、藓叶、黄豆芽、红辣椒、黑藻叶、胡萝卜根、马铃薯、蓖麻、花生、紫鸭跖草、葱头、美人蕉叶、荨麻叶。

2. 永久制片

蚕豆表皮制片、柑橘叶制片、椴树茎制片、柿核胚乳制片、洋葱根尖制片。

3. 试剂

碘-碘化钾溶液、苏丹Ⅲ染液、食盐水。

三、内容与方法

（一）植物细胞的基本结构

1. 制作洋葱表皮水装片

在光学显微镜下观察植物细胞结构时，必须将植物的细胞、组织或器官做成薄的制片才能观察。这些薄片不能过厚（一般以一层细胞的厚度最好），否则会因为细胞相互重叠，光线不易穿透，导致在显微镜下虽可勉强看到细胞轮廓，但其细致结构很难看清。本实验采用临时水装片法，观察植物表皮细胞的结构。

采用撕片法获得植物表皮材料。具体操作方法和注意事项请见"实验三撕片法"中所述。

表皮撕好后可将盖玻片盖上进行观察。加盖玻片时要格外小心，以免出现气泡。由于空气、水和玻璃的折光率不同，按显微镜设计要求，不加盖玻片的材料不能够得到清晰的物像。这一点很重要，如果初学者不注意此点，将会影响实验的效果。

要掌握在显微镜下识别气泡的能力，初学者时常把气泡误认为细胞。当气泡与观察的材料混在一起时，往往仍会认错。在光学显微镜下小的气泡，由于与水的折光率不同，而出现黑的圆形的像。气泡过大时，则可在气泡中出现观察材料的结构，但这部分与水交界处为一黑色的边缘。如果制片上出现气泡过多，应重新加盖盖玻片。

在低倍物镜下观察洋葱表皮的细胞，好像一网状结构，每一网眼即为一个细胞，网络为细胞壁。细胞排列紧密没有细胞间隙。选择最清晰的部分移到视野中央，然后换高倍物镜对细胞的内部结构进行仔细观察（图5-1）。

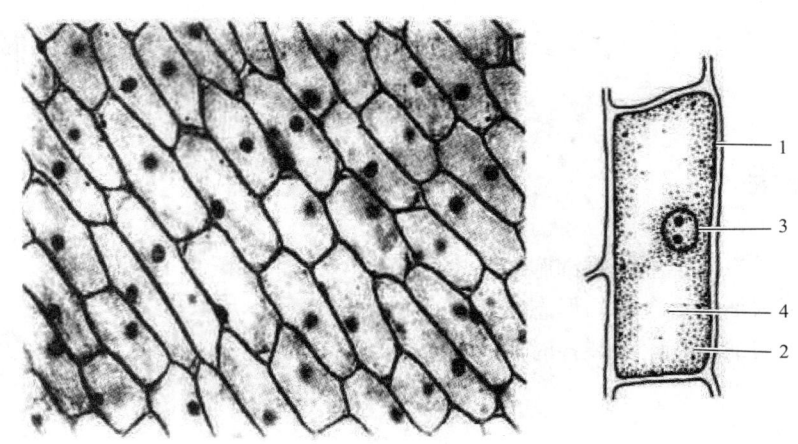

图5-1 洋葱鳞叶表皮细胞的构造（金银根，2007；姚家玲，2009）
1. 细胞壁；2. 细胞质；3. 细胞核；4. 液泡

观察对应注意下列结构。

细胞壁：在细胞的最外层，撕下的表皮层如果细胞完整，则每一细胞为一长而扁的盒子。一般至少有6个面，即有6个方向的细胞壁。但由于细胞壁是透明无色的，上、下两层壁看不出，只能看到一长方形轮廓。现在所看到的细胞壁，都是两相邻细胞所共有的，也就是由3层所组成，两层初生壁和中间的中层（胞间层）。在高倍镜下，细胞壁的厚度不均匀，有时可见到初生纹孔场。

液泡：细胞壁以内为原生质体，在已成熟的表皮细胞中，可以看到细胞中体积最大的是液泡，它将细胞质、细胞核等挤到外围与细胞壁紧紧地贴在一起。液泡中的细胞液为溶解各种物质的水溶液，在光学显微镜下看不出什么结构。

细胞核：在不染色的生活细胞中，细胞核为折光性强的卵圆形或圆形球体，在低倍物镜下就能看到。由于细胞核浸没在细胞质中，因而在成熟细胞中，它总是位于细胞的边缘。但有时也会发现有的细胞核位于细胞的中央，仔细思考这是为什么？在细胞核中还可以看到一两个或更多个圆球形颗粒，为核仁。

在观察过程中，有时会看到有的表皮细胞中看不到细胞核。这是因为在撕表皮的过程中把这些细胞撕破，有些结构已从细胞中流出。

细胞质：紧贴细胞壁的一层较为黏稠的物质，在其中除含有细胞核外，还可看到许多细小的颗粒，其中有的为线粒体。由于分辨能力所限，在光学显微镜下只能看到这些结构的轮廓。

为了更好地观察细胞结构，在用新鲜材料观察后，可用碘-碘化钾溶液染色，使细胞的结构，特别是细胞核和细胞质更为清晰，易于观察。在盖玻片的一侧滴加染料（滴在盖玻片边缘的载玻片上），然后用吸水纸自另一端将盖玻片下的水分吸去，把染料引入盖玻片与载玻片之间,对新鲜材料进行染色。

2. 取蚕豆表皮制片观察

可见表皮细胞壁呈不规则的波状以及细胞质、液泡和细胞核各部分的位置分布状况。

(二) 质体

质体是植物细胞所特有的细胞器,在显微镜下一般都能观察到,根据颜色和功能的不同分为叶绿体、有色体和白色体三种。

1. 叶绿体

取藓叶(或黑藻叶)制成水装片,观察可见细胞近长方形,内含许多颗粒状的叶绿体(图 5-2)。然后加一滴食盐水,稍待一会儿观察可见细胞质收缩,部分与细胞壁发生了质壁分离现象。

2. 白色体

撕取黄豆芽茎表皮制水装片,观察可见细胞核周围分布较多的透明颗粒,即白色体。

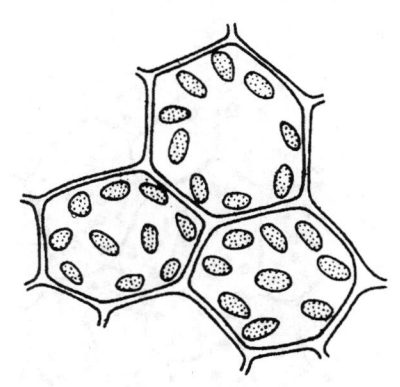

图 5-2 藓叶的叶绿体(姚家玲,2009)

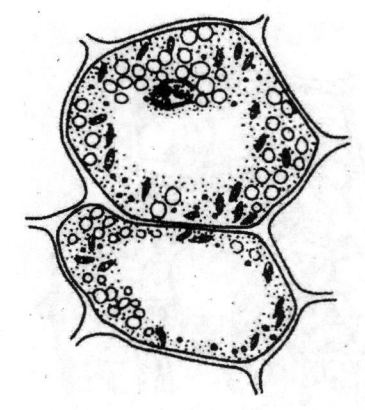

图 5-3 红辣椒果肉的有色体(姚家玲,2009)

3. 有色体

取红辣椒果肉少许,制成临时装片观察,可见果肉细胞中呈红色的、形状各样的有色体(有圆形、纺锤形、多边形等)(图 5-3)。也可用胡萝卜根做徒手切片观察有色体。不同植物的有色体所含有的具体色素类型存在着一定差异,或色素类型比例多少不同,可使质体呈现黄色、橙黄色和橙红色。

(三) 后含物

细胞在生长分化过程中,以及成熟后由于代谢活动产生的储藏物质或废物统称为后含物。有的后含物存在于液泡中,有的存在于细胞器内。在后含物中主要是储藏物质,其中以淀粉、糖、脂类和蛋白质为主。排泄物常为各种形状的晶体。

1. 淀粉粒

切开马铃薯块茎,用刀片在切开的块茎表面轻轻刮一下,将附着在刀刃上的汁液放在一载玻片上,加一滴清水并盖上盖玻片即可观察。用低倍镜观察时,在视野中可见许多大小不同的发亮颗粒,即淀粉粒。在高倍镜下调暗光线观察,可见淀粉粒上的轮纹与脐

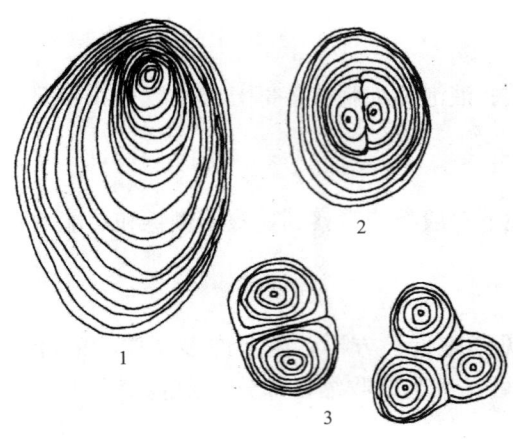

图 5-4 马铃薯的淀粉粒（李扬汉，1984）
1. 单粒淀粉粒；2. 半复粒淀粉粒；3. 复粒淀粉粒

点（马铃薯的脐点不在中央而是偏心的），区别单粒、复粒与半复粒（图 5-4）。观察之后，加一滴碘液，淀粉呈蓝色。染色时不宜滴加过多染料，否则会将淀粉粒染成蓝黑色而看不清轮纹。

2. 糊粉粒

取蓖麻种子的胚乳切一薄片制成水装片，加一滴碘液，可见胚乳细胞内的糊粉粒由储藏在液泡中的蛋白质晶体（多边形）、球蛋白体（球形）和无定形胶质共同组成，呈黄色（图 5-5）。

3. 油滴（脂肪）

取花生子叶做横切制片，加一滴苏丹Ⅲ液染色，可见在细胞内有染成红色的油滴（脂肪滴）（图 5-6）。

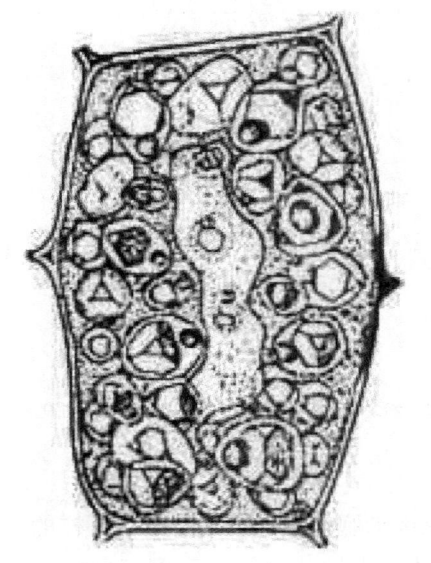

图 5-5 蓖麻胚乳细胞示糊粉粒（李扬汉，1984）

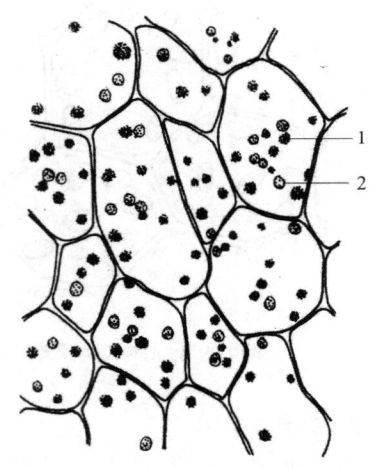

图 5-6 花生子叶细胞，示储藏组织（李扬汉，1984）
1. 蛋白质；2. 油脂

4. 晶体

取葱头鳞叶叶肉细胞制成水装片观察，可见细胞内的短棒状结晶；取柑橘叶制片观察叶肉细胞内的单晶体；取椴树茎制片观察靠近表皮的皮层细胞中的簇状结晶（图 5-7）。

5. 花青素

取美人蕉叶或紫鸭跖草叶表皮制成水装片观察，液泡呈现的颜色即为细胞中花青素存在所致。

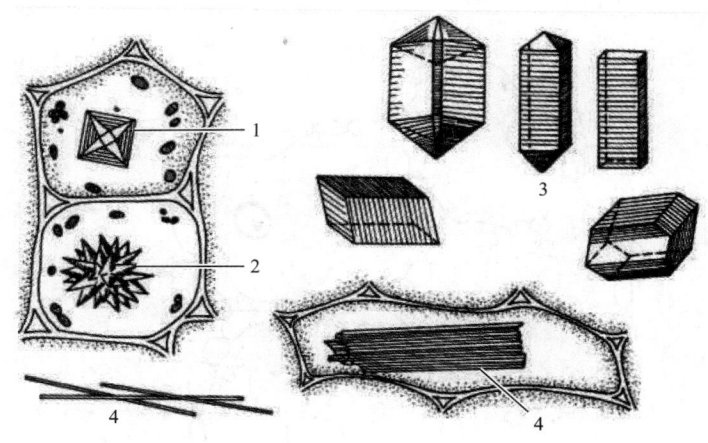

图 5-7　各种晶体（李扬汉，1984）
1. 棱状晶体；2. 簇状晶体；3. 不同的棱状晶体；4. 针状晶体

拓展训练

　　取马铃薯、甘薯、芋头、山药、小麦等植物，观察其淀粉粒的形态特征，探讨淀粉粒的形态特征在物种内部的多样性与物种间的多样性。

（四）原生质流动

原生质流动是细胞的一种生命活动现象，普遍存在于生活的植物细胞中。但由于必须处于生活状态下才能看到，所以在观察时有一定困难。

取荨麻表皮毛或紫鸭跖草花丝上的表皮毛制成水装片观察，在较暗的光线下可见原生质做缓慢旋转流动。

（五）胞间连丝

原生质不仅能在细胞内运动，而且也可以在细胞之间进行流动。细胞间的流动主要借助于相邻细胞间的胞间连丝进行。胞间连丝是穿过细胞壁的原生质细丝，是细胞间物质和信息的传递通道。

取柿核胚乳永久制片观察，可见胚乳组织的细胞壁较厚，壁上有小孔（纹孔），孔内有许多细胞质细丝穿过，即为胞间连丝（图 5-8）。

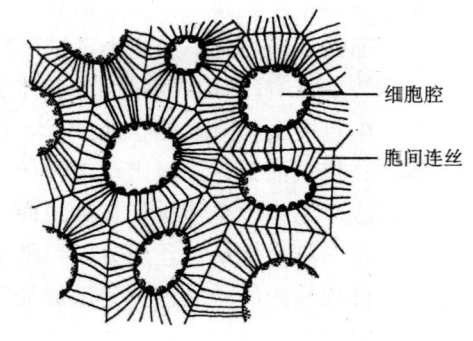

图 5-8　柿核胚乳细胞胞间连丝（王幼芳等，2007）

（六）纹孔

取一块辣椒果皮，并从果皮内侧用刀片刮去果肉细胞，制成临时装片，在低倍物镜下观察。选择薄而清晰的区域，换高倍物镜寻找呈念珠状的两相邻细胞的细胞壁，其上有多个发生相对凹陷的区域，即单纹孔对（图 5-9）。

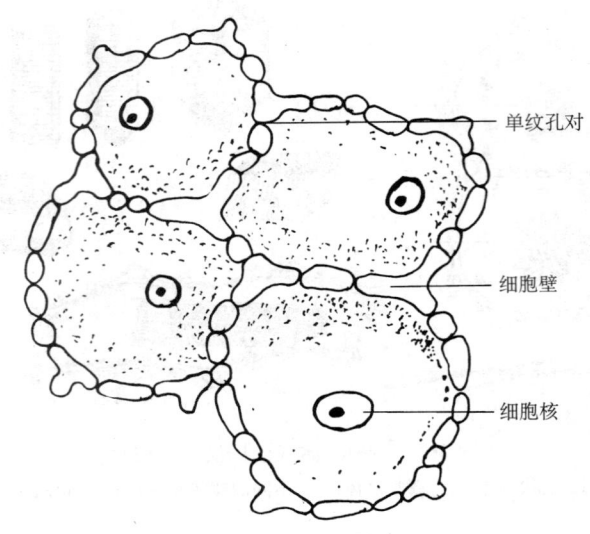

图 5-9　辣椒果实表皮细胞

（七）植物细胞的有丝分裂

细胞分裂是细胞生命现象的重要表现。通过分裂，细胞数目不断增加；通过分裂，植物体才能生长、发育；通过分裂，植物体才能进行世代交替，才能演化发展。有丝分裂是植物中最普遍、最常见的分裂方式，是植物生长发育的基础。在胚体、根和茎等分生组织分布的部位，都能见到这种分裂。有丝分裂包含两个过程，第一个过程是核分裂；第二个过程是细胞质分裂。一个细胞经过一次有丝分裂可产生与母细胞染色体数目相同的两个子细胞。

取洋葱根尖制片观察，根尖顶端有一团呈帽状、排列疏松而形状不规则的细胞群，即根冠；根冠后面约 1 mm 处，细胞小，排列紧密，细胞核大，细胞质浓，即为生长点。在生长点处用高倍镜观察有丝分裂各时期染色体变化的情况（图 5-10）。

前期：染色质聚集成螺旋状的细线，逐渐缩短，变粗为染色体，每条染色体含两条染色单体，核仁、核膜消失，两极出现纺锤丝。

中期：成对的染色单体排列在赤道面上，形成纺锤体。

后期：每对染色体从着丝点分裂，随着纺锤丝缩短移向两极。

末期：移到两极的子染色体分散成为密集的一团，核膜、核仁出现，赤道板上纺锤丝形成成膜体，完成胞质分裂，形成两个子细胞。

四、思考

（1）原生质流动对植物细胞的生活有什么意义？影响植物细胞的原生质流动的因素有哪些？

（2）纹孔和胞间连丝对植物体有何重要意义？

（3）植物细胞后含物中的储藏物质与细胞中的生理活性物质的存在状态有何不同，这种差异的意义是什么？

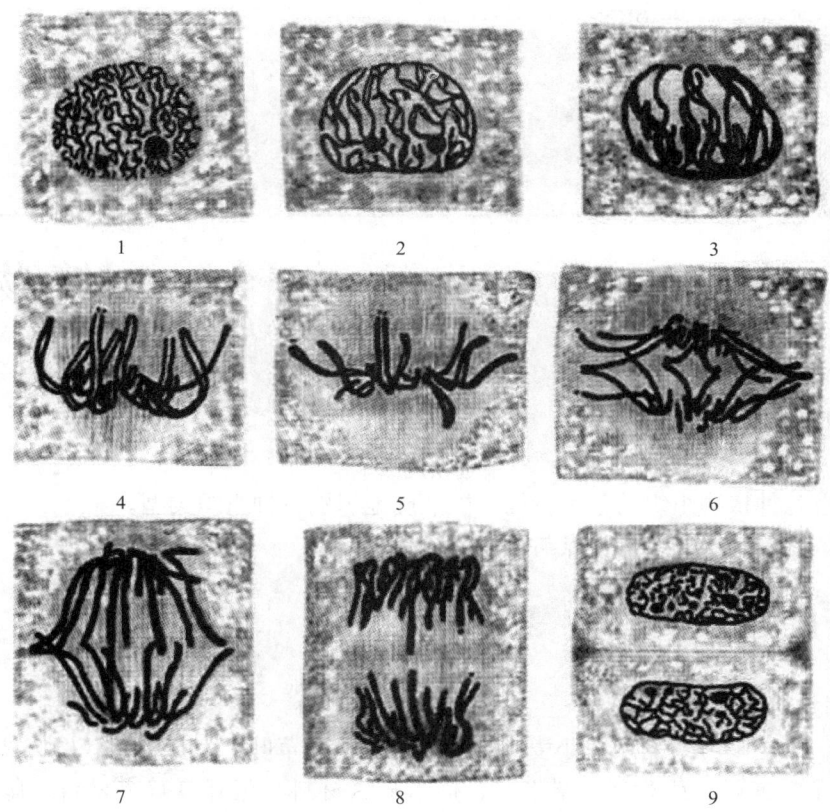

图 5-10 植物细胞的有丝分裂图解（刘穆，2010）
1. 早前期；2. 中前期；3. 晚前期；4. 早中期；5. 晚中期；6～8. 后期；9. 末期

（4）观察植物细胞的有丝分裂选择根尖的什么部位最好，为什么？用植物体的其他部位可以吗，为什么？

五、实验报告

（1）绘洋葱鳞叶表皮细胞图，注明各部分名称。
（2）绘蚕豆叶表皮细胞图，注明各部分名称。
（3）绘马铃薯淀粉粒图，注明轮纹、脐。
（4）绘柿核胚乳细胞胞间连丝图，注明细胞壁、胞间连丝及细胞腔。
（5）绘辣椒果皮细胞结构，注明细胞壁和纹孔。
（6）绘洋葱根尖细胞有丝分裂各个时期图。

实验六

植物组织

一、目的要求

（1）掌握各种植物组织的基本特征，能准确地识别各种组织类型。
（2）理解各种组织的结构特点与功能的统一性。

二、实验用品

1. 新鲜材料

蚕豆叶、天竺葵叶、玉米或小麦叶、女贞叶、鸭跖草叶、女贞枝条、柳树枝条、杨树枝条、木槿枝条、蚕豆或芹菜茎、梨果实、杨木解离材料、蓖麻茎解离材料、蓖麻茎、南瓜茎、芹菜叶柄、柑橘果实、毛茛或油菜花、樱桃叶、香樟或桉树叶。

2. 永久制片

洋葱根尖制片、海桐叶横切片、椴树茎横切片、荷叶或眼子菜叶横切片、马铃薯块茎或红薯块根横切片、南瓜茎横切片、南瓜茎纵切片、松茎横切片。

3. 试剂

番红染液、苏丹Ⅲ染液。

三、内容与方法

（一）分生组织

1. 根尖顶端分生组织

顶端分生组织位于根和茎的顶端，由于其持续的分裂活动，引起根和茎的不断伸长。

取洋葱根尖制片观察，首先从细胞的大小及排列方式区分根冠、分生区、伸长区和成熟区4个部分。注意分生区处细胞小，略呈正方形，细胞核大，细胞质浓，排列紧密，形态上区别于其他部分，并能观察到较多处于分裂期的细胞。

2. 侧生分生组织

包括维管形成层和木栓形成层，在植物体内围绕根、茎等轴向器官呈圆筒状分布，其分裂活动引起根和茎的增粗生长。

取三年生椴树茎横切片，观察维管形成层与木栓形成层的位置及细胞特点，注意与洋葱根尖分生区细胞比较，形态上有何差异？

（二）保护组织

保护组织由一层或数层细胞构成，覆盖于植物体表面起保护作用，能有效减少植物失水，防止病原微生物的侵入，控制植物与外界的气体交换。根据来源和形态结构的不同，保护组织可分为初生保护组织——表皮和次生保护组织——周皮。

1. 表皮

1）双子叶植物的表皮　　取新鲜蚕豆（或天竺葵）叶片，用镊子撕取小块蚕豆叶下表皮（下表皮比较好撕取，为什么？），应为无色透明的薄膜，制成临时装片。先在低倍镜下观察，表皮细胞侧壁呈波浪形，彼此嵌合紧密，有细胞核，但无叶绿体。在表皮细胞间分布着许多气孔器（如撕取的是上表皮，情况会如何？）。气孔器由两个半月形的保卫细胞组成，中间有一孔隙称气孔。换高倍镜观察一个气孔器（图6-1）。仔细观察保卫细胞的细胞壁有何特点？细胞内有无叶绿体？这些特点与气孔的开闭有何联系？

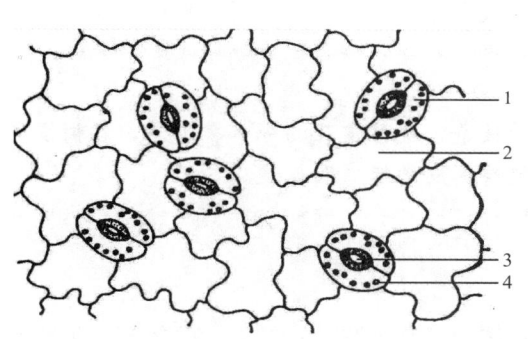
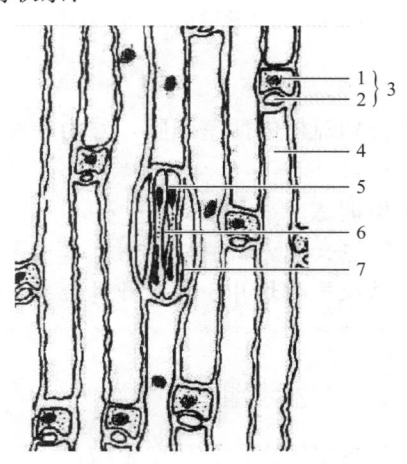

图6-1　蚕豆叶的下表皮（李扬汉，1984）
1. 保卫细胞；2. 表皮细胞；3. 气孔；4. 叶绿体

图6-2　小麦叶的下表皮（高信曾，1986）
1. 栓质细胞；2. 硅质细胞；3. 短细胞；4. 长细胞；5. 保卫细胞；6. 气孔；7. 副卫细胞

2）禾本科植物的表皮　　取玉米或小麦叶表皮制成水装片观察，可见表皮细胞纵行排列，由长细胞、短细胞组成，细胞边缘呈齿状，彼此嵌合紧密（图6-2）。注意观察气孔器的结构特点和分布规律，与蚕豆表皮比较。

玉米或小麦叶的表皮不易撕取，可采用如下的制片方法：剪取一段3 cm左右的叶，上表面朝上放置于干净的载玻片上，左手食指和拇指紧压其两端，右手持刀片轻轻刮去上表皮及叶肉、叶脉等组织，剩下一层无色透明的膜，即下表皮，用刀片切取一小块干净的组织制成临时装片观察。

撕取表皮可观察到表皮细胞及气孔的顶面观，若需观察表皮的厚度及气孔的侧面观，可取海桐叶横切制片观察，可见上、下两侧均有一层无色透明、排列整齐、呈砖形的表皮细胞，也可见气孔。

> **拓展训练**
>
> 表皮及表皮附属物（气孔、表皮毛等）的形态结构、排列等具有丰富的多样性。取女贞、鸭跖草等多种木本及草本植物的叶，撕取叶表皮制作水装片观察，比较表皮细胞的形态、表皮毛的有无及类型，气孔器的组成及排列式样的多样性。

2. 周皮

植物次生生长，导致表皮组织逐渐失去其保护作用，而由周皮代替表皮行使保护功能，周皮在性质上属于次生保护组织。

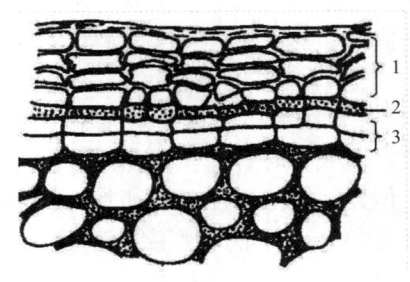

图 6-3　周皮的结构（周云龙，1999）
1. 木栓层；2. 木栓形成层；3. 栓内层

取椴树茎横切片观察，低倍镜下可见椴树茎最外层有数层砖形细胞，排列整齐、紧密相接。换高倍镜观察，可见外面的几层细胞，细胞壁因栓化染色呈橘红色，细胞中空死亡，即木栓层；木栓层内侧 1～2 层细胞较扁小，细胞质浓厚，为具有分裂能力的木栓形成层；木栓形成层以内，有 2～3 层稍大的薄壁细胞，为栓内层。由于木栓层和栓内层都来自于木栓形成层的平周分裂，故在径向上整齐的排列。这 3 种组织合称周皮（图 6-3）。

在周皮上还可以看到某些地方的木栓层不连续，在表皮上裂成唇状突起，即皮孔。皮孔裂口处下方是一群排列疏松的薄壁细胞，称为补充细胞，有通气作用。

> **拓展训练**
> 取女贞、柳树、杨树、木槿等木本植物的枝条，观察皮孔的分布、形态，在树皮部分做徒手横切片，加苏丹Ⅲ染液，稍放置，观察周皮的组成及厚度。

（三）基本组织

基本组织也称为薄壁组织，广泛分布于植物体内，其细胞形状较大，壁较薄，细胞间隙发达，细胞分化程度较低。根据所执行的生理功能的不同，基本组织分为同化组织、储藏组织、通气组织、吸收组织等类型。

1. 同化组织

取荷叶或眼子菜叶横切片观察，介于上、下表皮之间的叶肉细胞，含大量叶绿体，即同化组织。同化组织不仅分布于叶，植物的幼茎、叶柄、花萼等绿色部位也都有同化组织的分布。

2. 通气组织

在荷叶或眼子菜叶横切制片中，靠近下表皮的叶肉细胞间隙发达，形成大的气腔，在植物体内贯穿成气道，能蓄积大量空气，有利于水生植物的气体交换（图 6-4）。通气组织广泛存在于水生植物的根、茎和叶等器官中。

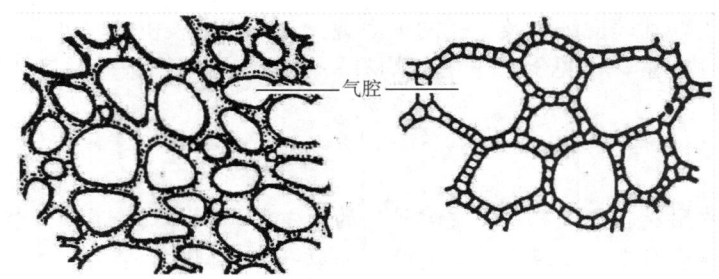

图 6-4　通气组织（周云龙，1999）

3. 储藏组织

取马铃薯块茎或红薯块根制片观察，其中的薄壁组织含有大量淀粉粒。也可取小麦、玉米种子的纵切片观察，胚乳细胞中含有大量淀粉粒。

（四）机械组织

机械组织是在植物体内起巩固、支持作用的一类组织。根据机械组织细胞的形态及细胞壁加厚的方式，分为厚角组织和厚壁组织两类。

1. 厚角组织

厚角组织一般分布于幼茎和叶柄内，细胞壁在角隅处加厚，故称厚角组织，其细胞是生活的，有的还含有叶绿体。取南瓜茎横切片观察，注意紧靠表皮的几层细胞，是许多角隅加厚的细胞（图 6-5）。取蚕豆茎或芹菜叶柄做徒手切片，挑取薄的组织切片制水装片观察，可见分布在棱角处发达的厚角组织。

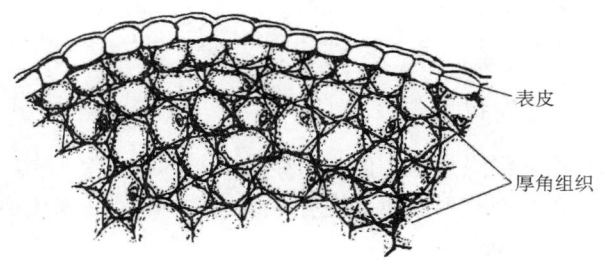

图 6-5　南瓜茎的厚角组织（姚家玲，2009）

厚角组织细胞可以根据下面两个特征识别：一个是它们的细胞具有珠光壁，新鲜材料尤为明显，这是因为增厚的细胞壁为初生壁，除含纤维素外，还含有大量的半纤维素和果胶质，果胶质具有很强的亲水性，而使细胞壁富含水分；另一个是细胞壁在角隅处加厚，相邻细胞的角隅处细胞壁呈星芒状结构。

2. 厚壁组织

厚壁组织的细胞都具有加厚的次生壁，并大都木质化，成熟后细胞死亡。厚壁组织根据细胞形状的不同可分为纤维和石细胞。

纤维：取杨木或蓖麻茎离析材料少许，做临时装片观察，可观察到导管分子、管胞、纤维及木薄壁细胞，其中纤维是长梭形而两端尖削的死细胞，壁厚，细胞腔狭窄，具纹孔（图 6-6）。

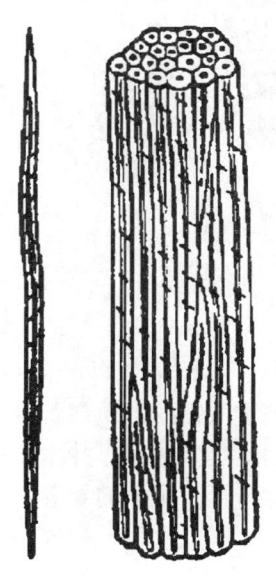

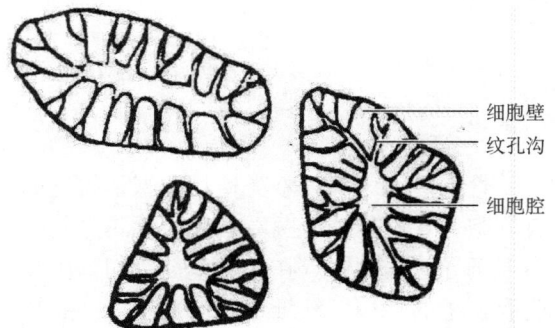

图 6-6　纤维细胞和纤维束（陆时万等，1991）　　　　图 6-7　梨果肉中的石细胞（叶庆华等，2005）

石细胞：取少许梨果肉中的粒状组织置于载玻片上，用镊子将其压散，做水装片观察，可见形态各异的颗粒状细胞，在高倍镜下观察，细胞壁强烈增厚，只剩下分枝或不分枝的纹孔道（沟）和窄小的细胞腔，无原生质体（图6-7）。注意观察相邻的石细胞的纹孔道是对应贯通的。

> **拓展训练**
>
> 还有哪些植物结构可观察到石细胞？找来观察看看不同植物和不同器官中的石细胞有无差异？取不同品种的梨果肉石细胞观察，有无差异？

（五）输导组织

输导组织是植物体内长距离运输水分和各种物质的组织，其细胞呈长管状，细胞间以不同方式相互联系贯通，在整个植物体内成为一个连续的输导系统。

1. 导管

导管存在于木质部，是被子植物的输水组织，由长管状的导管细胞连接而成。在导管成熟过程中，其次生壁不均匀加厚，并木质化成为环纹、螺纹、梯纹、网纹和孔纹等各种类型的导管（图6-8）。取南瓜茎纵切片观察，在木质部可见环纹导管、螺纹导管和网纹导管；取凤仙花茎做徒手纵切片，观察梯纹导管；取蓖麻茎做徒手纵切片，观察孔纹导管。观察时注意与导管周围的管胞、纤维、薄壁细胞等区分。

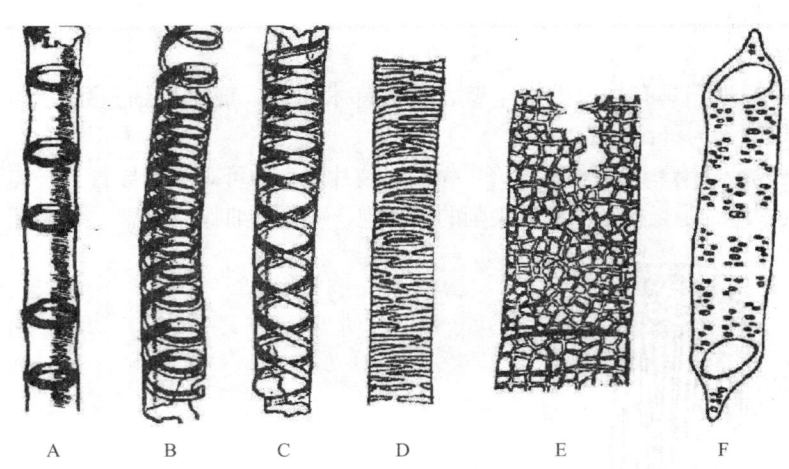

图6-8 导管的类型（刘穆，2010）
A. 环纹导管；B, C. 螺纹导管；D. 梯纹导管；E. 网纹导管；F. 孔纹导管

2. 管胞

管胞是绝大部分蕨类植物和裸子植物的唯一输水结构。被子植物的木质部既有导管，也有管胞。管胞是一个两端斜尖、不具穿孔的管状死细胞，其细胞次生壁加厚并木质化，也有类似于导管的纹饰。在蓖麻茎徒手切片中观察孔纹管胞，注意与管腔粗大的导管，以及与细胞腔狭小的长梭形纤维细胞区别。

> **拓展训练**
> 取蚕豆或蓖麻茎，在幼嫩和成熟部位分别做纵切片，观察木质部的导管类型有什么变化？

3. 筛管与伴胞

筛管存在于韧皮部，是运输有机物质的一种输导组织，由长管状的薄壁细胞纵向相接而成。在南瓜茎纵切片中，位于木质部两侧的主要是韧皮部，可见一种上下相连、管径较粗的管状结构即为筛管，筛管分子的细胞壁为薄壁，细胞一般被染成蓝绿色，相邻的端壁颜色较深，呈圆板状的为筛板，其上有许多筛孔，有许多细胞质细丝穿过筛孔形成"莲蓬状"的联络索。筛管旁有狭长而两端尖的细胞，即为伴胞，伴胞具有细胞核和浓的细胞质（图6-9）。

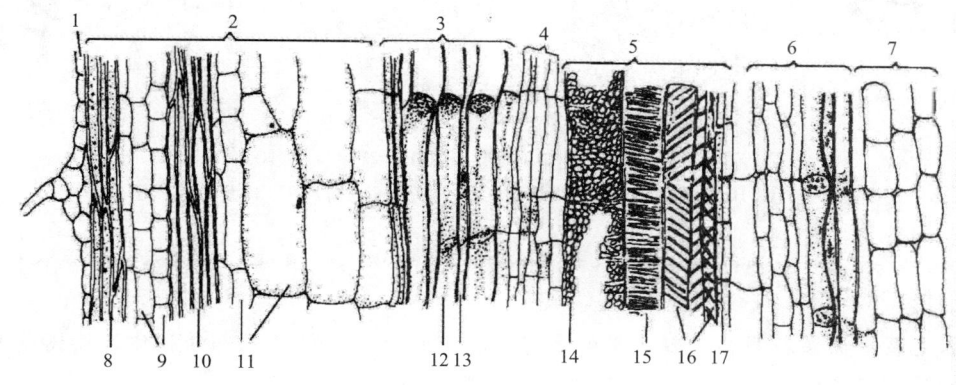

图 6-9 南瓜茎纵切面（姚家玲，2009）

1. 表皮；2. 皮层；3. 外韧皮部；4. 形成层；5. 木质部；6. 内韧皮部；7. 髓部细胞；8. 厚角组织；9. 薄壁组织；10. 纤维；11. 薄壁组织；12. 筛管；13. 伴胞；14. 网纹导管；15. 梯纹导管；16. 螺纹导管；17. 环纹导管

再取南瓜茎横切片，观察茎中的一个双韧维管束，分别在木质部和韧皮部观察导管与筛管，注意其横切面形状（图6-10）。

（六）分泌组织

分泌组织由具有分泌功能的细胞组成。在不同植物中有不同的分布和存在形式，常见的有腺毛、蜜腺、油囊、树脂道和乳汁管等。

1. 腺毛

撕取天竺葵叶表皮制片观察，可见表皮上有两种类型的表皮毛，一种为顶端尖锐的表皮毛，另一种为顶端圆头状的腺毛（图6-11A）。

2. 树脂道

取松茎横切片观察，可见茎各部组织中分布有许多明显的、由分泌细胞围成的管道，称为树脂道

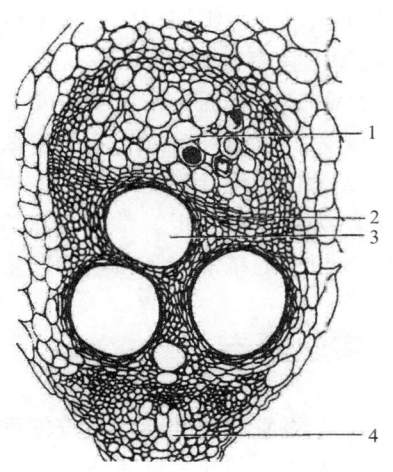

图 6-10 南瓜茎横切面，示一个维管束（王幼芳等，2007）
1. 外韧皮部；2. 形成层；3. 木质部；4. 内韧皮部

（图 6-11C）。

3. 精油腔

取柑橘果皮通过肉眼可见的发亮小点做徒手切片，可见许多薄壁细胞围拢成圆形的腔状结构，腔内有残余的细胞壁存在，这种腔内无完整分泌细胞的腔属于溶生分泌腔，大量的分泌物（精油）储藏在腔穴中（图 6-11B）。

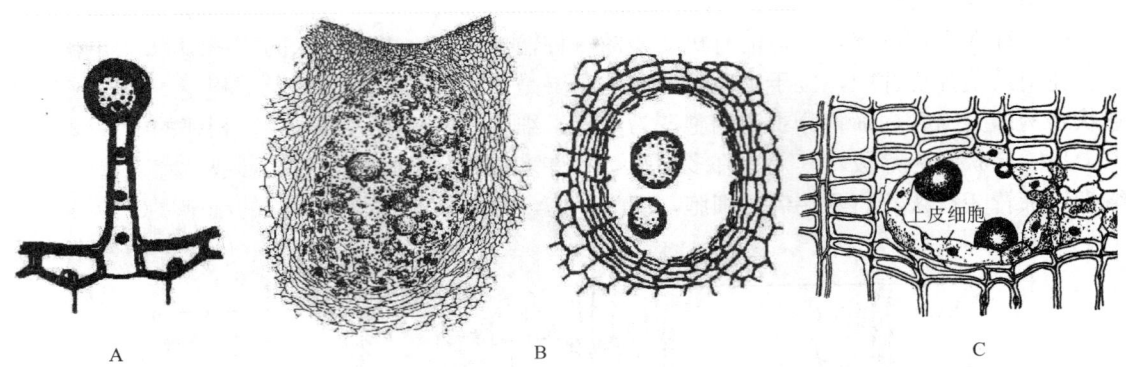

图 6-11 分泌结构（强胜，2006；刘穆，2010）
A. 腺毛；B. 柑橘的精油腔，纵切面（左），横切面（右）；C. 松茎的树脂道

> **拓展训练**
> 取毛茛或油菜花观察花瓣基部的蜜腺，樱桃的叶观察叶片基部的腺体，桉树或香樟叶横切观察其分泌腔，比较分泌结构的多样性。

四、思考

（1）顶端分生组织与侧生分生组织的分布位置、细胞分裂的主要方式有哪些差异？并分析与植物器官生长的关系？

（2）周皮中起保护作用的主要是哪个部分？周皮属于简单组织还是复合组织？

（3）怎样区分纤维和管胞？怎么区分导管和管胞？

（4）为什么说导管输水能力比管胞大？

（5）为什么厚角组织常分布在幼嫩的或经常摆动的器官中？

（6）柑橘的精油腔和松茎的树脂道有何差异？思考它们是如何形成的？

五、实验报告

（1）绘蚕豆或天竺葵叶表皮细胞图，注意气孔器的结构，注明各部分名称。

（2）绘玉米或小麦叶表皮细胞图，注意气孔器及表皮毛，注明各部分名称。

（3）绘 1～2 个梨的石细胞图，注明各部分名称。

（4）绘 3～4 个导管图，注明类型及材料。

（5）绘南瓜茎或芹菜叶柄中的厚角组织细胞图。

实验七

种子和幼苗类型

一、目的要求

（1）掌握种子的组成与类型。
（2）掌握幼苗的类型。

二、实验用品

1. 新鲜材料
蓖麻种子、蚕豆种子、大豆种子、小麦颖果、玉米颖果、蚕豆幼苗、大豆幼苗、小麦幼苗。
2. 永久制片
蓖麻种子制片、小麦颖果纵切片、玉米颖果纵切片。
3. 试剂
碘-碘化钾溶液。

三、内容与方法

（一）种子的形态和结构

1. 双子叶植物有胚乳种子
取蓖麻种子，先观察其形态，外形为扁平的椭圆状，种皮分为内、外两层，最外面一层

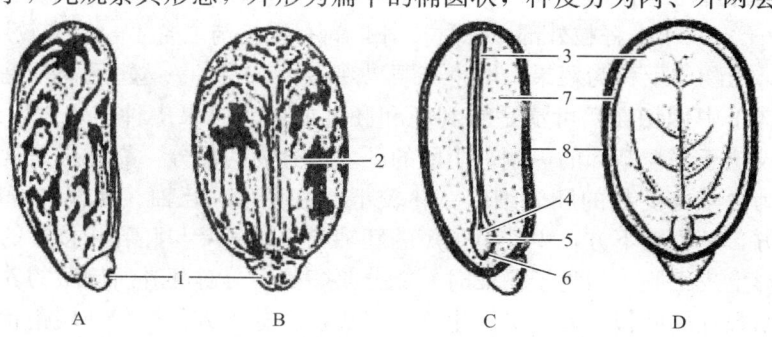

图 7-1　蓖麻种子的形态结构（李扬汉，1984）
A. 种子侧面观；B. 种子腹面观；C. 与子叶面垂直的纵切面；D. 与子叶平行纵切面
1. 种阜；2. 种脊；3. 子叶；4. 胚芽；5. 胚轴；6. 胚根；7. 胚乳；8. 种皮

是光滑、坚硬、有光泽且具有花纹的外种皮，内种皮薄而软。种子一端有一白色海绵状凸起物称为种阜，种孔被种阜遮盖，种脐不明显，种子扁平一面的中央有一条纵向隆起称为种脊，是倒生胚珠的株柄与珠被愈合处留在种皮上的痕迹。剥去种皮可见一层白色膜质物为外胚乳，在外胚乳之内为胚乳部分，胚乳丰富，胚和两片子叶就埋藏于其中，子叶大而薄，具脉纹。两片子叶近种阜端圆锥状突起即为胚根，胚根后端夹于两子叶间的小突起为胚芽，连接胚芽与胚根的部分为胚轴（图7-1）。

> **拓展训练**
> 　　取仙客来、芍药、番茄、木兰等双子叶植物有胚乳种子，观察其外形和内部结构，探讨植物种子的多样性与其萌发的关系。

2. 双子叶植物无胚乳种子

取浸泡后的蚕豆（或大豆）种子观察，其外形略呈肾形，扁平，种皮革质，绿色或黄褐色。种子稍凹一侧有一窄月形黑色斑痕，为种脐，靠近种脐处有一小孔为种孔，用手挤压，便有水溢出。种脐另一端边缘微凸部位即种脊，种脊短而不明显。剥开种皮，可见两片肥厚的子叶（豆瓣），几乎占据了种子的全部体积。掰开子叶，可见两片子叶着生在胚轴上，胚轴上端为胚芽，有两片比较清晰的幼叶，如

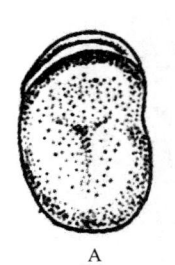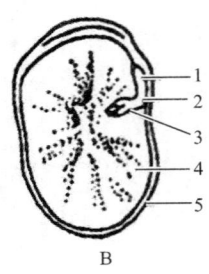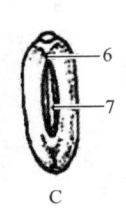

图7-2　蚕豆的种子（高信曾，1986）
A. 种子侧面；B. 去一片子叶的内部结构；C. 种子顶面
1. 胚根；2. 胚轴；3. 胚芽；4. 子叶；5. 种皮；
6. 种孔；7. 种脐

用解剖针挑开幼叶，用放大镜观察，可见胚芽生长点和突起的叶原基。胚轴下方为胚根（图7-2）。

> **拓展训练**
> 　　取一粒浸泡吸胀的菜豆种子进行解剖观察，种子肾形，种皮革质，具种脐、种孔、种脊、种瘤。种皮内部为胚，由子叶、胚芽、胚轴和胚根构成。

3. 单子叶植物有胚乳种子

1) **小麦种子**　　小麦籽粒外部，除种皮外，尚有果皮与之合生，果皮较厚，种皮较薄，两者不易分离，植物学上称为颖果。取小麦颖果观察，顶端有一丛短毛为果毛，从小麦籽粒纵切面（过腹沟正中做切面）可清楚看到胚和胚乳的位置。果皮种皮之内，绝大部分是胚乳，胚很小，仅位于籽粒基部的一侧。小麦的胚乳可分为两部分，靠外层是含大量糊粉粒的糊粉层，其内为含丰富淀粉的胚乳细胞。胚较小，由胚芽、胚轴、胚根和子叶（盾片）组成。胚芽在上方，胚根在下方，中间由很短的胚轴相连。子叶与胚乳相接近的一面，有一层排列整齐的柱形上皮细胞，当种子萌发时，能分泌酶类，分解胚乳所储藏的养料，并转运给胚利用。胚芽由数片幼叶包围着茎尖的生长锥组成，胚芽外方包被着一层鞘状结构，称胚芽鞘。胚根外围包被一层鞘状结构，称胚根鞘，起保护作用。取小麦颖果纵切片观察胚的详细结构（图7-3）。

2) **玉米种子**　　取开始萌发的玉米籽（颖果）观察，可见腹面有一白色倒心形的部分，

为胚所在,沿其中央纵切为两半观察,外为一层坚韧的薄膜,由果皮与种皮合生而成。加一滴碘-碘化钾溶液染色,中部呈现颜色不同的几部分,蓝色部分为胚乳,其余部分为胚,包括:盾片(子叶)、胚芽、胚轴、胚根及胚芽鞘和胚根鞘。用解剖针轻轻挑动胚芽,可见数片幼叶,呈浅黄色,其外有一很薄的胚芽鞘包围。胚根在胚芽另一端,呈锥形,浅黄色,外为胚根鞘包围。胚轴上与盾片相对的外侧有小突起,称为外胚叶(图7-4)。

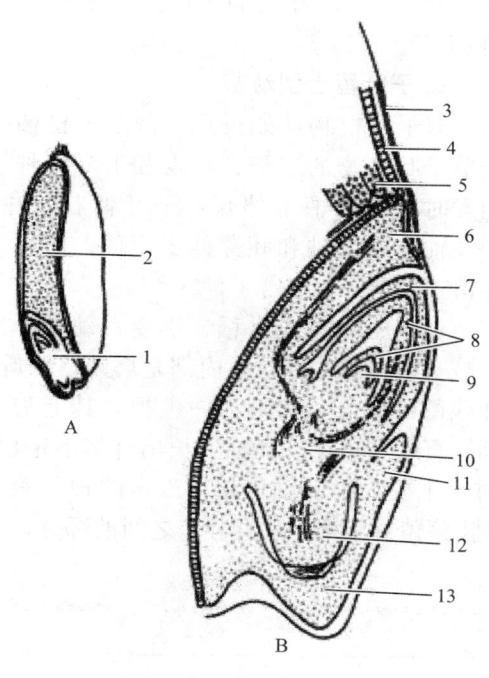

图 7-3 小麦籽粒纵切面图,
示胚的结构(高信曾,1986)
A. 籽粒纵切面;B. 胚纵切面
1. 胚;2. 胚乳;3. 果皮与种皮的愈合层;4. 糊粉粒;
5. 淀粉储藏细胞;6. 盾片;7. 胚芽鞘;8. 幼叶;
9. 胚芽生长点;10. 胚轴;11. 外胚叶;12. 胚根;
13. 胚根鞘

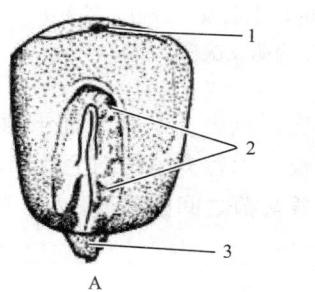 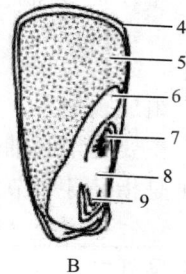

图 7-4 玉米颖果结构图(李扬汉,1984)
A. 玉米颖果外形;B. 颖果纵切面
1. 花柱遗迹;2. 胚;3. 果柄;4. 果皮和种皮;5. 胚乳;
6. 子叶;7. 胚芽;8. 胚轴;9. 胚根

拓展训练

取水稻谷粒观察,其谷壳为外稃、内稃合生而成,剥去谷壳后的糙米为颖果。颖果包含糠层(果皮、种皮和糊粉层的总称)、胚及胚乳。因此,糙米的营养价值高于精米。

(二)幼苗的类型

种子在适宜的条件下萌发形成幼苗,幼苗的形态由于胚轴伸长不同有下面两种类型。

1. 子叶出土型幼苗

双子叶植物,如萝卜、油菜、菜豆、大豆、蓖麻以及瓜类植物的种子,在萌发时,胚根首先伸入土中形成主根,接着下胚轴伸长而上胚轴暂不伸长,将子叶和胚芽顶出土面,形成子叶出土幼苗。子叶出土后接受光照变成绿色,能进行光合作用,当真叶发育后便由真叶进

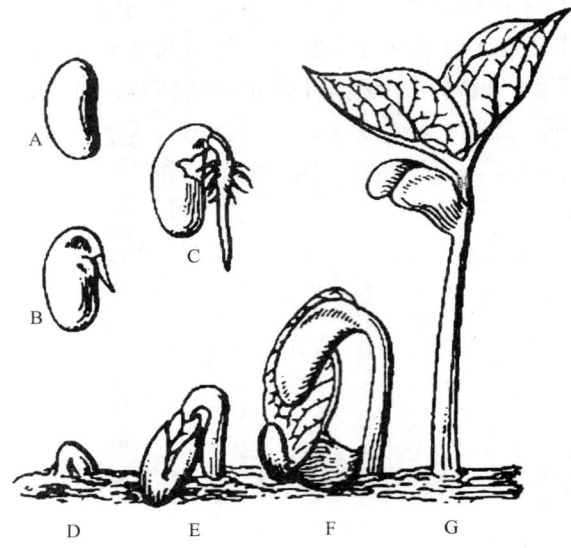

行光合作用，子叶便凋萎脱落。

观察大豆、菜豆、萝卜或油菜幼苗：下部为主根和侧根组成的直根系，上部有两片子叶，顶端有顶芽和两片绿色的真叶。子叶与第一侧根之间的部分为下胚轴，子叶与第一片真叶之间的部分为上胚轴（图 7-5）。

2. 子叶留土型幼苗

双子叶植物，如蚕豆、豌豆、柑橘以及单子叶植物的水稻、小麦和玉米等种子萌发时，下胚轴不伸长，子叶留在土中，上胚轴或中胚轴和胚芽伸出土面，形成子叶留土幼苗。

观察玉米（或水稻、小麦）幼苗，玉米粒（或谷粒、麦粒）内部是盾片（子叶）和残留的胚乳，其下为一主根，其上为胚轴、真叶和顶芽。胚轴上长出许多不定根，

图 7-5 大豆种子的出土萌发（强胜，2006）
A～G 为萌发次序

共同组成须根系。小麦、燕麦、水稻的种子萌发时，主要为上胚轴伸长；玉米的种子萌发时，主要是中胚轴伸长。禾谷类植物的上胚轴是指胚芽鞘节至第一片真叶节之间的部分；中胚轴是指胚芽鞘节至盾片节之间的部分。

> **拓展训练**
>
> 取小麦、玉米、蚕豆、豌豆、菜豆等植物的种子，在寝室使用花盆播种，观察这些植物种子的萌发过程，判断其幼苗的类型。

四、思考

（1）通过实验怎样理解胚是一个幼小的植物体？
（2）蚕豆、蓖麻、玉米等植物种子的子叶各有何主要功能？
（3）幼苗出土类型在生产上有何重要意义？

五、实验报告

（1）绘大豆或蚕豆种子剖面图，注明各部分名称。
（2）绘小麦胚纵切面结构图，注明各部分名称。
（3）以菜豆种子和玉米籽粒为例，比较双子叶植物种子和单子叶禾本科植物籽粒在构造上的异同点。

实验八

根的形态与结构

一、目的要求

(1) 了解根尖的分区及各区特点。
(2) 掌握单子叶、双子叶植物根的初生结构。
(3) 掌握双子叶植物根的次生生长及次生结构特点。

二、实验用品

1. 新鲜材料

小麦或玉米幼根、三叶草的根系、蚕豆的根系、大豆的根系、豌豆的根系、马尾松的菌根、玉米或小麦被真菌侵染的菌根、萝卜直根、胡萝卜直根、红薯块根、麦冬块根、玉米或甘蔗气生根。

2. 永久制片

洋葱根尖纵切片、毛茛或蚕豆幼根横切片、小麦根横切片、鸢尾根横切片、水稻根横切片、油菜或棉花老根横切片、大豆或蚕豆幼根横切片、大豆或蚕豆老根横切片、蚕豆根具侧根横切片、马尾松菌根切片、大豆根瘤切片、棉花（或蚕豆）根瘤切片、红薯块根横切片。

3. 试剂

番红染液、结晶紫染液。

三、内容与方法

(一) 根尖的外形与结构

根的顶端一段称为根尖，根的初生生长、组织的形成以及根对水分和养料的吸收，都集中在根尖部分进行。通常按根尖各部分形态、结构和机能特点，自下而上分为根冠、分生区、伸长区和根毛区4部分。

1. 根尖的外形与分区

选择萌发5~7天的小麦或玉米的幼苗，取生长良好的幼根置于载玻片上，观察根的外形，然后用放大镜观察根尖的各区。最先端略呈透明的帽状物为根冠，根冠内颜色为乳白色、约小米粒大小的部分是分生区（生长点），具根毛的部分是根毛区（成熟区），分生区和根毛区之间为伸长区。

2. 根尖的内部结构

取洋葱根尖纵切片，先在低倍镜下区分根尖的分区，再从顶端向上依次观察根冠、分生区、伸长区和根毛区的细胞特点（图 8-1）。

1) **根冠** 在根尖的最先端，由薄壁细胞组成，像一个套在分生区前面的帽子，在根冠的外侧，可见到某些正在脱落的细胞。思考根冠属于什么组织？位于根的最前端有何生理功能？

2) **分生区** 根冠之内，紧接根冠的一段区域。由排列紧密的等径细胞组成，其细胞壁薄、核大、细胞质浓厚。细胞分裂能力强，高倍镜下可观察到处于不同分裂时期的细胞。

3) **伸长区** 位于分生区和成熟区之间的过渡结构，细胞逐渐停止分裂，沿纵轴伸长，并开始出现初步的组织分化。在制片上常可见到宽大的成串长细胞，想想这些细胞将来分化为成熟区的什么结构？

4) **成熟区** 位于伸长区上方，表面密生根毛的区域。成熟区细胞已分化成各种成熟组织，可见到成熟的环纹、螺纹导管。注意根毛的发生以及结构特点。

成熟区与根冠分界十分明显，而分生区和伸长区的界限并不清楚，想想这是为什么？

（二）双子叶植物根的初生结构

过根尖的成熟区做横切即可观察到根的初生结构。取蚕豆（大豆）幼根或毛茛根横切制片，先在低倍镜下进行整体观察，从细胞形态和排列上可区分为表皮、皮层、维管柱 3 部分。再用高倍镜仔细观察各部分的详细结构（图 8-2）。

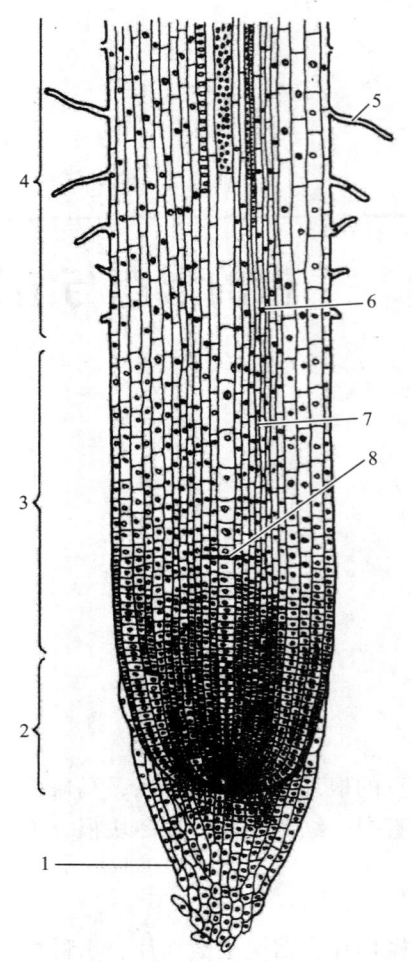

图 8-1 根尖纵切面（姚家玲，2009）
1. 根冠；2. 分生区；3. 伸长区；4. 成熟区；
5. 根毛；6. 内皮层；7. 中柱鞘；8. 原形成层

1. 表皮
最外一层细胞，排列整齐紧密，有些细胞的外壁向外突起形成根毛。

2. 皮层
表皮和维管柱之间的部分，占幼根横切面的大部分。可分为外皮层、皮层薄壁组织和内皮层 3 部分。

外皮层：靠近表皮的 1～2 层细胞，形态稍小，排列紧密。

皮层薄壁组织：外皮层以内数层细胞，大而壁薄，有明显胞间隙的薄壁细胞，常可见细胞内有储藏的淀粉粒。

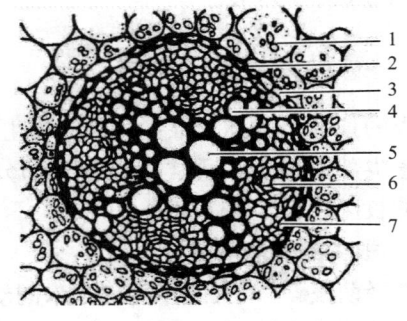

图 8-2 毛茛根的横切面，示中柱（周仪，2000）
1. 皮层薄壁细胞；2. 内皮层；3. 通道细胞；4. 原生木质部；5. 后生木质部；6. 韧皮部；7. 中柱鞘

内皮层：皮层最内的一层细胞，紧接维管柱，细胞小，排列紧密而整齐，毛茛根的内皮层细胞壁六面全部增厚，仅木质部射角相对部位为薄壁细胞（称为通道细胞）。

3. 维管柱

位于幼根的中央部分，由中柱鞘、初生木质部、初生韧皮部和薄壁细胞组成。

中柱鞘：为维管柱最外一层薄壁细胞，紧贴内皮层，细胞较小，排列整齐而紧密。中柱鞘在根的进一步发育中起重要作用。

初生木质部：位于中央，具有4～5个辐射角，可看到被染成红色的导管。辐射角尖端处导管最先发育，管口较小，为原生木质部；靠近中央的导管分化较晚，管口较大，为后生木质部，故根中木质部的发育方式为外始式。

初生韧皮部：位于初生木质部辐射角之间的一团薄壁细胞，含筛管、伴胞。靠外的是原生韧皮部，向内的是后生韧皮部，但在横切面上不易分辨。

薄壁细胞：介于初生木质部和初生韧皮部之间的少数薄壁细胞，是根维管形成层产生的主要来源。

> **拓展训练**
> 取蚕豆幼根做徒手横切片，滴加番红染色，观察其初生结构，比较与毛茛根有何异同？

（三）单子叶植物根的初生结构

取小麦根横切片观察，从外向内依次为表皮、皮层和维管柱3部分，高倍镜下观察各部分的结构特点，注意与双子叶植物根的结构比较（图8-3）。

1. 表皮

最外1层排列紧密的细胞，幼根可见根毛，老根的根毛常已凋落。

2. 皮层

皮层包括外皮层、皮层薄壁细胞和内皮层。外皮层为表皮以内的2～3层细胞，细胞较小，在老根中常栓化为厚壁组织，当表皮脱落后可起保护作用；皮层薄壁组织具多层细胞，大而薄壁，有胞间隙；内皮层仅1层细胞，细胞壁五面增厚，横切面呈马蹄形，在初生木质部射角对着的几个细胞为薄壁细胞（通道细胞）。通道细胞在老根中常次生增厚而失去作用。

3. 维管柱

与双子叶植物相比较，初生木质部和初生韧皮部之间无薄壁细胞，而中央常具有髓。

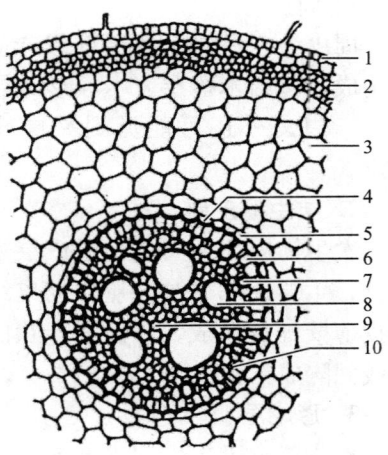

图8-3　小麦根横切（强胜，2006）
1. 表皮；2. 厚壁组织；3. 皮层薄壁组织；4. 内皮层；5. 通道细胞；6. 中柱鞘；7. 原生木质部；8. 后生木质部；9. 髓；10. 韧皮部

中柱鞘：内皮层以内的1层薄壁细胞，细胞较小，排列整齐。

初生木质部：位于根的中央部分，具有10多个辐射角（即原生木质部，故称多原型），后生木质部位于内侧，具有几个大的后生导管。

初生韧皮部：位于初生木质部之间，只有几个筛管和伴胞。

髓：位于根的中央部分，幼根时为薄壁细胞，老根时细胞壁木化增厚。

> **拓展训练**
> 取水稻老根、鸢尾根横切片观察，并与小麦根相比较，结构上有何异同点？

（四）侧根的发生

取棉花（或蚕豆）侧根发生的横切制片，在低倍镜下观察，主根被横切，由外向内可见表皮、皮层和维管柱（图8-4）。在正对初生木质部辐射角处有发生的侧根原基，它是由该处的中柱鞘细胞恢复分裂能力，向外进行平周与垂周分裂形成的。侧根与主根形成一定的角度，所以在切片上看到侧根的纵剖面，侧根生长点的细胞较小、染色较深、核较大，进一步分裂生长穿过主根皮层，突破表皮而形成侧根。

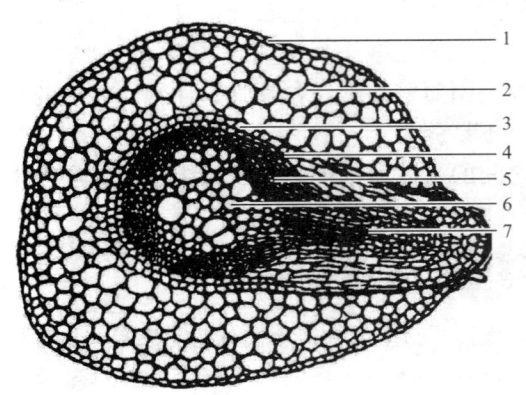

图8-4 棉花根横切面，示侧根发生（强胜，2006）
1. 表皮；2. 皮层；3. 内皮层；4. 中柱鞘；5. 韧皮部；6. 木质部；7. 侧根

（五）双子叶植物根的次生结构

取棉花（蚕豆、大豆、油菜）老根横切制片，在低倍镜下由外而内观察，分别为周皮、韧皮部、形成层、次生木质部、初生木质部和射线等。注意各部分的位置和所占比例。再由高倍镜观察各部分的结构特点（图8-5）。

1. 周皮

周皮为老根外面几层近似砖形的细胞构成，包括木栓层、木栓形成层和栓内层。周皮外还可能见到一层残留的表皮。

2. 次生韧皮部

次生韧皮部为周皮与形成层之间的部分，主要由筛管、伴胞、韧皮纤维和韧皮薄壁细胞构成，并由漏斗状的韧皮射线间隔成锥状。

3. 形成层

形成层位于次生韧皮部与次生木质部之间，有几层扁平的薄壁细胞，排列整齐。理论上形成层细胞仅有一层，由于它向外向内分裂的细胞最初还很幼嫩，与形成层细胞很难区分，而构成形态相似的形成层区。

4. 次生木质部

次生木质部占根的次生结构的主要部分，由导管、管胞、木纤维和木薄壁

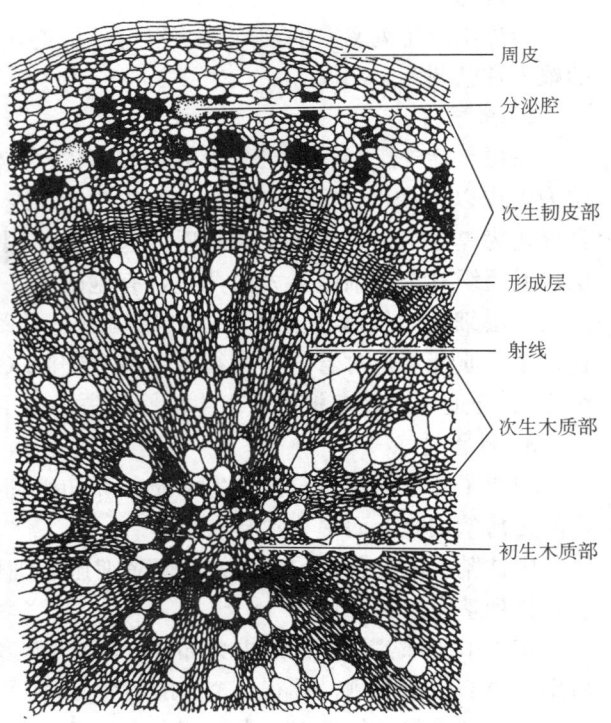

图8-5 棉花老根横切面，示次生结构（李扬汉，1984）

细胞组成。导管、管胞和木纤维的细胞壁常被染成红色，口径较大的是导管，管胞和木纤维的口径较小，两者在横切面上难以区分。

5. 射线

在次生木质部和次生韧皮部内都有一些径向排列的薄壁细胞，位于木质部中的称为木射线，位于韧皮部中的称为韧皮射线。木射线与韧皮射线相连组成维管射线，起横向运输作用。

6. 初生木质部

初生木质部位于根的中心部位，保留在次生木质部内呈星芒状。

思考在根的次生结构中，为什么没有皮层组织？可以观察到明显的初生木质部而很难看到初生韧皮部的结构？

（六）根瘤与菌根

植物的根部和许多根际微生物有密切的关系，它们互相影响、互相制约。微生物不但存在于土壤中，甚至也存在于一部分植物的根组织里，与植物共生，通常有根瘤与菌根两种类型。

1. 根瘤

取蚕豆或大豆的根系，观察根瘤的形态，常在主根或一级侧根上见到一些大小不一的瘤状突起物，呈白色、粉红色。

取蚕豆（或大豆）根瘤横切片于低倍镜下观察，在根的横切面一侧可观察到表皮、皮层和中柱等部分，另一侧由于皮层细胞强烈分裂而畸形增大，为突出的根瘤部分，最外面是表皮，紧挨表皮有数层未被根瘤菌感染的皮层细胞，细胞较小，长扁形，中央是许多大型的薄壁细胞，高倍镜下观察可见细胞中有短杆状的根瘤菌（图8-6）。

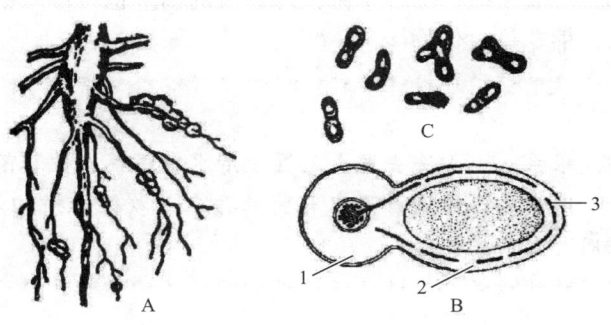

图8-6 根瘤与根瘤菌（陆时万等，1991）
A. 具根瘤的大豆根系；B. 根与根瘤的横切面；C. 根瘤菌
1. 根；2. 根瘤；3. 维管束

取蚕豆（或大豆）的新鲜根瘤，捣碎后取少许根瘤汁液涂于一干净载玻片上，将此载玻片在酒精灯上稍加热烘干，冷却后加一滴结晶紫，染色2～3 min，稍加热，固定，待冷却后冲去多余染液，再烘干玻片，置显微镜下观察，可见到许多被染成紫色、短杆状的根瘤菌。

拓展训练

观察三叶草、蚕豆、大豆、豌豆等多种豆科植物的根系,比较其根瘤着生的位置、大小及形态。

2. 菌根

真菌的菌丝侵染高等植物根部而形成的共生结构,叫做菌根。取马尾松的侧根观察外部形态,在根尖看不到根毛,根的前端变成"Y"形的钝圆的短柱,许多菌丝包在根的外面,形成菌套。取菌根切片观察,可看到菌根内真菌的菌丝侵入皮层细胞的间隙,但不侵入细胞内部,这种菌根属于外生菌根(图 8-7A)。

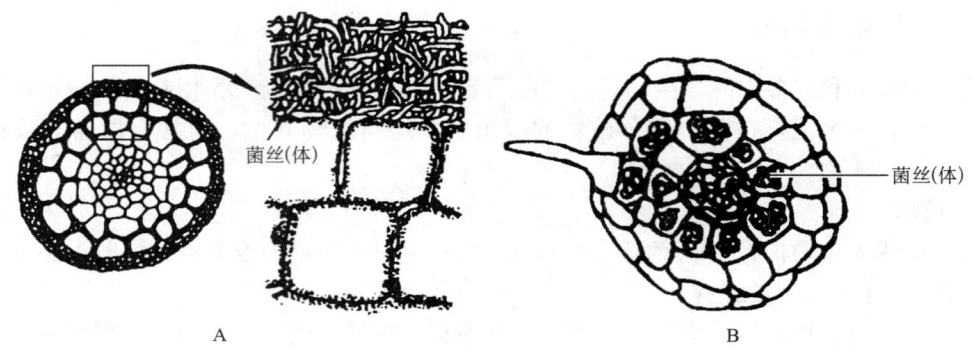

图 8-7　菌根(强胜,2006)
A. 松外生菌根横切及部分放大;B. 小麦内生菌根横切

许多高等植物都可形成菌根,除外生菌根外,有的菌丝也可侵入根部细胞内,形成内生菌根,如水稻、玉米、棉花等农作物。

拓展训练

挖取玉米或小麦根系,小心洗去泥土,置于清水中观察,被真菌侵染的根系表面呈黄色,不形成菌套,肉眼从根外表看不出有菌丝存在。做徒手横切片,显微镜下观察,注意根部皮层细胞内有无内生菌丝?

(七)根的变态

(1)观察萝卜、胡萝卜肥大的直根、红薯由不定根形成的块根以及玉米、甘蔗等由不定根形成的气生根。

(2)取红薯块根横切制片观察其异常结构:从外向内依次由周皮、韧皮部、形成层、木质部组成(图 8-8)。注意以下特点:①作为植物的储藏器官,根内具发达的薄壁细胞,尤其是木质部薄壁细胞,含丰富的淀粉粒;输导组织、机械组织不发达。②在次生木质部中,一些木薄壁细胞恢复分裂能力,转变为额外形成层,产生三生维管束,分散在次生木质部中,呈网状结构。

一些肉质直根或块根的增粗,主要就是强烈的次生生长和三生生长的结果。

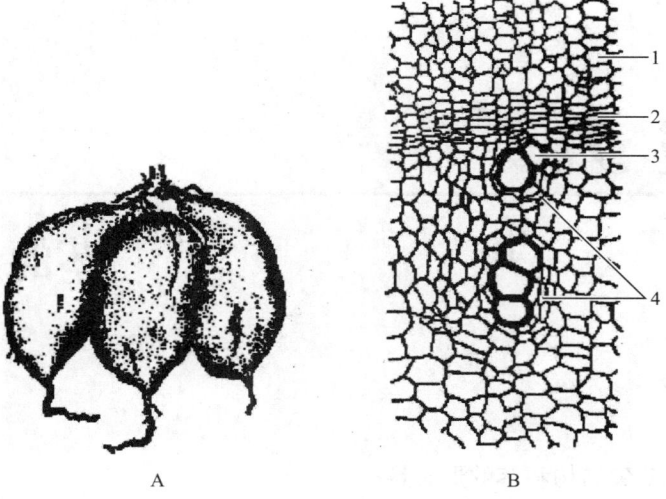

图 8-8　红薯块根（李扬汉，1984）
A. 红薯块根；B. 红薯块根横切部分
1. 软皮部；2. 形成层；3. 导管；4. 额外形成层

> **拓展训练**
> 　　取胡萝卜和萝卜的肉质直根，横切后观察，仔细比较两种根的结构差异，我们食用的主要部分分别属于根的什么结构？

四、思考

（1）观察根的初生结构，是在根尖的哪个部位做横切？为什么？
（2）根据实验观察，比较单子叶、双子叶植物根结构的异同。
（3）根毛和侧根有何不同？它们是如何形成的？
（4）根如何由分生区组织分化出根的初生结构并进一步发育出根的次生结构？

五、实验报告

（1）绘制大豆（或蚕豆、毛茛）幼根横切面细胞图（部分，含维管柱），标注各部分名称。
（2）绘制小麦根横切面细胞图（部分，含维管柱），标注各部分名称。
（3）绘双子叶植物根的次生结构简图，标注各部分名称。

实验九

茎的形态与结构

一、目的要求

(1) 掌握植物茎尖结构和茎的形态特征。
(2) 掌握植物茎的初生结构。
(3) 掌握双子叶木本植物茎的次生结构。

二、实验用品

1. 新鲜材料

丁香植株、大叶黄杨枝条、银桦枝条、桃树枝条、桂花枝条、女贞枝条等，马铃薯块茎、姜根状茎、藕根状茎、洋葱鳞茎、莴苣肉质茎、葡萄茎卷须、柑橘茎刺等。

2. 永久制片

丁香茎尖纵切片、小叶黄杨茎尖纵切片、棉花茎横切片、向日葵茎横切片、玉米茎横切片、小麦茎横切片、水稻茎横切片、三年生椴树茎横切片、松（或杉木）茎木材三切面制片。

3. 试剂

番红染液。

三、内容与方法

（一）枝条的外部形态和芽的类型

1. 枝条的外部形态

取三年生大叶黄杨或其他多年生木本植物的枝条，观察其形态特征：①节和节间；②顶芽与腋芽；③叶痕与芽鳞痕（图9-1）。

2. 芽的结构与类型

取一枝条，首先观察各类芽在枝条上着生的位置及其特点，然后将芽取下。用镊子将芽逐层剥开或将芽纵剖为二，用放大镜观察其结构。芽可根据其生长位置、发育性质、芽鳞有无、活动能力等的不同进行分类，观察校园植物的各种芽。

（二）茎尖结构

观察丁香（或小叶黄杨）茎尖纵切片，先用低倍镜观察，可看到丁香茎顶由原生分生组

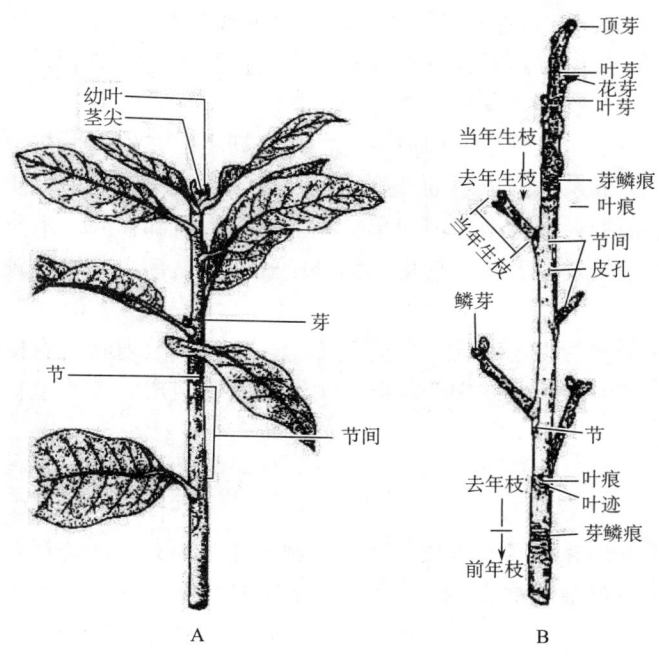

图 9-1 茎的形态（袁明等，2006）
A. 巴豆枝条；B. 核桃三年生枝条外形

织构成的、呈圆锥形的生长点，生长点下方为侧生的、呈圆锥状的叶原基，叶原基将来发育成幼叶，再进一步发育成叶片。叶原基下方及幼叶与幼叶之间，可观察到圆柱状突起，这些突起称为腋芽原基（枝原基），将来发育成侧枝。茎尖原生分生组织下面是由原生分生组织转化形成的初生分生组织，与初生分生组织相连的是由它分化形成的原表皮、原形成层、基本分生组织。原表皮位于最外方，细胞小且排列紧密。原表皮下方是基本分生组织，细胞较大，占了茎尖的绝大部分。基本分生组织中，沿纵行排列的两束细胞，细胞颜色较深，是原形成层。在茎尖还可能看到位于圆锥状茎尖以外的呈半月形的结构，这些组织是包在茎尖外面的芽鳞组织。

（三）双子叶植物茎的初生结构

取向日葵（或棉花）茎的横切片，置显微镜下观察。先用低倍镜观察维管束在茎中分布的情形，然后用高倍镜，从外向内对茎的各种组织进行仔细观察（图 9-2）。

1）表皮　在茎的最外一层，细胞排列整齐而紧密。

2）皮层　由多层细胞组成，紧接表皮的几层细胞为厚角组织，以内有数层薄壁细胞。

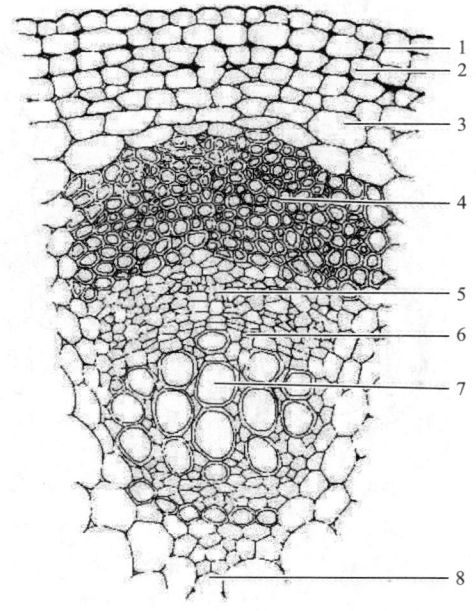

图 9-2 向日葵幼茎横切面图（袁明等，2006）
1. 表皮；2. 厚角组织；3. 薄壁组织；4. 韧皮组织；
5. 初生韧皮部；6. 束中形成层；7. 初生木质部；8. 髓

3）维管柱 包括初生韧皮纤维、维管束、髓射线和髓。

初生韧皮纤维：在皮层以内，维管束外侧，成束排列成眉月形的一群厚壁细胞即是初生韧皮纤维。

维管束：在横切面上，维管束排列成一环，初生韧皮部在外侧，初生木质部在内侧，两者之间为束中（内）形成层，形成层的细胞扁平，叠生，壁薄。初生木质部的发育方式为内始式，其中导管最易识别；导管常径向成串排列。原生木质部在内，木薄壁组织较发达；后生木质部在外，木纤维较发达。初生韧皮部为外始式发育，韧皮部细胞较小，在初生韧皮部外方常可见纤维。

髓射线：是在两个维管束之间的一群薄壁细胞，排列成放射状，内接髓部，外连皮层。

髓：即维管束内方，维管柱的中心部分，由薄壁细胞组成。有些植物较老的茎的髓部中空，形成髓腔。

> **拓展训练**
>
> 取梨的幼茎徒手切片观察木本植物茎的结构，它们的初生结构也是由表皮、皮层和中柱三大部分组成，但梨的维管束排列紧密，髓射线很狭窄。

（四）禾本科植物茎的结构

1. 小麦和水稻茎的结构

分别取小麦、水稻茎横切片置于显微镜下，可观察到它们的茎由表皮、基本组织、维管束构成（图9-3）。

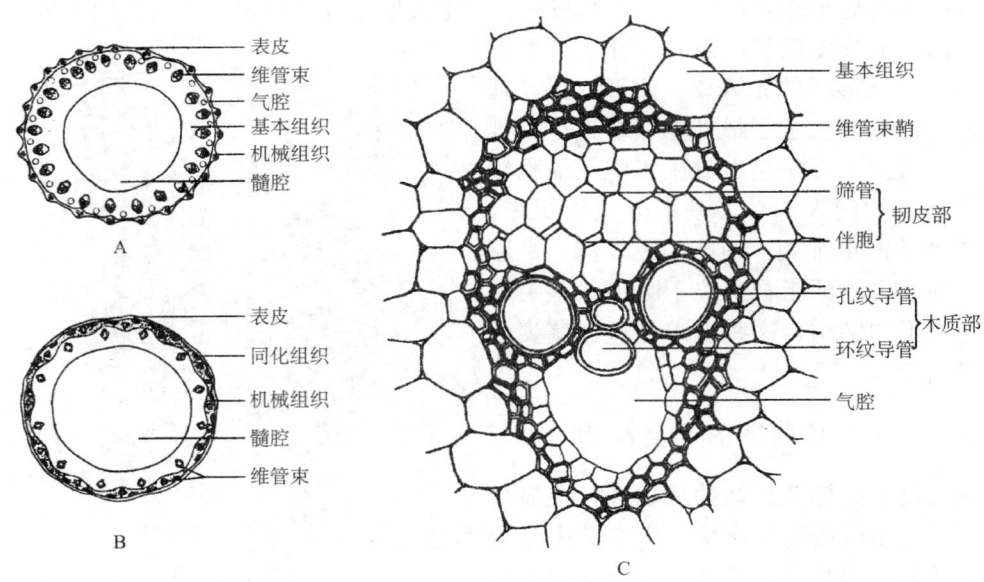

图 9-3 禾本科植物茎的结构（李扬汉，2006）
A. 水稻茎横切面一部分；B. 小麦茎横切面；C. 水稻茎中一个维管束的放大

1）表皮 位于最外层，是一层扁平、排列紧密的细胞，外壁常有角质膜。

2）基本组织 表皮以内充满基本组织（即薄壁组织），紧靠表皮的部位有1~3层被染成红色的厚壁组织，在厚壁组织靠近表皮的部位中散布着含有叶绿体的同化组织。厚壁组织以内是细胞大且胞间隙较大的薄壁组织。水生植物茎的基本组织中分布着由薄壁组织构成的空腔，即通气组织。茎的中央是髓腔。

3）维管束　　小麦和水稻的维管束有内、外两环。外环维管束小，分布在机械组织中，内环维管束大，分布在薄壁组织中。每个维管束由初生木质部、初生韧皮部和维管束鞘组成，是有限外韧维管束。韧皮部位于茎外方，由横切面呈多边形、细胞口径较大的筛管和与筛管相连、横切面呈三角形的伴胞组成。木质部在韧皮部内侧，呈"V"字形，紧接韧皮部的两个大型孔纹导管和中间的管胞是后生木质部，其下方两个小型的环纹导管和螺纹导管是原生木质部；在原生木质部中也有小型的薄壁细胞，常常在两个导管的下方有较大的空腔，这是由原生木质部薄壁细胞破裂形成的，也称气隙。包围维管束的机械组织是维管束鞘，常被染成红色。

2. 玉米茎的结构

观察玉米茎的构造，从外到内由表皮、基本组织、维管束构成，构造与小麦类似。不同点是玉米茎中央没有髓腔，茎中维管束散布在基本组织中（图9-4）。

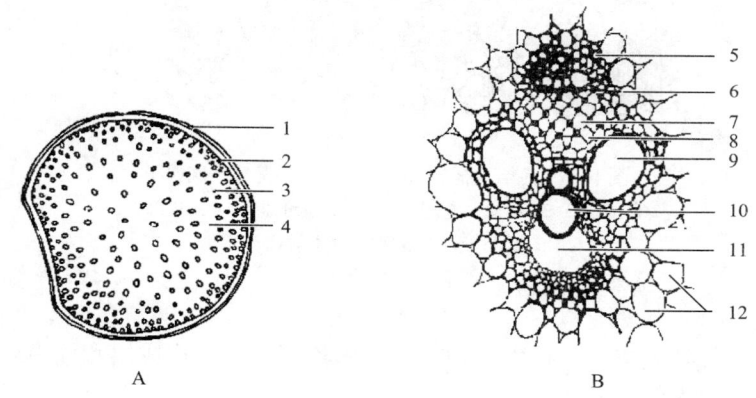

图9-4　玉米茎结构（强胜，2006）
A. 横切图解；B. 一个维管束
1. 表皮；2. 皮层；3. 基本组织；4. 维管束；5. 厚壁组织；6. 原生韧皮部；7. 筛管；
8. 伴胞；9. 后生木质部导管；10. 原生木质部导管；11. 气腔；12. 薄壁组织

拓展训练

制作百合和鸭趾草等单子叶植物茎的横切片，比较其结构与禾本科植物茎结构的异同，并总结单子叶植物茎的特征。

（五）双子叶木本植物茎的次生结构

木本植物是多年生植物，由于形成层长期活动，累积了多年的次生结构，所以次生结构在显微镜下十分明显，尤其是次生木质部。观察三年生椴树茎的横切片，可见以下结构（图9-5）：

1. 表皮

表皮已基本脱落，仅存部分残片，有厚的角质层。

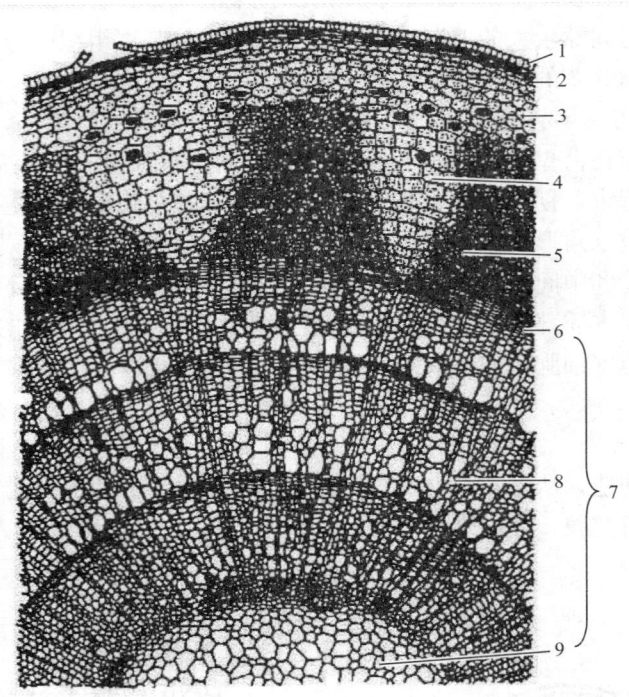

图 9-5 三年生椴树茎横切面（袁明等，2006）
1. 表皮；2. 周皮；3. 皮层；4. 韧皮纤维；5. 韧皮部；
6. 形成层；7. 木质部；8. 木射线；9. 髓

2. 周皮

很明显周皮已代替表皮，行使保护功能，由木栓层、木栓形成层和栓内层组成，细胞长形，扁平。有皮孔存在。

3. 皮层

皮层位于周皮之内、维管柱外方，仅由数层厚角组织和薄壁组织组成，有些薄壁细胞含有簇晶。

4. 韧皮部

韧皮部位于皮层和形成层之间，细胞排列呈梯形（底边靠近形成层），与排列成喇叭状的射线薄壁细胞相间分布。在切片中，明显可见的是被染成红色的韧皮纤维和被染成绿色的韧皮薄壁细胞、筛管和伴胞呈横条状相间排列。注意识别口径较大的、薄壁的筛管和其旁侧染色较深、具核的伴胞。

5. 形成层

只有一层细胞，但因其分裂出来的幼嫩细胞还未分化木质部和韧皮部的各种细胞，所以看上去这种扁的细胞有 4～5 层之多，排列整齐，而且径向壁连成一线。

6. 木质部

形成层以内，横切面上占有最大面积，主要是次生木质部。由于细胞直径大小和壁的厚度不同，可看出年轮的明显界线，呈同心环状。紧靠髓部周围的，有几束是初生木质部，细胞分为导管、管胞、木纤维和木薄壁细胞，此外还有内外排列呈放射状的薄壁细胞——木射线。并注意区别早材和晚材。

7. 髓

髓位于茎的中心，多数为薄壁细胞，还有少数石细胞。那些围绕着大型薄壁细胞的小型厚壁细胞，即环髓带。一般髓细胞的内含物较丰富，除有淀粉粒和簇晶外，还含有单宁和黏液等，所以部分细胞染色较深。

8. 髓射线

由髓的薄壁细胞向外辐射排列，经木质部时，是1～2列细胞，至韧皮部薄壁细胞变大，并沿切向方向延长，呈倒梯形或倒三角形。

9. 维管射线

每个维管束之内，由木质部和韧皮部之中起横向运输的薄壁细胞（木射线和韧皮射线）组成，一般短于髓射线。髓射线在初生结构中就有，它们是维管束之间的射线。茎中维管束数目常一定，因此，髓射线的数目常为定数。另外，上述两种射线的来源不同，髓射线最初来源于基本分生组织，有了次生生长以后，则来源于维管形成层的射线原始细胞，而维管射线只是由次生分生组织（维管形成层）中的射线原始细胞分裂、分化而来。

> **拓展训练**
>
> 取棉花、向日葵等草本植物，桉树、桂花等木本植物，石海椒、常青藤等藤本植物的次生茎，制作横切片观察其结构，比较各类植物茎结构上的异同。

（六）木材三切面

1. 木材三切面的宏观结构

用肉眼观察一段直径10～20 cm的裸子植物茎的实物标本。

1）横切面　　与中轴垂直所作的切面称横切面。在横切面上，年轮成同心圆排列，从圆心辐射向四周的细条状结构，为木射线。

2）径切面　　通过圆心所作的纵切面称径切面。径切面上年轮似平行的狭带，木射线呈片状，与年轮相互垂直。

3）弦切面（切向切面）　　与径向面平行，但不通过圆心所作的纵切面。此面上年轮呈宽带状或波状。木射线只能见到点状横切面。

2. 木材三切面的显微结构

取松（或杉木）茎三切面制片在显微镜下观察其结构特点（图9-6）。

1）横切面　　管胞近四方形，其中直径较大、壁较薄、排列较松、着色较浅的管胞为早材，而直径较小、壁较厚、排列较紧密、着色较深的为晚材。在管胞壁上可见具缘纹孔的横切面，早材或晚材中还可见到树脂道的横切

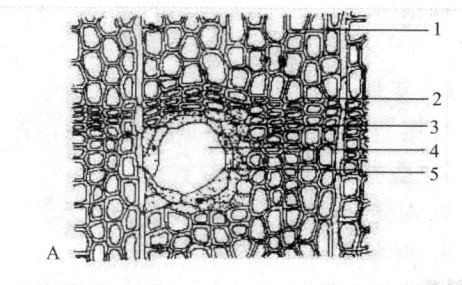

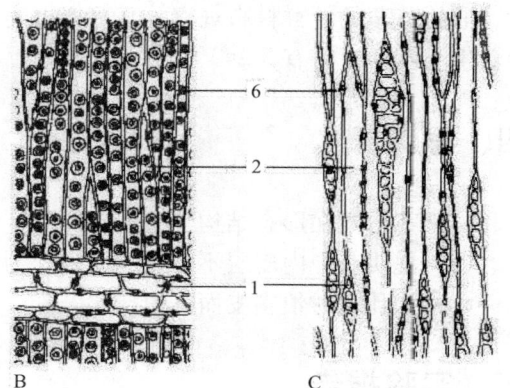

图9-6　油松茎三切面（曹慧娟，1992）
A. 横切面；B. 径切面；C. 弦切面
1. 木射线；2. 管胞；3. 木薄壁细胞；4. 树脂道；
5. 分泌细胞；6. 具缘纹孔

面和径向排列的木射线。

2) 径切面　　管胞呈纵行排列，两端斜尖，其上可见在正面观的具缘纹孔，可见早材和晚材。管胞之间贯穿数行横向排列的薄壁细胞，为木射线。

3) 弦切面　　早材和晚材的界限不如径切面上明显，具缘纹孔常数个排成一串。在管胞之间可见单列或多列木射线细胞的横断面。

（七）茎的变态

1. 块茎

观察马铃薯短而膨大的球形肉质茎。它由地下茎逐渐膨大而成，从外形看，块茎上面分布许多凹陷的芽眼，在顶端有一个顶芽，芽眼在块茎上呈螺旋状排列，每一芽眼的位置就是一个节，相邻的两芽眼之间就是节间。

2. 鳞茎

观察洋葱鳞茎的纵切面，在基部有一扁平的鳞茎盘，其上着生许多鳞片叶，其下有许多不定根，在鳞茎的中央有一顶芽，在鳞片叶腋内有腋芽（侧芽）。

3. 球茎

观察荸荠（或慈姑）的球茎，在球茎上有呈环状的节，节上有膜质状的鳞叶及侧芽，顶部有顶芽。

4. 肉质茎

取仙人掌类植物观察，其茎为肉质，储水组织发达，含有叶绿体，具有同化功能。

5. 根状茎

观察藕（竹鞭、芦苇）的根茎，有节与节间之分，生长在地下，节上着生侧芽和不定根。

6. 茎刺

观察皂荚的枝刺，它是茎的变态，外观绿色，含有叶绿体，具有同化和保护作用。

7. 茎卷须

取葡萄茎观察，其卷须是茎的变态，另外可取材料做徒手切片，观察其内部构造。

8. 叶状茎

取竹节蓼的新鲜材料观察，其茎变得扁平，似叶片状，具有同化作用，节上不着生或很少着生小叶，有时有花。

四、思考

(1) 茎与根在形态结构上有何不同？

(2) 说明茎中内皮层不明显的原因，为何在根中称中柱而在茎中称维管柱？

(3) 为什么树怕剥皮而不怕空心？

五、实验报告

(1) 绘向日葵茎（或菊花茎）横切面细胞图，标注各部分的名称。

(2) 绘玉米茎横切面轮廓图，并选绘一个维管束的结构图，注明各部分名称。

(3) 绘椴树茎横切面简图，注明各部分名称。

实验 十

叶的形态与结构

一、目的要求

（1）了解叶的组成及基本形态。
（2）掌握双子叶植物、单子叶植物和裸子植物叶的结构特点。
（3）理解叶的形态结构对生态环境的适应性。

二、实验用品

1. 新鲜材料

棉花、桃、梨、女贞、莴苣、烟草、水稻、小麦、稗等植物的叶；豌豆叶、洋葱或百合鳞茎、刺槐枝条、仙人掌。

2. 永久制片

棉花或海桐、大豆、小麦、水稻、玉米、夹竹桃、芦荟、眼子菜（沉水叶及浮水叶）、松叶等植物叶的横切片。

三、内容与方法

（一）叶的组成及基本形态

1. 双子叶植物叶的组成

具有叶片、叶柄和托叶三部分结构的叶称为完全叶（图10-1），仅有叶片或仅有叶片和叶柄的叶属于不完全叶。

观察棉花、桃、梨、女贞、莴苣、烟草等植物的叶，区别哪些植物的叶为完全叶？哪些叶为不完全叶？注意有些植物的托叶在幼叶展开后即脱落，因此是否具有托叶需要观察其幼叶的组成。若托叶已脱落，可根据叶柄基部的什么结构来判断是否存在托叶？

2. 单子叶（禾本科）植物叶的组成

许多单子叶植物的叶由叶片和叶柄或叶鞘组成。禾本科植物的叶由叶片和叶鞘组成，并在叶片和叶鞘之间形成叶环、叶舌、叶耳的结构（图10-2）。观察水稻、

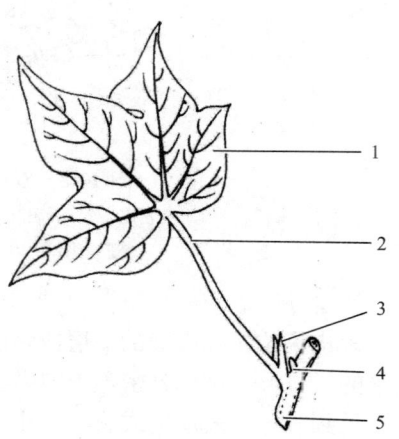

图10-1 完全叶的组成
（棉花）（李扬汉，1984）
1. 叶片；2. 叶柄；3. 托叶；
4. 腋芽；5. 枝

小麦等禾本科植物的叶，区分叶片、叶鞘、叶环、叶舌、叶耳等部分。

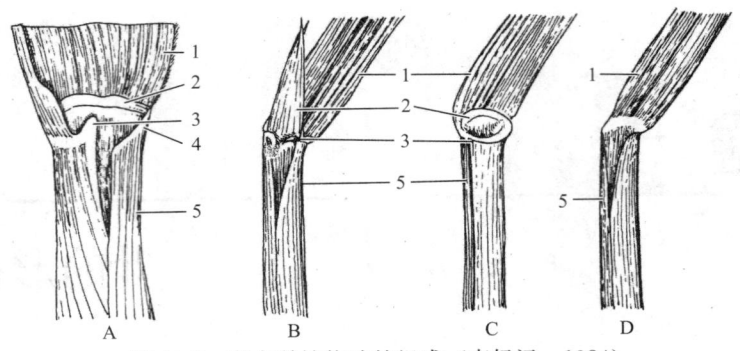

图 10-2　禾本科植物叶的组成（李扬汉，1984）
A. 甘蔗叶；B. 水稻叶；C. 小麦叶；D. 稗叶
1. 叶片；2. 叶舌；3. 叶耳；4. 叶环；5. 叶鞘

拓展训练
稗常生于水稻田内，其幼苗和秧苗形态非常相似，仔细观察它们的叶，看有何区别？

（二）双子叶植物叶的结构

取棉花（或海桐、大豆）叶横切片观察，先在低倍镜下区分表皮、叶肉和叶脉（主脉及侧脉）三大部分，然后在高倍镜下仔细观察各部分的结构特点（图10-3）。

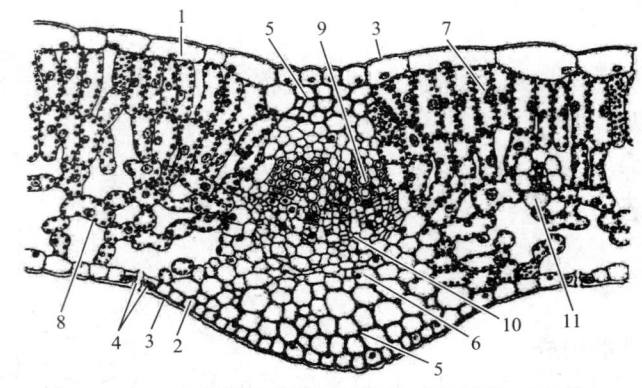

图 10-3　双子叶植物叶横切面结构（李景原，2007）
1. 上表皮；2. 下表皮；3. 角质层；4. 气孔；5. 厚角组织；6. 薄壁组织；
7. 栅栏组织；8. 海绵组织；9. 木质部；10. 韧皮部；11. 侧脉

1. 表皮

表皮为位于叶表面的一层或多层细胞，有上、下表皮之分。横切面上，大部分表皮细胞呈扁平的长方形，排列紧密，细胞中不含叶绿体，外侧壁较厚，上覆一层透明的角质层。表皮上还可见到气孔、表皮毛或腺毛。比较上、下表皮细胞的角质化程度和气孔数目是否有差异？

2. 叶肉组织

叶肉组织位于上、下表皮之间。紧接上表皮的是栅栏组织，由长柱形的薄壁细胞组成，与上表皮成垂直排列，一至几层，较紧密整齐，细胞内所含叶绿体较多；海绵组织靠近下表皮，细胞形状不规则，排列疏松，所含叶绿体较少。这种有明显的栅栏组织和海绵组织分化的叶，即为异面叶。注意观察叶肉中的分泌腔和气孔内方的孔下室。

3. 叶脉

叶脉在横切面上可见大小不等的主脉和各级侧脉，以主脉最为发达，侧脉逐渐退化直至细脉末梢。

主脉：显微镜下，主脉中的木质部、韧皮部和形成层都比较清晰。木质部靠近上表皮，韧皮部靠近下表皮，木质部与韧皮部之间有不甚发达的形成层。维管束上、下方靠近上、下表皮处有数层厚角组织，常使得叶片在叶脉上、下方隆起，尤其是下方。

侧脉：侧脉维管束较主脉小，没有形成层，外常有稍大的薄壁细胞构成的维管束鞘。随着侧脉的变小，其木质部和韧皮部逐渐趋于简化。

（三）禾本科植物叶的结构

1. C_3 植物叶的结构

取小麦叶横切片，置低倍镜下观察，区分出表皮、叶肉和叶脉三部分，再转换高倍镜观察（图10-4）。

1）表皮　有上、下表皮之分，两个维管束之间的上表皮具有由3～5个扁形细胞组成的扇形结构，称为泡状细胞。气孔器在上、下表皮均有分布，无明显区别。

2）叶肉　禾本科植物的叶为等面叶，叶肉无栅栏组织与海绵组织的分化，细胞比较均一，排列较紧密。

3）叶脉　为平行叶脉。选较大的维管束观察，可见维管束鞘由两层细胞组成，外层细胞大而壁薄，内含叶绿体；内层细胞小而壁厚，不含叶绿体，为 C_3 植物的特点。维管束由木质部（向着上表皮）和韧皮部（向着下表皮）组成，无形成层，维管束的上、下方都有机械组织与表皮相连。

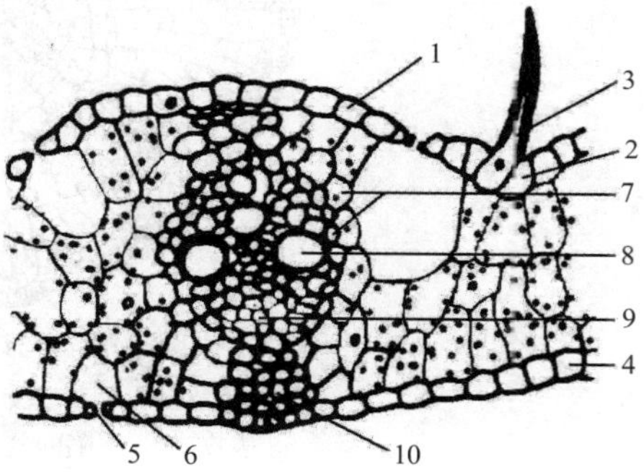

图10-4　小麦叶横切面部分
结构（李正理，1996）
1. 上表皮；2. 泡状细胞；3. 表皮毛；4. 下表皮；
5. 气孔；6. 孔下室；7. 维管束鞘；8. 木质部；
9. 韧皮部；10. 机械组织

2. C_4 植物叶的结构

取玉米叶横切片观察，比较与水稻叶的差异，尤其注意维管束鞘的特点。玉米叶的维管束鞘仅由一层较大的薄壁细胞组成，内含较多且大的叶绿体，排列呈"花环状"结构，为 C_4 植物叶的特点（图10-5）。

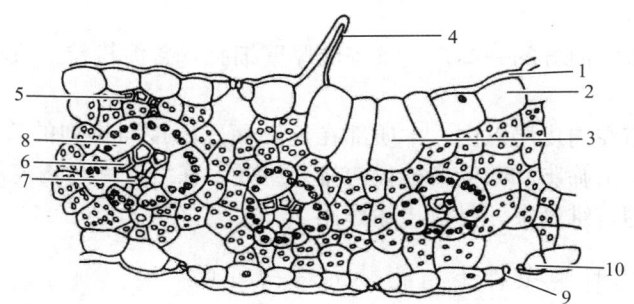

图10-5　玉米叶横切面部分结构（周仪，2000）
1. 角质层；2. 上表皮；3. 泡状细胞；4. 表皮毛；5. 机械组织；
6. 木质部；7. 韧皮部；8. 维管束鞘；9. 保卫细胞；10. 副卫细胞

> **拓展训练**
>
> 取水稻叶横切制片，观察其叶的结构特点，判断水稻是 C_3 还是 C_4 植物？水稻叶的结构有何生态适应性？

（四）裸子植物叶的结构

取松针叶横切片观察，区分表皮、下皮层、叶肉、内皮层、传输组织和维管束，比较各部分的结构特点（图10-6）。

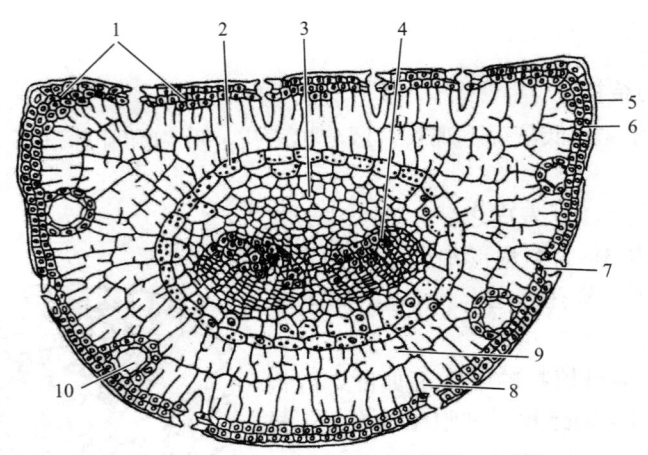

图10-6 马尾松叶横切面（李扬汉，1984）
1. 下皮层；2. 内皮层；3. 薄壁细胞；4. 维管束；5. 角质层；
6. 表皮；7. 下陷的气孔；8. 孔下室；9. 叶肉细胞；10. 树脂道

1. 表皮系统

表皮系统包括表皮、下皮层及气孔器等结构。在横切面上，表皮由一层连续的砖形细胞组成，包围在叶的周围，无上、下表皮的区别，细胞壁显著增厚，细胞腔小，细胞外壁有发达的角质层。在表皮内方有一至多层厚壁细胞，称为下皮层。气孔从表皮层下陷到下皮层内，称为内陷气孔。思考松叶表皮系统的这些特征与它的生态习性有什么联系？

2. 叶肉

叶肉位于下皮层以内，由细胞壁内褶、含叶绿体的薄壁细胞组成，无栅栏组织和海绵组织的区分。叶肉组织内分布有树脂道。

3. 内皮层

内皮层为叶肉组织内方的一圈排列整齐的厚壁细胞，含淀粉粒，成环状围绕维管束。

4. 维管束

两个维管束分布在内皮层以内，木质部在近轴面，由径向排列的管胞和薄壁细胞组成，韧皮部位于远轴面，由筛胞和薄壁细胞径向排列组成。在维管束与内皮层之间，有几层紧密排列的薄壁细胞包围着维管束，具有传输作用。

（五）不同生态环境条件下植物叶的结构特点

1. 旱生植物叶的结构特点

长期生活在干燥条件下的植物，其叶片的结构特点主要是朝着降低蒸腾和储藏水分两个方面发展。

夹竹桃是比较典型的旱生植物，取夹竹桃叶横切片观察，可见它具有3~4层细胞组成的复表皮，其外被有厚厚的角质膜。下表皮有许多凹陷，称气孔窝，气孔窝内密生表皮毛，并分布多个气孔；叶肉中栅栏组织发达，由多层细胞组成，且上、下表皮内方均有，海绵组织很不发达，叶脉稠密（图10-7）。

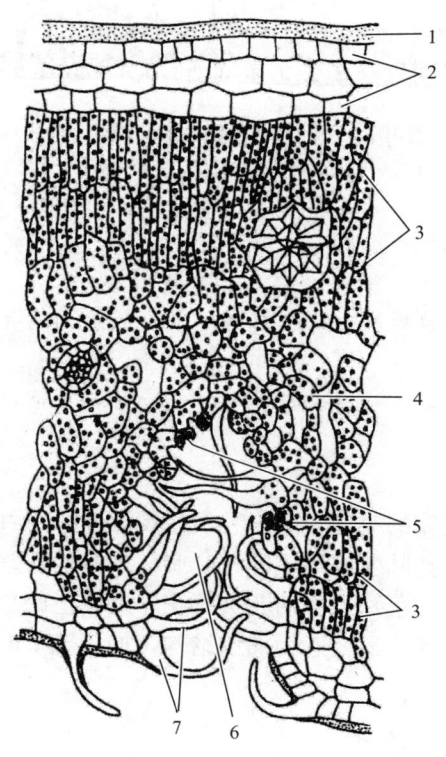

图10-7　夹竹桃叶横切面（姚家玲，2009）
1. 角质层；2. 复表皮；3. 栅栏组织；4. 海绵组织；
5. 气孔器；6. 气孔窝；7. 表皮毛

拓展训练

取芦荟叶横切片观察，注意其叶的哪些结构特点与旱生环境相适应。思考同为旱生植物，芦荟和夹竹桃对旱生环境适应的生存策略有何不同？

2. 水生植物叶的结构特点

水生植物可以直接从周围环境获得水分和溶解于水中的物质，但却不易得到充分的光照和良好的通气。在长期适应水生环境的过程中，水生植物的体内形成了特殊的结构，其叶片的结构变化尤为显著。

取眼子菜沉水叶制片观察，其对环境的适应性变化主要有：表皮上无气孔，也无角质层，表皮细胞含叶绿体，能进行光合作用；叶肉细胞层数少，没有栅栏组织和海绵组织的分化，胞间隙大，形成气腔，既有利于通气，又增加了叶片的浮力；叶脉细弱，输导组织、机械组织都很退化（图10-8）。

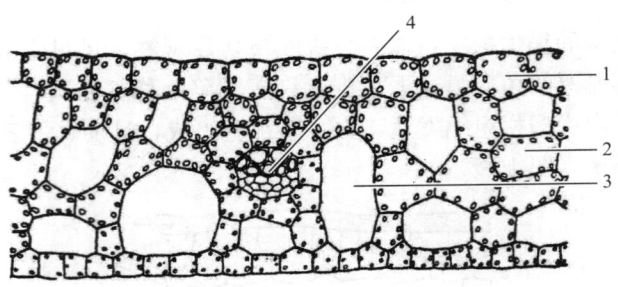

图 10-8 眼子菜叶横切面（刘穆，2010）
1. 表皮；2. 叶肉组织；3. 气腔；4. 维管束

拓展训练

取眼子菜浮水叶横切片观察，比较其与沉水叶的结构差异。思考为什么会出现这样的差异？

（六）叶的变态

观察豌豆的复叶，其先端的小叶变态为卷须；观察洋葱、百合等鳞茎上的膜质或肉质的鳞叶；观察刺槐复叶基部的托叶变态形成的托叶刺；观察仙人掌的叶退化形成的叶刺。有些植物的叶变化为花或花序外的苞片，如菊花头状花序外绿色的总苞，马蹄莲肉穗花序外宽大的佛焰苞。有些植物的叶片或叶柄变态为捕虫结构，如猪笼草的捕虫叶（图10-9）。

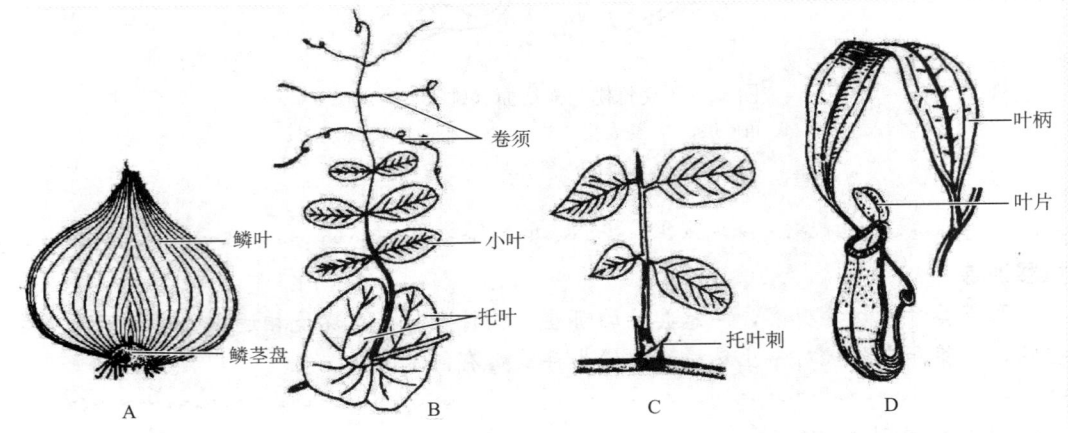

图 10-9 几种变态叶（姚家玲，2009）
A. 洋葱的鳞叶；B. 豌豆的叶卷须；C. 刺槐的托叶刺；D. 猪笼草的捕虫叶

四、思考

（1）异面叶和等面叶在外部形态和内部结构上通常表现出哪些差异？从叶的着生方式、叶的远轴面和近轴面的生态条件分析其适应性。

(2) 双子叶植物和单子叶植物在叶的组成及内部结构方面有哪些差异？
(3) 在显微镜下观察叶片解剖结构时如何区分叶片的上、下表皮？
(4) 从结构上看，叶是怎样适应于不同的生态环境的？
(5) 松叶的结构表现出怎样的生态适应性？
(6) 如何区别茎卷须和叶卷须、茎刺和叶刺？

五、实验报告

(1) 绘海桐（或棉花、大豆）叶横切面（通过主脉）细胞图，注明各部分名称。
(2) 绘小麦（或玉米）叶横切面细胞图，注明各部分名称。

实验十一

花的组成、花药和花粉粒的结构

一、目的要求

（1）了解植物花的组成，掌握花的解剖方法。
（2）掌握花药和花粉粒的形态结构。

二、实验用品

1. 新鲜材料

油菜花、百合花、小麦穗及各种时令鲜花。

2. 永久制片

幼嫩百合花药横切片、成熟百合花药横切片、成熟小麦花药横切片、大豆花药横切片、各种花粉粒制片。

三、内容与方法

（一）花的组成

1. 双子叶植物花的组成

取一朵油菜花观察（图 11-1），可见它是由花柄（梗）、花托、花萼、花冠、雄蕊群和雌蕊群 6 部分组成。

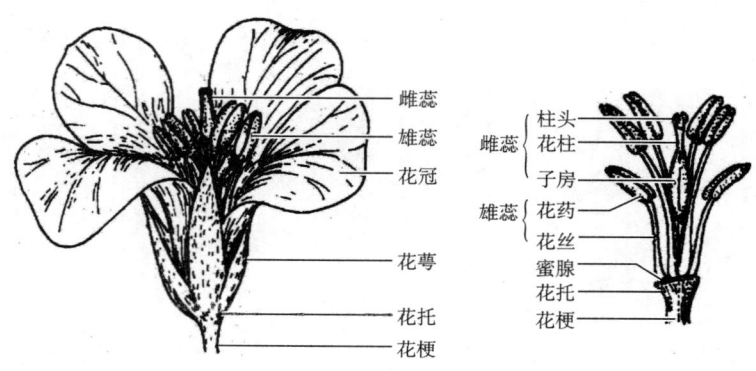

图 11-1 油菜花的组成（强胜，2006）

1）花柄（花梗）　　着生花的小枝，呈绿色，它是茎向花输送养料和水分的通道。

2）花托　　花柄顶端稍膨大的部分（不同植物形状有变化），是着生花被、雄蕊、雌蕊的地方。

3）花被　　油菜花被有两轮（外轮为花萼、内轮为花冠），排列在花托基部，称为两被花，花萼和花冠各有 4 片，呈"十"字形排列。

4）雄蕊群　　由 6 个分离的雄蕊组成，在花被内呈两轮排列，外轮 2 个雄蕊花丝短，内轮 4 个雄蕊花丝长。每个雄蕊由下部细长的花丝和上部膨大的花药组成。

5）雌蕊群　　位于花中心的瓶状物为雌蕊，基部膨大部分为子房，子房上部较细的部分为花柱，花柱顶端稍膨大的部分为柱头。在子房基部四周有 4 个绿色小颗粒为蜜腺（分泌结构）。

2. 禾本科植物花的组成

取新鲜（或液浸的）小麦穗进行观察，整个麦穗为 10～20 个小穗组成的复穗状花序，中间具穗轴，由左右弯曲的穗节片组成，每个穗轴节上着生一个小穗，呈左右两行排列。从麦穗中段取一个小穗进行观察（图 11-2），可见每个小穗中间有一个小穗轴，基部有两个颖片，外面一个较宽，称为外颖，内部较窄的一个为内颖，在两个颖片之间有 2～7 朵小花，上端的小花多退化不育。

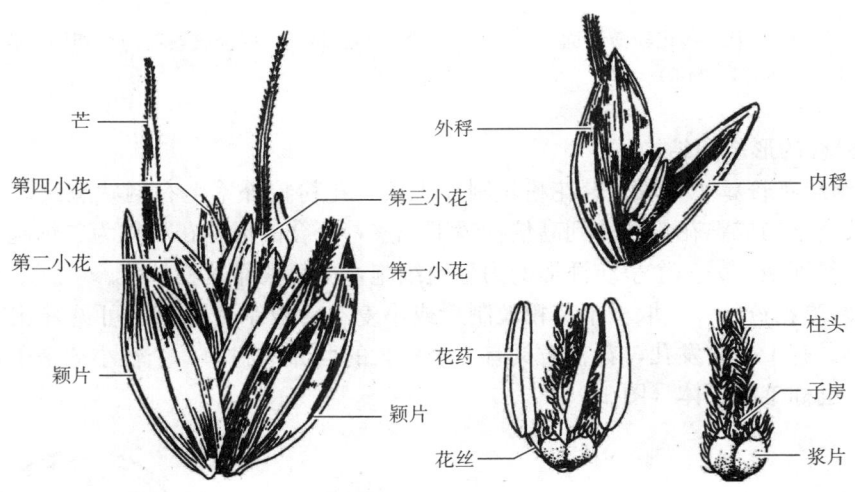

图 11-2　小麦小穗的组成（强胜，2006）

用镊子解剖小穗基部一朵小花，由外向内按顺序剥取花的各部分，逐层观察（图 11-2）。小花外方有一片大的外稃（往往有芒）和较小的内稃，剥开内、外稃，可看到 3 个雄蕊，1 个雌蕊。雌蕊的柱头二裂，呈羽毛状，花柱不明显，子房膨大。近子房基部（外稃内方）有 2 个白色具毛的片状结构，称为浆片，开花时浆片吸水膨胀，对开花有促进作用。

（二）花药和花粉粒的形态结构

1. 花药的结构

1）幼嫩花药的结构　　取幼嫩的百合花药横切片观察，百合雄蕊具 2 个花药，每个花药由 2 个花粉囊组成，整个花药横切面形似蝴蝶，花药之间由药隔连接。药隔主要由薄壁细胞组成，中间有一个周韧维管束。花粉囊壁由外向内依次为表皮（1 层较大的细胞，其上可见少数气孔器分布)、药室内壁(1层细胞,也称纤维层)、中层(1~3层扁平细胞)和绒毡层(1层较大的细胞,细胞质浓,具二至多核),花粉囊内含有许多花粉母细胞(图11-3)。

2) 成熟花药的结构　　取成熟的百合花药横切片观察,与幼嫩花药相比,成熟花药的花粉囊壁其外一层为表皮细胞,第二层细胞壁(即药室内壁)产生纤维状条纹加厚,称为纤维层。绒毡层细胞已破坏而消失。中层细胞在花药发育过程中被挤压逐渐解体和被吸收,在百合成熟的花药,可保留部分中层,并发生纤维层那样的加厚。发育过程中,由于纤维层细胞壁的收缩,引起花粉囊壁的开裂,同一侧的一对花粉囊之间的间隔消失,形成一个大腔,腔内尚有未散发出的成熟花粉粒(图11-4)。

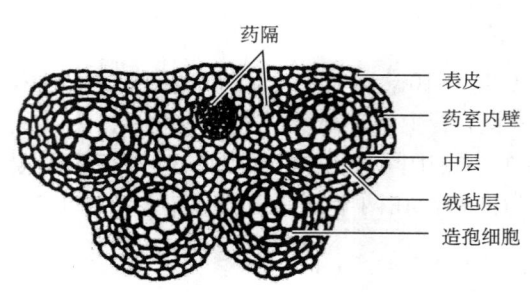
图11-3　百合未成熟花药横切面（强胜，2006）

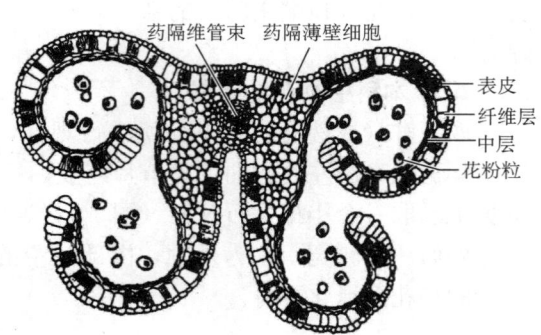
图11-4　百合成熟花药横切面（强胜，2006）

2. 花粉粒的形态和结构

1) 二细胞花粉粒　　取百合花粉粒制片观察,花粉粒外壁上有网状雕纹,并有一萌发沟。选择较完整的成熟花粉粒转到高倍物镜下观察,百合的成熟花粉粒为二细胞型,其中一个大的为营养细胞,另一个呈纺锤形的为生殖细胞,一般紧靠花粉粒壁。

2) 三细胞花粉粒　　取玉米花粉粒制片或小麦花粉粒制片观察,可见其花粉粒为圆球颗粒,其上具有1个萌发孔,花粉粒具有1个较大的营养细胞和2个较小的精子,此时为成熟花粉粒,也称雄配子体(图11-5)。

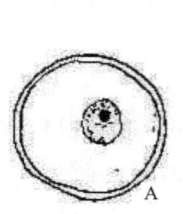 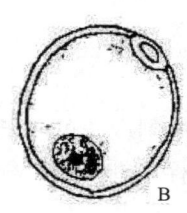 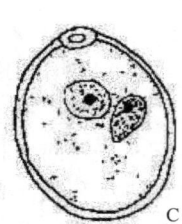 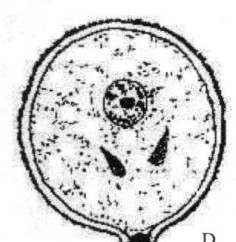

图11-5　小麦花粉粒的发育（李扬汉，1984）
A. 单核中央期；B. 单核靠边期；C. 二核花粉粒；D. 成熟花粉粒

拓展训练

　　检测花粉萌发活性。

取干净的单凹载玻片,在凹陷处加 1 滴 15% 的蔗糖水溶液。取新鲜成熟百合花或其他植物的花,用解剖针或镊子取出少许花粉置于载玻片上的糖水中,并用解剖针将花粉分散,盖上盖玻片,放入下面铺有湿滤纸的培养皿内,盖好后将培养皿放入 25℃ 的温箱里,过 2 h 后取出用显微镜进行检查。

许多植物花粉在合适条件下,约 0.5 h 即可萌发,3~4 h 达萌发高潮。在显微镜下可见花粉萌发孔处有管状结构伸出,即花粉管。以花粉管长度大于花粉粒直径为花粉萌发标准,计算一个视野中花粉总数和萌发花粉粒数,按下式计算萌发率。注意产生花粉管后原生质体和细胞核的位置有何变化?能否观察到花粉管中的 2 个精子?计算几个视野所得平均数,可得到较准确的花粉萌发率。

$$萌发率 = (已萌发的花粉粒 \div 花粉总数) \times 100\%$$

四、思考

(1) 如何理解花是适应于生殖的变态短枝?
(2) 绒毡层细胞有何特点,它具有哪些主要生理功能?
(3) 从生物进化的角度看,花的形成有什么生物学意义?
(4) 成熟花药的药室内壁产生带状不均匀加厚有何作用?

五、实验报告

(1) 总结你所观察的各种花,其花萼、花冠、雄蕊和雌蕊是分离还是连合的?如果是连合的,有什么特点?
(2) 绘制百合成熟花药横切面细胞图,并注明各部分名称。

实验十二

雌蕊、种子和果实的结构与发育

一、目的要求

（1）了解雌蕊的组成和形态特征。
（2）掌握子房、胚珠和胚囊的结构，了解胚囊的发育过程。
（3）掌握胚和胚乳的发育过程。
（4）了解真果和假果的结构。

二、实验用品

1. 新鲜材料

桃和苹果（或梨）的新鲜果实。

2. 永久制片

丝兰或百合子房横切片、不同发育时期荠菜短角果纵切片、不同发育时期小麦胚纵切片、大豆和小麦成熟胚囊制片。

3. 试剂

5% KOH 溶液和 10% 甘油。

三、内容与方法

（一）子房和胚珠的结构及胚囊的形成与发育

取百合子房横切片或徒手切片做成临时装片，置于显微镜下观察，对照图解，识别子房结构，然后选一个切得较完整的胚珠进行观察，了解胚珠和胚囊的结构。

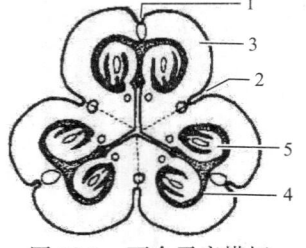

图 12-1 百合子房横切
（李扬汉，1984）
1. 背缝线；2. 腹缝线；3. 子房壁；4. 子房室；5. 胚珠

1. 子房的结构

百合子房主要由子房壁、子房室、胎座和胚珠组成，横切面上可见有 3 个子房室，每室中可见到 2 个倒生胚珠（实为纵向两列）。胚珠着生处为胎座，百合胚珠着生在中轴上，所以为中轴胎座。子房壁的最外面一层细胞称为外表皮，最内一层细胞称为内表皮，内、外表皮之间为薄壁细胞；在对着每一子房室中央凹陷处的子房壁中可见到一维管束穿过，该维管束称为背束，子房壁外部有一凹陷，此处为背缝线；每二子房室之间为二心皮的结合处，子房壁在此处也有一凹陷，为腹缝线，此处有维管束，称腹束。此外在胎座中也有较小的维管束（图12-1）。

2. 胚珠的结构

选其中一个结构完整的胚珠，换高倍镜详细观察下列各个部分（图12-2）。

1）珠柄　　较粗而短，胚珠以珠柄着生在胎座上。

2）珠被　　有两层珠被，在外方的为外珠被，在内方的为内珠被（靠近珠柄的一侧往往只有一层珠被）。

3）珠孔　　珠被在一端合拢处，留有一狭沟，即珠孔（由于珠孔很窄，正好切到它的机会不多，故在切片上不易见到）。

4）珠心　　位于珠被之内，由薄壁细胞组成。

5）合点　　在珠孔相对一端，胚珠基部的珠被、珠心与珠柄的连接处为合点。

6）胚囊　　在珠心中发育，成熟的胚囊占据珠心的大部分体积。

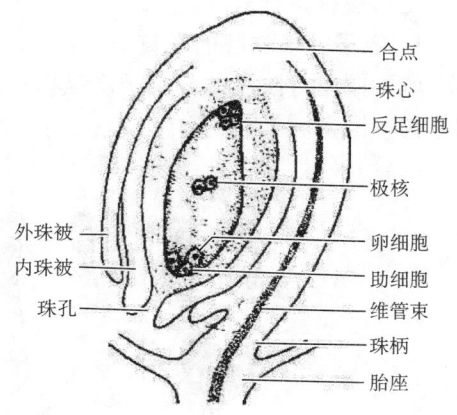

图 12-2　胚珠的结构（李扬汉，1984）

3. 胚囊的形成与发育

通过连续切片做成的幻灯片或示范显微切片，观察胚囊的形成与发育的全过程（图12-3）。一个成熟的胚囊由7个细胞构成，即珠孔端为1个卵细胞和2个助细胞组成卵器，合点端3个反足细胞，胚囊中央为1个具两个极核的中央细胞。观察后思考，为什么在一个胚囊内看不到一个完整的八核胚囊？

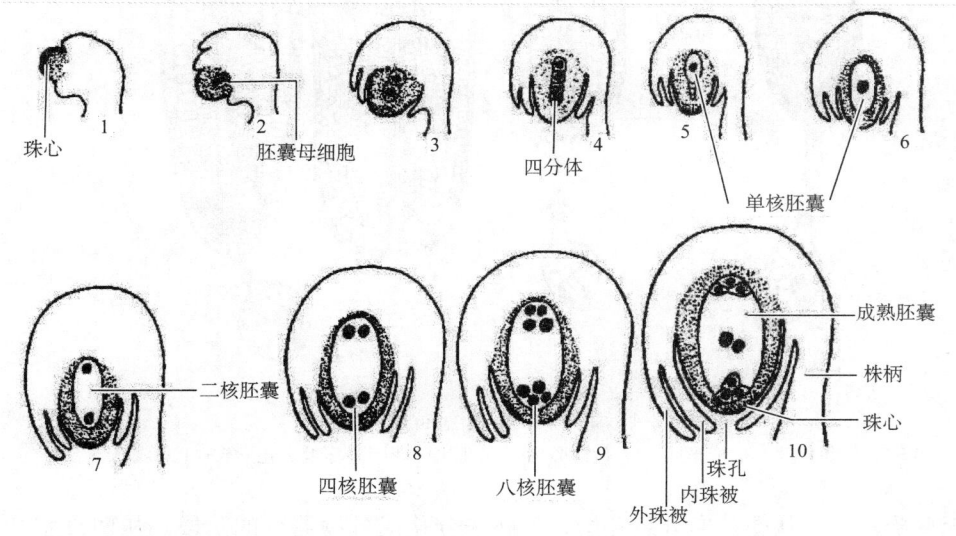

图 12-3　胚珠和胚囊的发育过程（高信曾，1986）
1～10 为发育顺序

取大豆、小麦成熟胚囊永久制片，观察胚囊发育情况，再取百合子房制片，观察其胚囊与上述植物胚囊有何不同。

（二）胚和胚乳的发育

被子植物的种子是由胚珠双受精作用后发育而成。其中珠被发育成种皮，受精卵发育成胚，受精极核发育成胚乳。

1. 双子叶植物胚的发育

取不同发育阶段的荠菜子房纵切片，观察其中的胚珠。注意观察珠被、胚乳、胚及胚柄的结构（图12-4）。

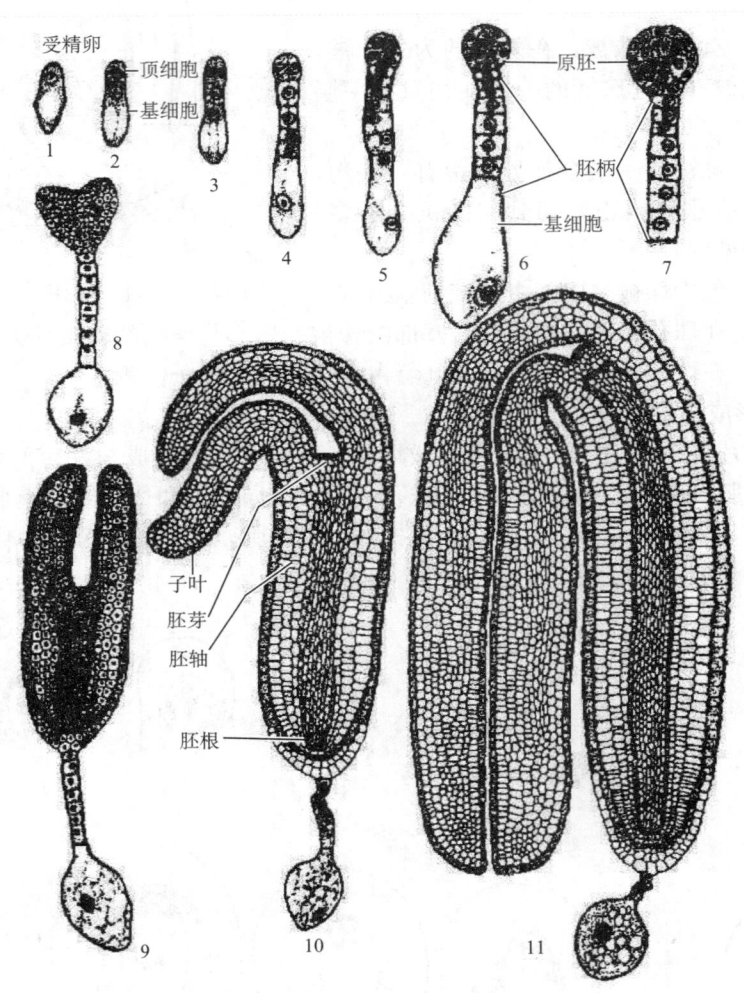

图12-4 荠菜胚的发育（强胜，2006）

1～7. 原胚阶段；8. 心形胚；9. 鱼雷形胚；10. 胚根、胚芽、子叶分化形成；11. 成熟胚

1）原胚阶段　　从受精卵分裂开始，到胚未分化成各种器官的阶段。从两细胞开始到球形胚，均属此阶段。此时的胚乳为游离核阶段，分布于胚囊的周围，胚囊中央是大液泡，注意观察胚和胚柄的形态。

2）分化胚阶段　　即心形胚与鱼雷胚阶段。此阶段的胚开始出现器官的分化。胚的两侧细胞分裂快，形成了子叶原基，此时胚呈心形，为心形胚时期。注意观察此时胚乳的发育状态。在鱼雷胚阶段，子叶明显地伸长，在胚囊的珠孔端，胚乳已经开始形成细胞，而在合点端，还有一些没有细胞壁的胚乳游离核。

3）成熟胚阶段　胚体明显地伸长，并分化出子叶和胚根等。胚已经发生弯曲，胚乳大部分已被吸收，还残存有少量胚乳细胞。

2. 单子叶植物胚的发育

取不同发育阶段的小麦子房纵切片，观察其中的胚珠。注意观察珠被、胚乳及胚的结构（图 12-5）。

1）原胚阶段　从受精卵分裂开始到 4 至多个细胞的球形胚，均属此阶段。此时的胚乳为游离核阶段，分布于胚囊的周围，胚囊中央是大液泡，注意观察胚的形态。

2）梨形胚阶段　原胚分裂扩大使胚呈梨形，在胚囊周围已形成少数胚乳细胞。

3）成熟胚阶段　胚体伸长，并分化出胚中的各种器官，胚乳细胞逐渐充满整个胚囊。

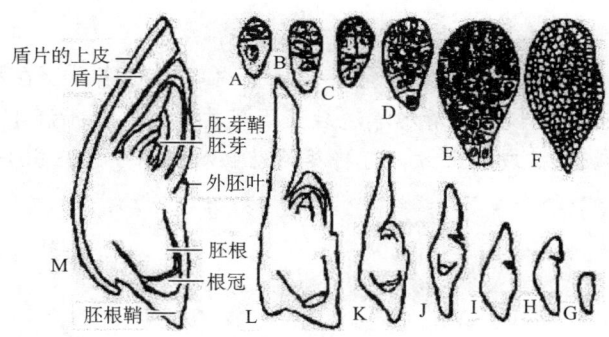

图 12-5　小麦胚的发育（高信曾，1986）
A～D. 原胚；E～G. 梨形胚；H～L. 胚芽、胚芽鞘、
胚根、胚根鞘和外胚叶分化形成；M. 成熟胚

（三）果实的结构

通过不同果实的观察，区分真果与假果。

1. 真果的结构

真果是仅由子房发育而来的果实，如禾谷类植物、豆类、柑橘类及桃、李、杏等的果实。观察桃的果实，最外层较薄而有毛的是外果皮，其内肥厚、肉质多汁、供食用部分为中果皮，内果皮坚硬，其内含一粒种子（图 12-6）。

2. 假果的结构

假果的结构比较复杂，除由子房发育而成的果皮外，还有其他部分（如花托、花萼、花冠，甚至整个花序）参与果实的形成，如苹果、梨、瓜类、桑葚、菠萝和无花果等。观察苹果（或梨）新鲜果实横切面或液浸标本。苹果（或梨）是由下位子房和花筒愈合发育来的肉质假果（图 12-7）。花筒与外、中果皮均肉质化，无明显界线，为食用部分；内果皮木质化，常分隔成 4～5 室，中轴胎座，每室含 2 粒种子。

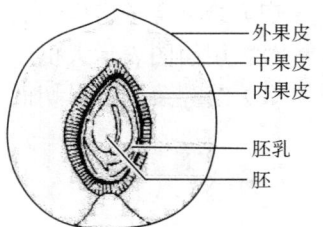

图 12-6　桃果实的纵切面
（李扬汉，1984）

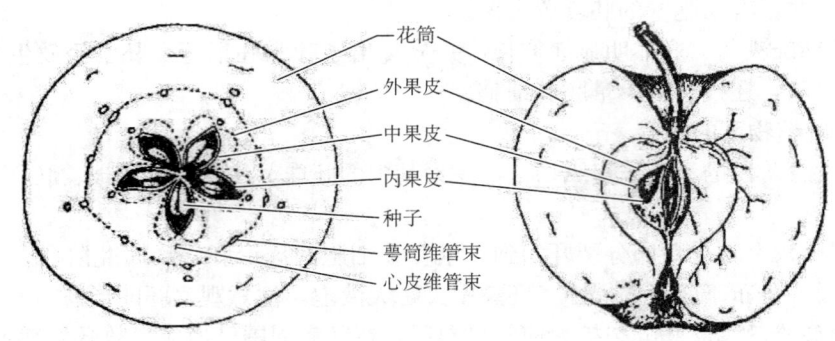

图 12-7 苹果果实的纵切面和横切面（李扬汉，1984）

拓展训练

取新鲜的不同发育阶段的荠菜短角果，从果内取出胚珠，放在盛有 5%KOH 的培养皿浸泡 5 min，将胚珠取出用清水漂洗后置于载玻片上，加 1 滴 10%甘油，盖好盖玻片后用解剖针轻轻敲击盖玻片上方，可将荠菜幼胚从胚珠中挤压出来。

四、思考

（1）百合的成熟胚囊（雌配子体）中应有 7 个细胞（或 8 个核），但是为什么往往在一张制片上看不到全部的细胞？

（2）单子叶植物和双子叶植物胚胎发育的有何异同？

（3）真果与假果的主要区别是什么？

五、实验报告

（1）绘百合子房横切面简图，标注各部分名称。

（2）用简图表示大孢子母细胞到成熟胚囊（蓼型）的发育过程。

（3）绘荠菜子房纵切面（示成熟胚）结构简图，并注明各部分结构名称。

实验十三

藻类、菌类、地衣植物

一、目的要求

（1）通过对代表植物的观察，了解藻类、菌类和地衣植物的一般特征。
（2）理解低等植物的共同特征及其在植物界中的地位。

二、实验用品

1. 新鲜材料

颤藻、地木耳、红浮萍、水绵、海带、紫菜、石花菜、黑根霉、蘑菇、香菇、平菇、木耳、鬼笔、竹荪、灵芝、壳状地衣、叶状地衣、枝状地衣等植物的新鲜材料、浸制标本或干标本。

2. 永久制片

水绵结合生殖制片、海带横切片、黑根霉制片、青霉制片、蘑菇菌褶制片。

3. 试剂

碘-碘化钾溶液。

三、内容与方法

（一）藻类植物

藻类多为水生，植物体简单，有单细胞、群体、丝状体、片状体等。植物体含光合色素，是一群能独立生活的自养原植体植物。

1. 蓝藻门

原核生物，无载色体，光合色素主要为藻蓝素和叶绿素 a，植物体常呈蓝绿色，又名蓝绿藻。

颤藻属（*Oscillatoria*）植物常成片生长于潮湿而富含有机质的地方，在泥土上、沟边或水面呈黏滑的蓝绿色膜状物。为了得到干净的实验材料，可在实验前一两天将采回

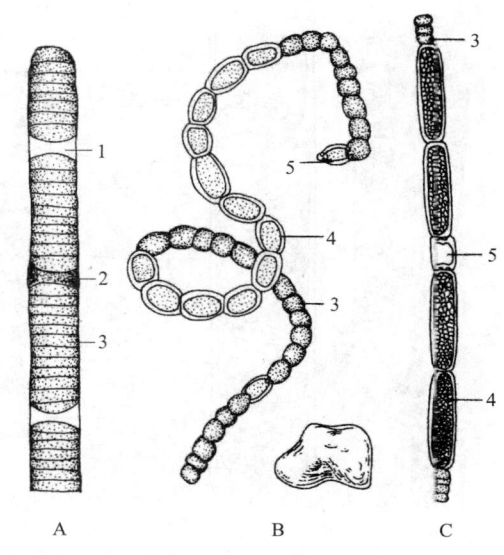

图 13-1 蓝藻（姚家玲，2009）
A. 颤藻属；B. 念珠藻属；C. 鱼腥藻属
1. 死细胞；2. 隔离盘；3. 营养细胞；4. 厚垣孢子；5. 异形胞

的颤藻置于有少量清水的培养皿或烧杯中，颤藻可沿壁向上生长。实验时用镊子取杯壁上少量植物体，制成临时装片，显微镜下可见许多蓝绿色单列细胞构成的丝状体（图 13-1）。

高倍镜下观察，可见藻体细胞呈扁圆盘状纵向排列，丝状体外有很薄的胶质鞘，不易观察到。常能见到其前后收缩和左右摆动，故名颤藻。藻丝体中常见有明亮的、双凹形的死细胞，有时能见到丝状体中有个别细胞膨大，并胶质化，也呈双凹状的生活细胞，称为隔离盘。死细胞或隔离盘将藻丝体隔开形成数个藻殖段，由它们断裂进行营养繁殖。

注意上述藻类观察中高倍镜下能否看到细胞核和载色体？它们的核物质和光合色素分布有何特点？

> **拓展训练**
>
> 取念珠藻属（*Nostoc*）的地木耳（*N. commune*）或与红浮萍共生的鱼腥藻属（*Anabeana*）的藻体，制成临时装片，显微镜下观察藻体细胞形态，注意藻体外有无胶质鞘包被，有无异形胞？

2. 绿藻门

绿藻是藻类中种类最多的一大类群，绝大部分分布在淡水中，形态多样，有单细胞、群体、丝状体和叶状体等，光合色素主要为叶绿素 a、叶绿素 b，植物体呈绿色。

水绵属（*Spirogyra*）在稻田或池塘水面上常见一种黄绿色、泡沫状的丝状体藻类，用手触摸非常滑腻即为水绵属植物。用解剖针挑取少量水绵丝状体，制成临时装片，在显微镜下观察（图 13-2）。水绵是单条不分枝的丝状体，由一列长筒形细胞组成，每一细胞除了有一个细胞核和一个大液泡外，水绵属的典型特征是每个细胞有 1 至多条螺旋带状的载色体，注意不同种类的水绵其载色体的数目和螺旋方式不同。载色体上有多数纵列的小颗粒，为淀粉核。在盖玻片一侧加一滴碘-碘化钾溶液染色后观察，可见细胞核染成橘黄色，淀粉核遇碘呈蓝紫色。

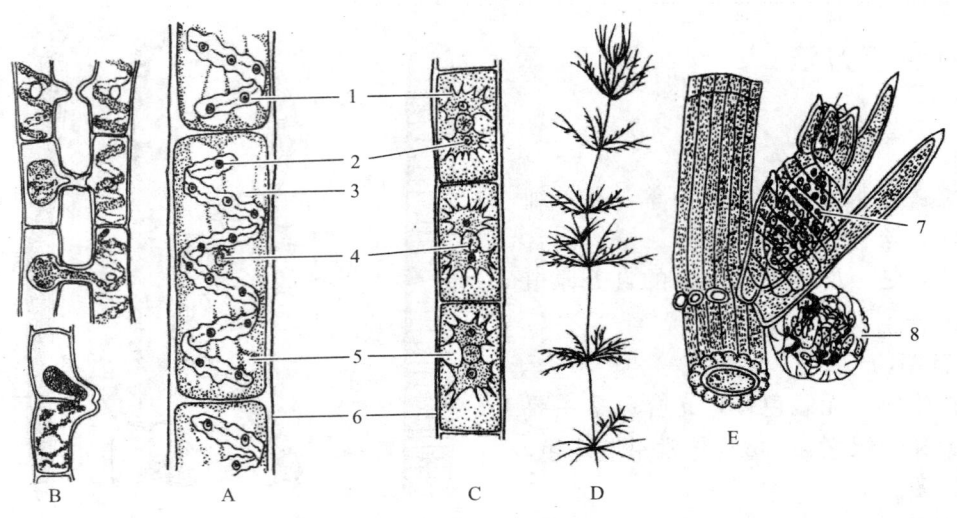

图 13-2　绿藻（姚家玲，2009）

A. 水绵属部分植物体；B. 水绵属有性生殖产生梯形接合和侧面结合；C. 双星藻属部分植物体；D. 轮藻属植物体；E. 轮藻属部分藻体，示卵囊球和精囊球
1. 载色体；2. 淀粉核；3. 液泡；4. 细胞核；5. 细胞质；6. 细胞壁；7. 卵囊球；8. 精囊球

水绵有性生殖的观察：水绵除营养繁殖外，在春秋季节多进行有性生殖。取水绵结合生殖制片观察，可见到藻丝体两两并列，相邻的侧壁产生突起并融合形成接合管，同时藻体细胞的原生质体逐渐浓缩形成配子，一条藻丝中的配子通过接合管移入另一条藻丝细胞中，两配子结合形成合子，这种方式称为梯形结合。完成有性生殖后常可见有的丝状体即变为空管状。

> **拓展训练**
> 　　由学生在课前采集一些淡水藻类，如附着生长于池塘、溪底石头上的丝状或绿色膜质的"青苔"，在实验室内进行显微观察，注意藻体及载色体的形态特征，借助藻类图谱等资料，初步判断藻类的类群。

3. 褐藻门

褐藻多生活在海水中，藻体多为大型的带状体、枝状体；除含叶绿素 a、叶绿素 c 外，还含有大量的胡萝卜素和叶黄素，使植物体呈褐色。

取海带（*Laminaria japonica*）浸制或干制标本观察，常见的是其孢子体（图 13-3），分成三个部分，基部是分枝的假根，假根的上方为一扁柱状的短柄，上部是扁平带状的带片，带片褐色有光泽，长可达 2~3 m。仔细观察带片，成熟的带片两侧常见的深褐色斑块就是具孢子囊的区域。

取带片横切面永久制片观察，其内部结构分为表皮、皮层和髓三部分。表皮由带片两面外方的 1~2 层方形小细胞组成，排列整齐，具色素体。皮层位于表皮内侧，由数层薄壁细胞组成，储藏有营养物质。髓部为带片中央的疏松部分，由皮层细胞延长分化为细长的髓丝和顶端膨大的喇叭丝所组成，具有输导功能。

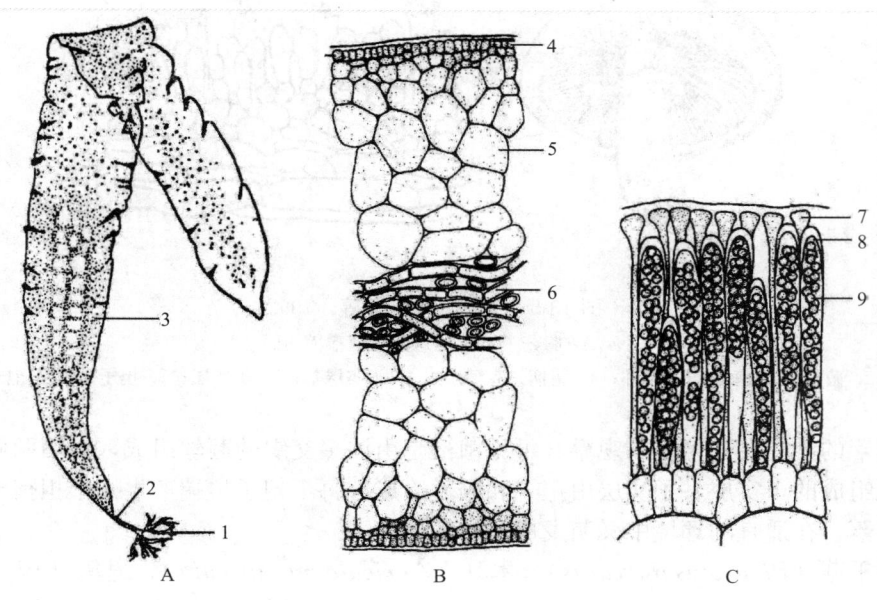

图 13-3　海带（杨继，2000）
A. 海带孢子体；B. 带片横切面；C. 带片过孢子囊处横切，示孢子囊
1. 假根；2. 柄；3. 带片；4. 表皮；5. 皮层；6. 髓；7. 隔丝；8. 孢子囊；9. 孢子

观察紫菜、石花菜等其他藻类标本，比较其形态差异。

（二）菌类植物

菌类事实上不属于植物的范畴，因为菌类不含光合色素，是一类异养的生物，包括细菌、黏菌和真菌三大类，本实验主要观察真菌类。

真菌的营养体除少数种类（如酵母）是单细胞外，一般由分枝的菌丝所构成，称为菌丝体。

1. 黑根霉（匍枝根霉）（*Rhizopus stolonifer*）

黑根霉常见于蔬菜、馒头等食品上，最初出现白色绒毛，后产生黑色孢子而变黑色。用镊子取少许培养的黑根霉菌丝体制成临时装片，置显微镜下由低倍至高倍观察，可见其营养体是多分枝的、无隔的菌丝体（图 13-4）。附着在基质上的菌丝称为假根，横向匍匐的菌丝为匍匐枝，从假根丛向上丛生直立的为孢子囊梗，其顶端形成球形的孢子囊，内生许多孢囊孢子，成熟时呈黑色，散落在适宜的基质上，就可萌发成新植株。

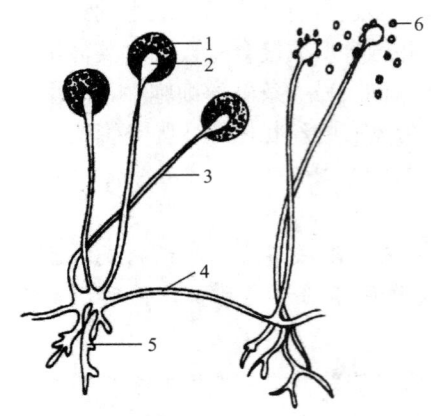

图 13-4 黑根霉（吴相钰等，2009）
1. 孢子囊；2. 孢囊轴；3. 孢囊梗；
4. 匍匐菌丝；5. 假根；6. 孢子

2. 蘑菇（*Agaricus campestris*）

在林地、枯木上常有腐生的伞菌，也有很多栽培做食用或药用。取蘑菇或香菇的子实体观察，外形呈伞状，由菌柄和菌盖组成，在菌盖下面为辐射状薄片的菌褶，菌柄上常可见菌环和菌托（图 13-5）。

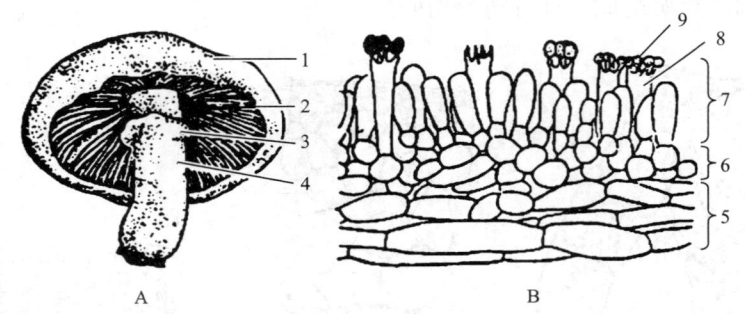

图 13-5 蘑菇（吴国芳等，1992）
A. 蘑菇子实体；B. 蘑菇菌褶横切面
1. 菌盖；2. 菌褶；3. 菌环；4. 菌柄；5. 菌肉；6. 子实层基；7. 子实层；8. 担子；9. 担孢子

取菌褶的制片在高倍镜下观察，可见菌褶是由许多交织的菌丝组成，菌褶两侧是由一层棒状细胞组成的子实层，子实层由担子和隔丝组成，每个担子顶端产生 4 个担孢子。担孢子成熟后脱落，在适宜的环境中又萌发成新的菌丝体。

选择平菇（*Pleurotus ostreatus*）、木耳（*Auricularia auricula*）、鬼笔（*Phallus* sp.）、竹荪（*Dictyophora* sp.）、灵芝（*Ganoderma lucidum*）等担子菌的浸制标本或干标本观察，比较其子实体形态及子实层的分布位置。

拓展训练

孢子印的制作：选取一较大的新鲜蘑菇或香菇，用解剖刀将菌盖从菌柄上取下来。菌褶朝下平放于白纸或黑纸上，扣上培养皿或玻璃杯，以免散落的孢子被风吹散。2~4 h后轻轻移开培养皿和菌盖，就可看到在纸板上留下与菌褶排列一致的放射状孢子印。用放大镜观察孢子的大小和颜色。由孢子印可看出菌褶的着生模式，孢子的形态、大小及颜色是伞菌分类的主要依据之一。

（三）地衣植物

地衣是由真菌和藻类共生所形成的一类特殊的植物类型。植物体没有真正的根、茎、叶的分化，跟藻类一样，也属原植体植物。地衣按生长形态的不同，可分为壳状、叶状和枝状3种类型（图13-6），注意观察3种类型的地衣标本。

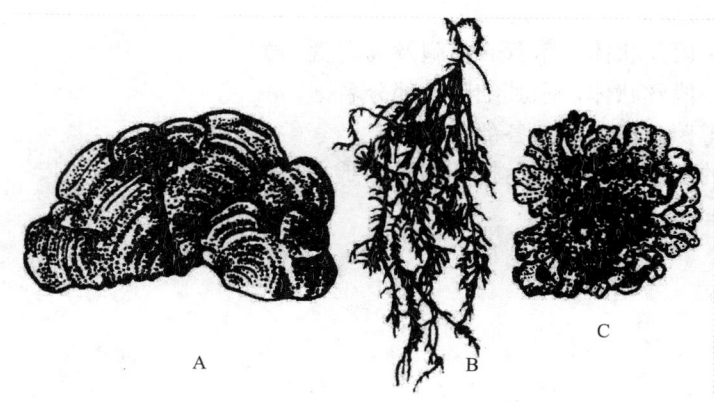

图13-6 地衣的形态（李扬汉，1984）
A. 叶状地衣；B. 枝状地衣；C. 壳状地衣

1. 壳状地衣

植物体为各种颜色的壳状物，与基物贴连紧密，难以从基质上剥离。常见于岩石和树干上，如茶渍衣属（*Lecanora*）。

2. 叶状地衣

植物体呈扁平叶状，有背腹之分，叶片下部有假根或脐附着于基质上，易于剥离，常见的如梅衣属（*Parmelia*）。

3. 枝状地衣

地衣体呈树枝状或分枝丝状，直立或下垂，仅基部着生于基质上，如石蕊属（*Cladonia*）、松萝属（*Usnea*）。

取地衣永久制片，观察地衣体内绿色的藻类细胞及菌丝的分布特点。

或刮取树皮或岩石上附生的小块新鲜的地衣置于载玻片上，加一滴清水，用镊子压碎后盖上盖玻片，显微镜下观察，可以看到单细胞的绿藻及许多无色菌丝。

> **拓展训练**
> 观察校园周边哪些地方生长有地衣植物，它们主要是哪种类型的地衣？

四、思考

（1）载色体与叶绿体有何联系与区别？
（2）能否根据接合生殖中的现象判断出何为雌性藻体？何为雄性藻体？
（3）结合藻类、菌类和地衣植物的形态结构理解原植体植物的特征，为什么称它们为低等植物？

五、实验报告

（1）绘颤藻一段丝状体，示营养细胞及隔离盘。
（2）绘水绵一段丝状体，示其细胞各部分名称。
（3）绘黑根霉菌丝体，示其各部分名称。
（4）绘蘑菇的子实层部分，示担子、担孢子和隔丝。

实验十四

苔藓与蕨类植物

一、目的要求

(1) 了解苔藓植物的特征,能区别苔类与藓类,认识常见的苔藓植物。
(2) 了解蕨类植物配子体、孢子体的特征,认识常见的蕨类植物。

二、实验用品

1. 新鲜材料

地钱、葫芦藓、问荆、木贼、肾蕨、蕨、贯众、瓦韦、海金沙、蜈蚣蕨、紫萁等植物的新鲜材料或腊叶标本。

2. 永久制片

地钱雌托及雄托纵切片、葫芦藓雌器苞及雄器苞纵切片、真蕨原叶体制片、蕨叶横切片。

三、内容与方法

(一) 苔藓植物 (Bryophyta)

苔藓植物是高等植物中最低等、结构最简单的类群。苔藓植物体矮小,没有真正的根、茎、叶的分化,也没有维管束构造,多分布在阴湿的环境。世代交替中,配子体发达,为绿色的营养体,而孢子体简单,不能独立生活,寄生于配子体上。

1. 地钱 (*Marchantia polymorpha*)

苔纲,喜生于阴湿的土地和岩壁上。

1) 地钱植物体观察 取新鲜材料用肉眼或放大镜观察 (图 14-1),所见的绿色植物

图 14-1 地钱 (一) (周云龙,2011)
A. 植物体 (配子体); B. 孢芽放大

即配子体。植物体为扁平的叶状体，带状，多回二歧分叉，在前端凹入处为生长点。背面绿色，中肋上生有绿色浅杯状的胞芽杯，内生许多细小的胞芽，腹面灰绿色，生有紫褐色鳞片和单细胞假根。地钱为雌、雄异株，注意区分雌、雄配子体（图14-2A、图14-2D）。雌配子上的雌托有一伞形托盘，下垂9~11条指状芒线，两芒线之间着生倒悬瓶状的颈卵器。雄配子体的雄托圆盘状，波状浅裂成7~8瓣，有许多精子器埋于其内。

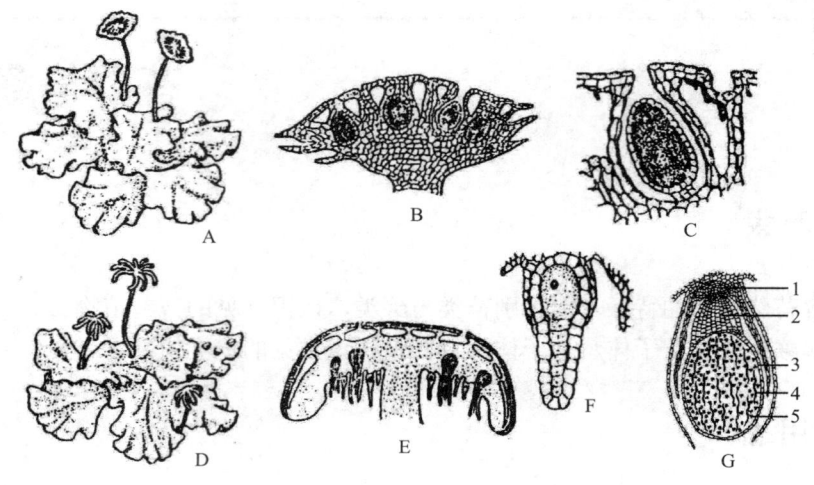

图14-2 地钱（二）（强胜，2006）
A. 地钱雄株，示雄托；B. 雄托纵切面；C. 雄托部分放大，示精子器的着生；D. 地钱雌株，示雌托；E. 雌托纵切面，示指状芒线和颈卵器的着生；F. 颈卵器；G. 位于颈卵器内发育成熟的孢子体
1. 基足；2. 蒴柄；3. 孢蒴；4. 弹丝；5. 孢子

2) 地钱生殖器官观察　取雌托与雄托纵切片在显微镜下观察（图14-2），颈卵器位于芒线之间，排成一列，每个颈卵器分颈部、腹部和短柄。膨大的腹部有一卵细胞及其上方有一腹沟细胞；狭长的颈部有一列颈沟细胞。而精子器以短柄着生于雄托上特殊的生殖器腔中，腔顶有一狭沟，开口于托盘表面，精子器呈椭圆形，产生很多具2条卷曲鞭毛的精子。

3) 地钱孢子体观察　取地钱孢子体纵切片在显微镜下观察（图14-2F），可见位于颈卵器内的合子萌发成胚而形成孢子体，结构简单，营寄生生活，孢子体仅有基足、蒴柄和孢子囊（特称之为孢蒴）三部分。挑取地钱成熟的孢子体上散出的黄色粉末，制作水装片观察，即可看到许多圆形的孢子和细丝状的弹丝。

2. 葫芦藓（*Funaria hygrometrica*）

藓纲，常生长于有机质丰富、含氮肥较多的湿土上，习见于庭院、路旁等地。

1) 葫芦藓植物体观察　取葫芦藓配子体用放大镜观察（图14-3A），植物体小型，直立，有茎叶分化。茎短小，长1~3 cm，单一或稀疏分枝，基部生有假根。叶卵形或舌形，有一中肋，多数密集簇生于茎顶。雌雄同株但不同枝。雄器苞在雄枝顶的苞叶较大而外张，形似一朵小花，内含许多精子器和隔丝。雌器苞位于雌枝顶端，苞叶较窄而向中央包紧，似一个顶芽，其中有数个直立的颈卵器。

2) 雌器苞和雄器苞观察　取雌器苞与雄器苞纵切片在显微镜下观察葫芦藓的精子器和颈卵器的构造（图14-3B、图14-3C）。

3) 葫芦藓孢子体观察　孢子体寄生于配子体上，用放大镜或解剖镜观察（图14-3D），

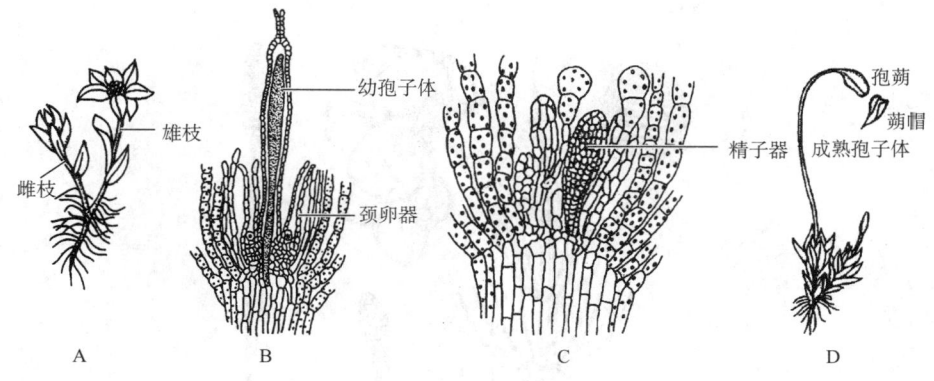

图 14-3 葫芦藓（王幼芳等，2007）
A. 配子体；B. 雌器苞纵切面；C. 雄器苞纵切面；D. 孢子体寄生于配子体上

也分基足、蒴柄和孢蒴三部分。基足插生于配子体内，从配子体吸收养分；蒴柄细长、紫红色，上部弯曲；孢蒴梨形，多垂倾，孢蒴内产生多数孢子。当孢蒴顶出颈卵器时，被撕裂的颈卵器部分附着在孢蒴的外面，形成兜形、具有长喙的蒴帽（颈卵器的残余）。孢蒴中的孢子成熟后散出，在适宜的基质上萌发形成原丝体。

> **拓展训练**
> 在校园内或周边观察哪些地方有苔藓生长？采集并观察其植物体，区分苔类和藓类。

（二）蕨类植物（Pteridophyta）

蕨类植物具有真正的根、茎、叶分化和维管组织，孢子体远比配子体发达，两者都能独立生活。产生孢子而不产生种子，为介于苔藓植物和种子植物之间的一个大类群。观察时注意从茎的特点、叶的大小和形态、孢子囊的着生等加以识别。

1. 常见蕨类植物的形态观察

1）问荆（节节草）（*Equisetum arvense*）　　生于田边、沟旁、河畔潮湿处。取新鲜材料或干标本观察（图 14-4），孢子体分生殖枝与营养枝两种。其营养枝绿色，有节与节间，节上轮生许多分枝。节上有退化的鳞片叶，下部联合成鞘，节间中空。生殖枝紫褐色，肉质，不分枝。孢子叶穗顶生，似毛笔头状，有盾状的孢子叶（孢囊柄）密生于穗轴上。

2）肾蕨（*Nephrolepis auriculata*）　　常地生或附生于溪边林下的石缝中或树上，现多栽培作观赏用（图 14-5A）。植株具根状茎及长的匍匐茎，叶簇生，幼叶拳卷状，被银白色柔毛，成熟叶革质，光滑，叶片披针形，长 30～70 cm、宽 3～5 cm，一回羽状，羽片 40～80 对，无柄，边缘有疏浅钝齿。孢子囊群生于羽片各级侧脉的上侧小脉顶端，囊群盖肾形。

2. 孢子囊群和孢子囊的显微观察

选择肾蕨或蕨等植物的孢子叶，用解剖针挑取少许孢子囊制成水装片，置显微镜下观察（图 14-5C），孢子囊具有一长柄，孢子囊壁由单层细胞组成，沿孢子囊壁有一列纵行的环带（细胞的内壁和侧壁木质化增厚呈 U 形，增厚部分呈淡黄褐色），及少数几个细胞壁不加厚的较大的唇细胞，孢子囊内有多数孢子。请想一想，环带的存在对孢子囊的开裂和孢子的散

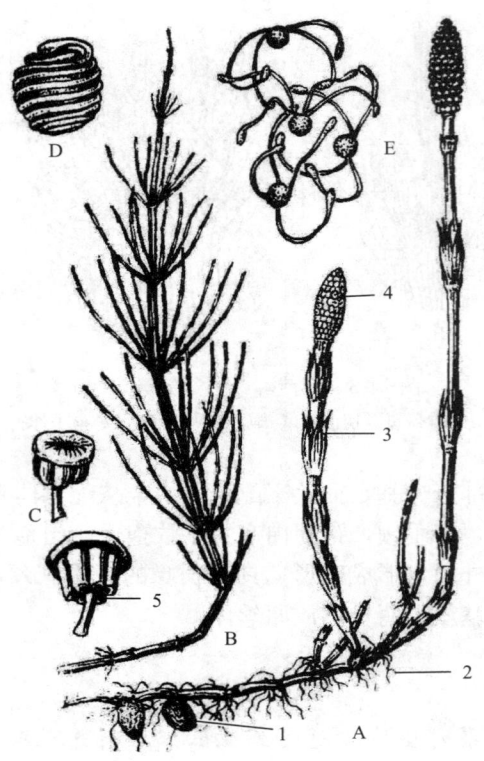

图 14-4 问荆（吴国芳等，1992）
A. 根茎及生殖枝；B. 营养枝；C. 盾状的孢囊柄；
D、E. 孢子，示弹丝卷曲及展开的状态
1. 块茎；2. 不定根；3. 轮生的叶；4. 孢子叶球；
5. 成熟的孢子囊

布有何作用？

> **拓展训练**
> 观察蕨（*Pteridium aquilinum*）、贯众（*Cyrtomium fortunei*）、瓦韦（*Lepisorus thunbergianus*）、海金沙（*Lygodium japonicum*）、蜈蚣蕨（*Pteris vittata*）等蕨类植物，比较其植物体的特征、孢子囊群的分布及形态。

3. 原叶体的观察

取真蕨类的原叶体（即配子体）制片在显微镜下观察（图 14-5D），原叶体黄绿色，小，薄片状，心形，分背腹面。在其腹面有假根，假根附近有球形精子器，在心形凹陷处有几个乳头状突起，即颈卵器。

四、思考

（1）以地钱和葫芦藓为例，比较说明苔纲和藓纲的主要区别。
（2）苔藓植物的哪些结构特征体现出其对陆地生活的初步适应性？

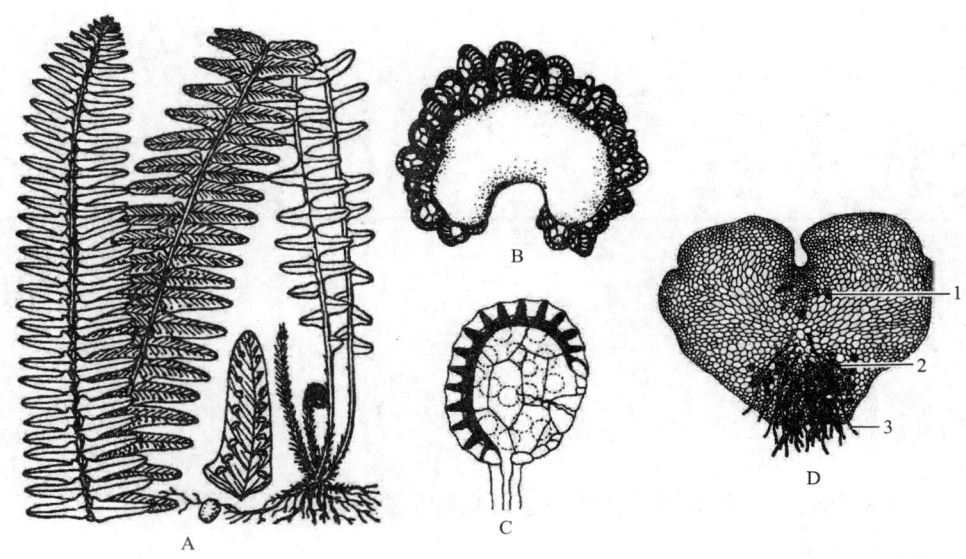

图 14-5　肾蕨（杨继，2000）
A. 植物体（孢子体）；B. 孢子囊群；C. 孢子囊，示环带；D. 原叶体（配子体）
1. 颈卵器；2. 精子器；3. 假根

（3）比较苔藓植物和蕨类植物有哪些差异，为什么说蕨类植物比苔藓植物高级？

五、实验报告

（1）绘葫芦藓雌、雄配子体外形图，示雌托与雄托。
（2）绘地钱精子器、颈卵器纵剖面图，注明各部分构造名称。
（3）绘一种蕨类植物的孢子叶，示孢子囊的形态及着生。
（4）绘观察到的一种真蕨的孢子囊，示环带等结构。
（5）观察问荆、石松、贯众、海金沙、铁线蕨等多种植物的标本或新鲜材料，列表比较它们的主要形态特征。

实验十五

裸子植物

一、目的要求

（1）通过对代表植物的观察，掌握裸子植物的主要特征。
（2）掌握松柏纲的主要特征。
（3）通过对代表植物的观察，了解裸子植物的多样性。

二、实验用品

1. 实验材料

银杏、苏铁、油松、红松、樟子松、圆柏腊叶标本及大、小孢子叶球浸制标本，松雄球花切片、松雌球花切片。

2. 实验器具

解剖镜、放大镜、解剖针、镊子、刀片、培养皿等。

三、内容与方法

裸子植物（Gymnosperm）孢子体极为发达，多为乔木，少数为灌木或藤本，通常为常绿，叶针形、线形、鳞形，极少为扁平的阔叶（如竹柏）。大多数次生木质部只有管胞，韧皮部只有筛胞。大多数具有颈卵器，既属颈卵器植物，又是能产生种子的种子植物。它们的胚珠外面没有子房壁包被，不形成果皮，种子是裸露的，故称裸子植物。裸子植物出现于古生代，中生代最为繁盛，后来由于地史的变化，逐渐衰退。现代裸子植物约有 800 种，隶属于 5 纲，即苏铁纲、银杏纲、松柏纲、红豆杉纲和买麻藤纲。我国有 5 纲，8 目，11 科，41 属，236 种及一些变种和栽培种。在北半球，大的森林 80％以上是裸子植物，如落叶松、冷杉、华山松、云杉等，是重要的林木资源。

（一）苏铁纲（Cycadopsida）

苏铁为常见的常绿乔木，主干粗壮，不分枝，顶端生大型羽状深裂的复叶。雌雄异株，大、小孢子叶均生于茎顶。小孢子叶球圆柱形，其上螺旋状排列许多小孢子叶。大孢子叶丛生于茎顶。

观察苏铁（*Cycas revoluta*）大、小孢子叶干制或浸制标本（图 15-1）。小孢子叶鳞片状，上面生有大量由 3～5 个小孢子囊组成的小孢子囊群。大孢子叶上部羽状分裂，下部成狭长的柄，柄的两侧有 2~6 枚胚珠。胚珠直生，一层珠被。珠心顶端有喙和花粉室，珠心的胚囊发育有 2~5 个颈卵器。

图 15-1　苏铁（吴国芳等，1983）
A. 植株外形；B. 小孢子；C. 聚生的小孢子囊；D. 大孢子叶及种子

（二）银杏纲（Ginkgopsida）

银杏是雌雄异株的落叶大乔木，有长、短枝之分，长枝为营养枝，短枝为生殖枝；叶有细长的叶柄，扇形，具二叉脉序，在长枝上互生，在短枝上呈簇生状。

观察银杏（*Ginkgo biloba*）大、小孢子叶球浸制标本（图 15-2）。小孢子叶球呈荑黄花序状。小孢子叶有短柄，柄端有两个小孢子囊组成的小孢子囊群。大孢子叶球具一长柄，柄端有两个环形的大孢子叶，称珠领。大孢子叶上各生一个直生胚珠。

（三）松柏纲（Coniferopsida）

取油松（*Pinus tabuaeformis*）（或马尾松 *P. massoniana*、华山松 *P. armandii* 等）带叶的小枝观察，请区分长枝和短枝。叶针形，2 针 1 束（华山松为 5 针 1 束），观察叶鞘和叶的气孔线。取松叶横切片或徒手切片观察松叶的结构。

取松小孢子叶球观察（图 15-3），可以看到小孢子叶螺旋状排列在中央的纵轴上。取 1 小孢子叶置于解剖镜下观察，可见小孢子叶背面有 1 对长形的小孢子囊。用解剖针打开小孢子囊，可见到许多小孢子。取成熟的花粉粒在显微镜下观察，可以看到花粉粒内有退化营养细胞（原叶体细胞）、生殖细胞和管细胞。

取松大孢子叶球观察（图 15-4），可以看到大孢子叶球中间也有一纵轴，大孢子叶也呈螺旋状排列。将松大孢子叶球置于解剖镜下，用镊子和解剖针剥开 1~2 片大孢子叶，可见大孢

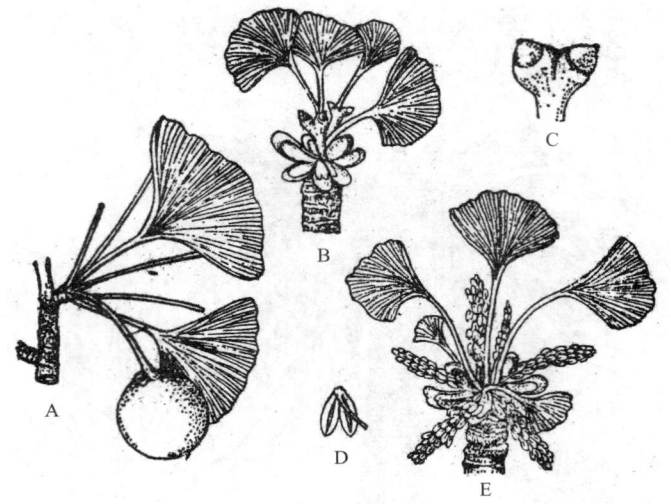

图 15-2　银杏（吴国芳等，1983）
A. 银杏的短枝及种子；B. 生大孢子叶球的短枝；C. 大孢子叶球；D. 小孢子叶；
E. 生小孢子叶球的短枝

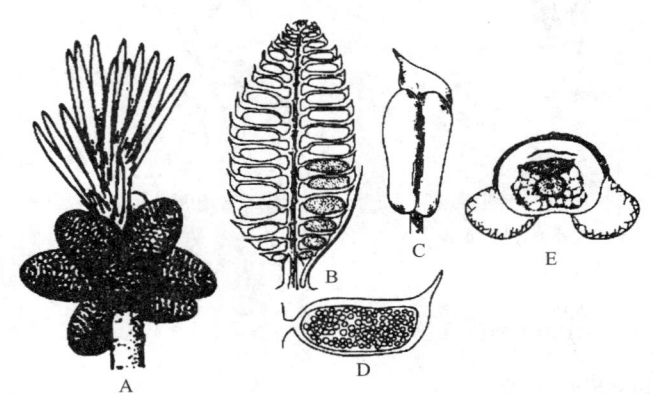

图 15-3　松小孢子叶球构造（袁明等，2006；姚家玲，2009）
A. 簇生的小孢子叶球；B. 小孢子叶球纵切面；
C. 小孢子叶；D. 小孢子叶切面；E. 花粉粒

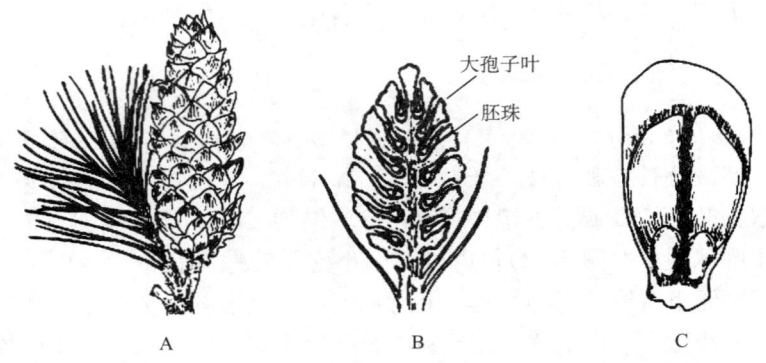

图 15-4　松大孢子叶球构造（袁明等，2006；姚家玲，2009）
A. 球果；B. 大孢子叶球纵切面；C. 种子及种鳞

子叶由两部分组成，下面薄片为苞鳞，上面肥厚为珠鳞，每个珠鳞的基部着生两个胚珠。

取油松 2~3 年生大孢子叶球，可以看到种鳞螺旋状排列在球果轴上。取下一片种鳞，腹面能看到两枚带翅的种子。种鳞背侧顶端扩大成鳞盾，鳞盾中部隆起的为鳞脐，鳞脐中央的小突起称为鳞棘。

（四）红豆杉纲（Taxopsida）

罗汉松（*Podocarpus macrophyllus*）是常绿乔木，叶条状披针形，两面中肋隆起，螺旋状互生。雌雄异株，种子卵形，有黑色假种皮，着生于肉质而膨大的种托上，种托深红色。

红豆杉（*Taxus chinensis*）是常绿乔木，叶螺旋状互生，基部扭转为两列，条形。雌雄异株，雄球花单生于叶腋，雌球花的胚珠单生于花轴顶端，基部有圆盘状假种皮。种子扁卵圆形，假种皮红色杯状。

（五）盖子植物纲（Chlamydospermopsida）

草麻黄（*Ephedra sinica*）为小灌木或亚灌木，枝丛生，呈细长圆柱形，少分枝，有细的纵棱线，节明显，节上有膜质鳞叶 2，基部常连合呈筒状。花单性，穗状，种子藏于肉质苞片内。

四、思考

为什么裸子植物比蕨类植物更适合陆地生活？

五、实验报告

（1）以松柏纲植物为例，说明裸子植物的主要特征。
（2）苏铁、银杏和油松的大孢子叶有何差别？
（3）绘松大、小孢子叶的外部形态纵切图，注明各部位构造名称。

实验十六

被子植物分类的形态学基础（一）
根、茎、叶

一、目的要求

(1) 了解根、茎、叶的形态多样性和类型。
(2) 理解和掌握主要形态学术语的含义，能准确描述植物根、茎、叶的形态类型。

二、实验材料

观察根、茎、叶各种形态类型所需要的代表植物的新鲜材料及腊叶标本。

三、内容与方法

（一）根系类型

一株植物地下所有的根总称为根系，根据主根的发育程度、根系的组成和形态，将根系分为直根系和须根系。

1. 直根系

根系由主根及其各级侧根组成，主根发达、明显，极易与侧根相区别。大多数的裸子植物和双子叶植物的根系为直根系。

2. 须根系

没有明显的主根，根系由大小差异不大的许多不定根组成。单子叶植物的根系多为须根系。

拔取大豆、油菜、小麦、葱等植物的根系，洗净后观察其根系的组成特点，判断它们分别属于什么根系类型？

（二）茎的形态特征

1. 茎的性质

根据植物茎的木质化程度，将茎分为木质茎和草质茎两大类。

1) 木本植物　茎的木质化程度高，比较坚硬，根据主干与侧枝的生长情况，又分为乔木、灌木。

乔木：有明显主干的高大树木，如杨树、桢楠、银杏。

灌木：主干不明显，比较矮小，基部常分枝，如蜡梅、紫荆、月季。

2）草本植物　茎的木质化程度低，质地较软，根据其生活期的长短，又分为一年生、两年生和多年生草本。

一年生草本：生活周期在本年内完成并死亡，如水稻、棉花。

两年生草本：生活周期在两个年份内完成，如冬小麦、油菜。

多年生草本：植物全株或地下部分能生活多年的草本植物，如甘蔗、麦冬。

2. 茎的生长习性

茎的生长习性可分为直立茎、平卧茎、匍匐茎、攀援茎和缠绕茎。

直立茎：多数植物的茎背地生长，直立地面，称直立茎，如水稻、油菜。

平卧茎：茎平卧地上，如蒺藜、地锦。

匍匐茎：茎平卧地面，节上生根，如甘薯、草莓、蛇莓。

攀援茎：茎形成卷须、吸盘等结构攀援他物生长，如黄瓜、葡萄、爬山虎。

缠绕茎：茎细而软，不能直立，只能缠绕在支持物上向上生长，如牵牛花、金银花。

观察水稻、油菜、蛇莓、山茶、紫藤、牵牛、黄瓜、桂花等植物的茎，判断其茎的质地和生长习性。

（三）叶的形态与类型

叶的形态类型具有丰富的多样性，是植物识别与分类的重要依据。

叶的形态观察主要从叶的类型（单叶或复叶）、叶序、叶的质地、叶形、叶尖、叶基、叶缘、叶裂以及叶脉等方面进行。

1. 单叶与复叶

一个叶柄上着生一枚叶片的为单叶，一个叶柄上着生两枚及两枚以上叶片的称为复叶。根据叶轴的分支，小叶在叶柄上的排列方式，复叶有以下几种类型（图16-1）。

单身复叶：含有三小叶而只有顶端一个小叶发育成熟的叶，如柑橘、柠檬。

掌状复叶：小叶集中在总叶柄顶端，排列如掌上的指，如大麻、鹅掌柴。

羽状复叶：小叶排列在叶轴的两侧，呈羽状。羽状复叶的叶轴顶端只生有一片小叶，称为奇数羽状复叶；羽状复叶的顶生小叶有两枚，称为偶数羽状复叶。

羽状复叶又因叶轴分枝的情况，可分为一回、二回、三回或多回羽状复叶。

若复叶由三片小叶组成，常称为三出复叶，根据小叶在叶轴上的排列方式，可分为掌状三出复叶（如大豆）和羽状三出复叶（如酢浆草）。

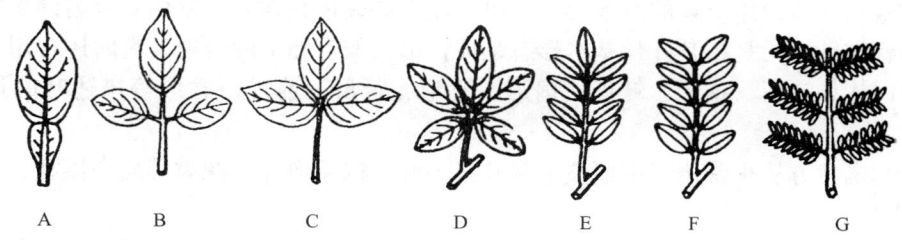

图16-1　复叶的类型（沈显生，2010）

A. 单身复叶；B. 三出羽状复叶；C. 三出掌状复叶；D. 掌状复叶；

E. 奇数羽状复叶；F. 偶数羽状复叶；G. 二回偶数羽状复叶

2. 叶序

叶在茎或枝条上排列的方式称为叶序，常见的有互生叶序、对生叶序、轮生叶序等

（图16-2）。

互生叶序：每节上只生一片叶，如玉米、桃。
对生叶序：每节上相对着生两片叶，如石竹、女贞。
轮生叶序：三个或三个以上的叶着生在一个节上，如夹竹桃、茜草。
簇生叶序：两个以上的叶着生于极度缩短的短枝上，如雪松、银杏。
基生叶序：两个以上的叶着生于地表附近的短茎上，如蒲公英、车前。

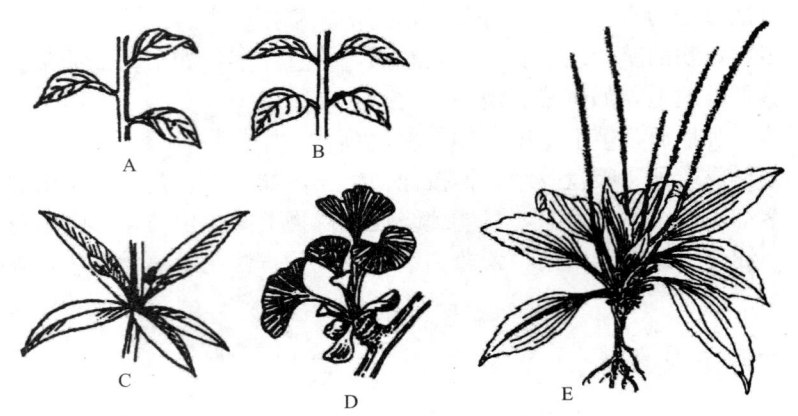

图16-2　叶序（郑湘如等，2007）
A. 互生叶序；B. 对生叶序；C. 轮生叶序；D. 簇生叶序；E. 基生叶序

3. 叶的质地
革质：叶厚韧似皮革，如山茶、广玉兰。
膜质：叶薄而呈半透明，不呈绿色，多为一些退化的叶，如荸荠球茎上的鳞叶。
草质（纸质）：叶薄而柔软，如棉花、蚕豆、小麦。
肉质：叶肥厚多汁，如芦荟、马齿苋。

4. 叶形
叶形通常是指叶片的外形或整体轮廓，根据叶片的长宽比和叶片最宽处的位置，常分为以下几种基本形态（图16-3）：阔卵形、卵形、披针形、圆形、阔椭圆形、长椭圆形、倒阔卵形、倒卵形、倒披针形、线性和剑形。

有些植物的叶片用上述的基本形态术语不能准确表述其特征，常用复合名词来描述，如桃叶为卵状披针形，是指其叶片基本形态是披针形，兼有卵形的特征。有时还常用一些简单形象的名词，如鳞形、钻形、针形、扇形、心形、肾形、箭形、盾形等描述叶的形态（图16-4）。

叶形的描述方法也常用以描述整个复叶或小叶，以及萼片、花瓣等扁平器官。

5. 叶尖
根据叶片最先端的形态变化，植物叶尖有锐尖、渐尖、尾尖、钝形等类型（图16-5）。
锐尖：叶尖较短而尖锐，如荞麦、桑。
渐尖：叶尖延长，或逐渐尖锐，如桃、柳。
尾尖：叶先端成尾状延长，如苎麻、樱花。
钝形：叶先端钝或狭圆形，如花生、广玉兰。
微凹：尖端稍凹入，如桤木、苋。

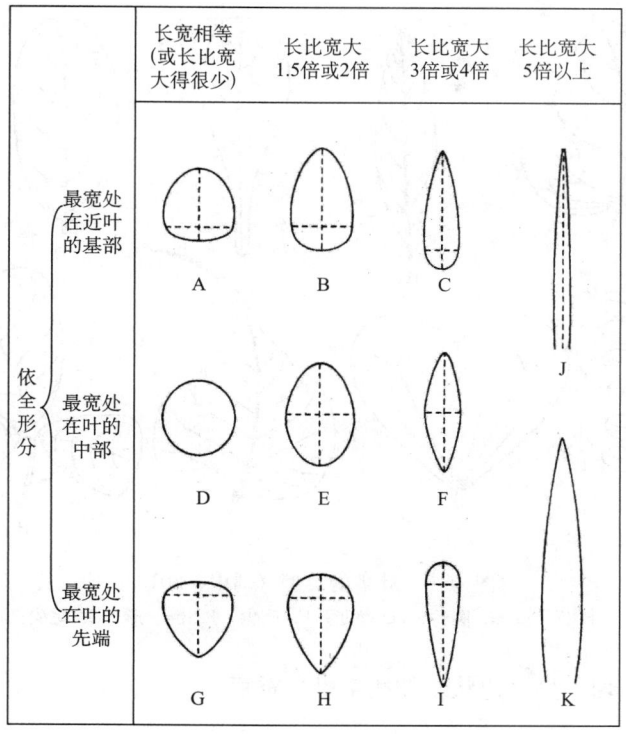

图 16-3　叶形图解（姚家玲，2009）
A. 阔卵形；B. 卵形；C. 披针形；D. 圆形；E. 阔椭圆形；F. 长椭圆形；
G. 倒阔卵形；H. 倒卵形；I. 倒披针形；J. 线性；K. 剑形

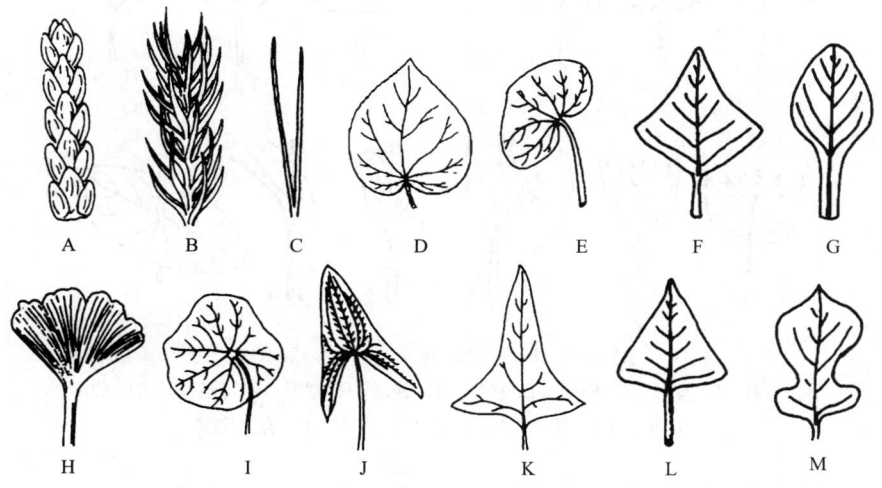

图 16-4　叶片的形状（金银根，2007；姚家玲，2009）
A. 鳞形；B. 钻形；C. 针形；D. 心形；E. 肾形；F. 菱形；G. 匙形；H. 扇形；I. 圆形（盾形）；J. 箭形；K. 戟形；L. 三角形；M. 提琴形

凸尖（具短尖）：叶尖具有突然生出的小尖，如树锦鸡儿、锥花小檗。
倒心形：尖端宽圆而凹缺，如酢浆草。

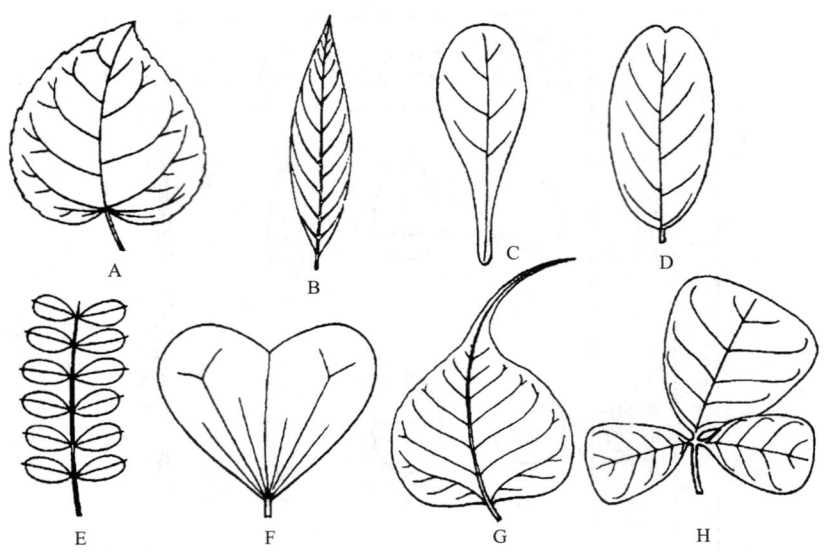

图 16-5　叶尖的类型（刘穆，2010）
A. 锐尖；B. 渐尖；C. 圆钝；D. 微凹；E. 凸尖；F. 倒心形；G. 尾尖；H. 截形

截形：叶尖如横切，呈平边状，如鹅掌楸、蚕豆。

6. 叶基

叶片基部的常见形状有楔形、钝圆形、心形、偏斜形等（图 16-6）。

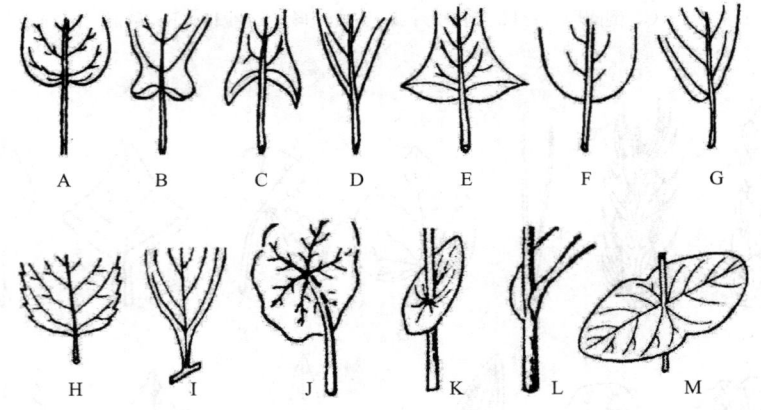

图 16-6　叶基的类型（沈显生，2010）
A. 心形；B. 耳形；C. 箭形；D. 楔形；E. 戟形；F. 圆形；G. 偏斜形；H. 截形；
I. 渐狭；J. 盾形；K. 穿茎；L. 抱茎；M. 合生穿茎

楔形：中部以下向基部两边渐变狭如楔子，如垂柳、海桐。
钝圆形：基部呈半圆形，如苹果、樱花。
心形：叶片基部两侧各有一圆裂片，如牵牛、紫荆。
偏斜形：叶两侧不对称偏斜，如秋海棠、朴树。
箭形：基部两侧的小裂片尖锐下指，如慈姑。
耳垂形：基部两侧各有一耳垂形的小裂片，如油菜、白英。

戟形：基部两侧的小裂片向外侧伸出，如打碗花、菠菜。
盾形：叶柄着生于叶背部的中部或近中部，似盾，如荷、旱金莲。
抱茎：无叶柄，叶基的两个裂片围裹部分茎，如抱茎苦荬菜、白菜的茎生叶，或叶基形成筒鞘状抱茎，如芦荟、小麦。
穿茎：无叶柄，叶基的两个裂片抱茎后合生，茎似穿叶而过，如杠板归的托叶，若是两个对生无柄叶的基部合生成一体而包围茎，称为合生穿茎，如元宝草。

7. 叶缘

叶片边缘有全缘、锯齿、牙齿、波状等类型（图16-7）。
全缘：叶缘平滑，如女贞、玉兰。
波状：边缘起伏如小波浪，如白栎、茄。
钝齿：叶缘具钝头的齿，如大叶黄杨、山毛榉。
锯齿：叶缘具尖锐的锯齿，齿尖朝向叶先端，如樱桃、桑，注意又有粗、细、重锯齿之分。
牙齿：尖锐齿，齿尖直向外方，几成90°，如苎麻、荨麻。

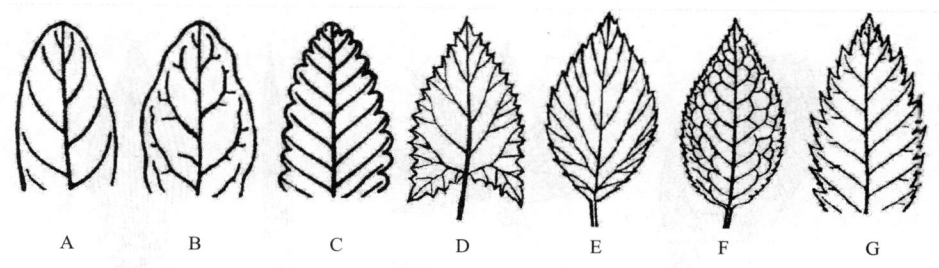

图 16-7 叶缘的类型（沈显生，2010）
A. 全缘；B. 波状；C. 钝齿；D. 牙齿状；E. 锯齿；F. 细锯齿；G. 重锯齿

8. 叶裂

有的植物叶片边缘具深浅及形状不同的缺刻，形成叶片的分裂。依据缺刻的深浅可将叶裂分为浅裂、深裂和全裂三种类型（图16-8）。
叶浅裂：叶片分裂最深不超过叶片宽度的1/4。
叶深裂：叶片分裂超过叶片的1/4但未达中脉或叶的基部。
叶全裂：叶片分裂深达中脉或叶的基部。注意叶全裂与复叶的区别，叶裂片间有少量叶基相连，每个裂片基本不形成小叶柄。复叶实质上是全裂叶的进一步发展。
依据裂片的排列形式又可分为两大类：在中脉两侧呈羽毛状排列的称为羽状裂，而裂片围绕叶基部呈手掌状排列的称为掌状裂。
一般对叶裂的描述是综合了以上两种分裂方法，如羽状浅裂、羽状深裂、掌状深裂等。

9. 脉序

脉序为叶脉在叶片中的分布及排列的方式。常见的脉序主要有网状脉和平行脉（图16-9）。
1）网状脉　　具1条或几条粗大的主脉，主脉向两侧分出许多侧脉，侧脉再分出许多细脉，相互连接成网状。双子叶植物的叶脉大多具网状脉。网状脉又分羽状网脉和掌状网脉两种。
羽状脉：侧脉由中脉分出，呈羽毛状，如喜树；如果在主脉基部两侧产生一对侧脉，这一对侧脉明显比其他侧脉发达，称为三出脉，如香樟。

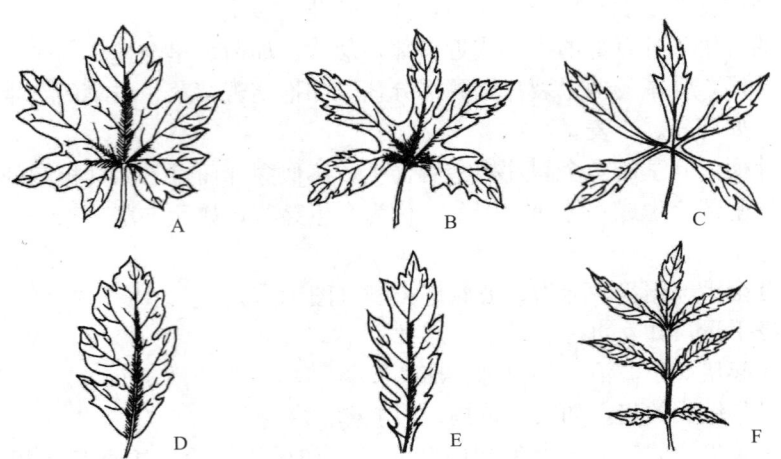

图 16-8 叶裂类型（姚家玲，2009）
A. 掌状浅裂；B. 掌状全裂；C. 掌状全裂；D. 羽状浅裂；E. 羽状深裂；F. 羽状全裂

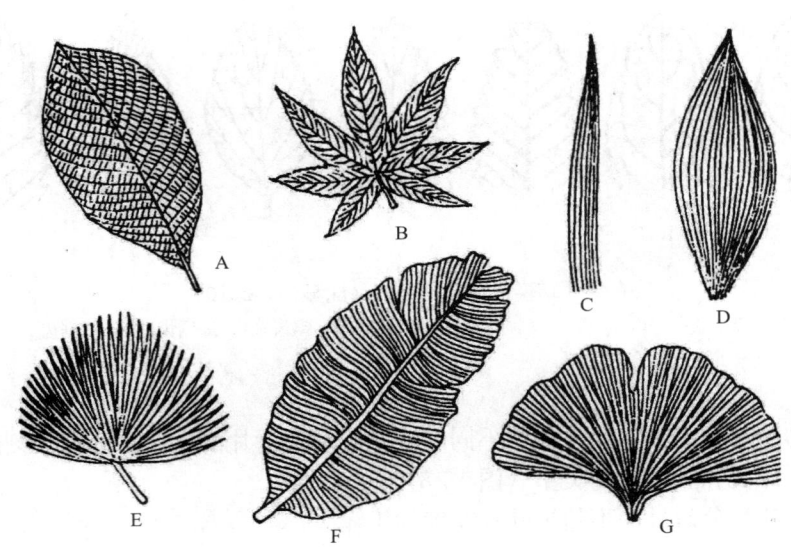

图 16-9 叶序（陆时万等，1991）
A. 羽状脉；B. 掌状脉；C. 直出平行脉；D. 弧形脉；
E. 射出平行脉；F. 横出平行脉；G. 二叉脉

掌状脉：几条近等粗的脉由叶片基部射出，如棉花、南瓜。

2）平行脉　　叶片上中脉和侧脉都自叶片的基部发出，大致互相平行，至叶片的顶端汇合，或侧脉平行与中脉呈一定角度。各平行脉间有细脉横向连接，但不呈网状。单子叶植物的叶脉大多属此类型。平行脉又可分为以下 4 种类型。

直出平行脉：中脉与侧脉平行地自叶基直达叶尖，如水稻、小麦。

横出平行脉：侧脉与中脉垂直，自中脉平行地直达叶缘，如芭蕉、香蕉。

射出平行脉：各叶脉从叶基部辐射而出，如蒲葵、棕榈。

弧形脉：平行脉自基部发出，在叶的中部彼此距离逐渐增大，呈弧状分布，最后在叶尖汇合，如车前、玉簪。

此外，二叉脉序为叶脉作二叉状分支，为较原始的脉序，如多数蕨类植物及银杏的叶脉。

观察校园植物的叶，首先判断是单叶还是复叶，如为复叶则需判断出复叶的类型；再依次从叶序、叶的质地、托叶、叶形、叶尖、叶基、叶缘、叶裂、脉序等对叶进行观察，辨别各部分的形态类型。

四、思考

（1）如何区别掌状复叶与掌状全裂叶？羽状复叶与羽状全裂叶？
（2）如何区别羽状复叶和具单叶的枝条？

五、实验报告

观察 5~10 种不同类型的校园植物的叶，填写下表。

植物名称	单叶/复叶	复叶类型	叶序	叶形	叶缘	叶尖	叶基	叶裂	脉序

实验十七

被子植物分类的形态学基础（二）
花和果实

一、目的要求

（1）掌握被子植物常见的花序类型。
（2）掌握花各部分的形态学术语，能分析判断花各部分的形态类型。
（3）掌握常见的果实类型。

二、实验用品

1. 实验材料

各种花序及各种花、果实的新鲜材料、浸制标本与腊叶标本。

2. 实验器具

放大镜、解剖镜、尖头镊子、解剖针、刀片。

三、内容与方法

（一）花序

被子植物的花，有的是单独一朵生在茎枝顶端或叶腋，称花单生，如玉兰、莲、栀子等。大多数植物的花密集或稀疏地按一定顺序着生于总花柄上，形成花序。花序的总花柄或主轴称花轴。

根据花在花轴上的排列方式及开花次序，花序可分为无限花序与有限花序两大类。

1. 无限花序

无限花序开花期间花轴顶端能继续生长、并不断产生新的花芽，其开花顺序是花轴下部的花先开，渐及上部，或由边缘的花先开，渐及中心（图17-1）。

1）总状花序　　花轴较长，其上着生许多花柄近等长的小花，如油菜、荠菜。

2）复总状花序　　花轴呈总状分枝，每一分支又形成总状花序，整个花序呈圆锥状，故又称圆锥花序，如女贞、水稻、玉米的雄花序。

3）穗状花序　　与总状花序相似，只是小花花柄极短或无柄，如车前、大麦。穗状花序的花轴如肉质膨大，则称为肉穗花序，花序外常有若干由叶变态形成的苞片，如玉米的雌花序。芋、马蹄莲等的肉穗花序基部有一个变态叶形成的大型总苞片（佛焰苞），称为佛焰花序。

4）葇荑花序　若干单性花排列于一细长、柔软的花轴上，花序通常下垂，花后整个花序或连果实一起脱落，如杨、柳。

5）伞房花序　小花有梗，排列在花序轴的近顶部，下部的花梗较长，向上渐短，整个花序的花位于一近似的平面上，如梨、山楂等。几个伞房花序排列在花序总轴的近顶部者称为复伞房花序，如绣线菊、石楠。

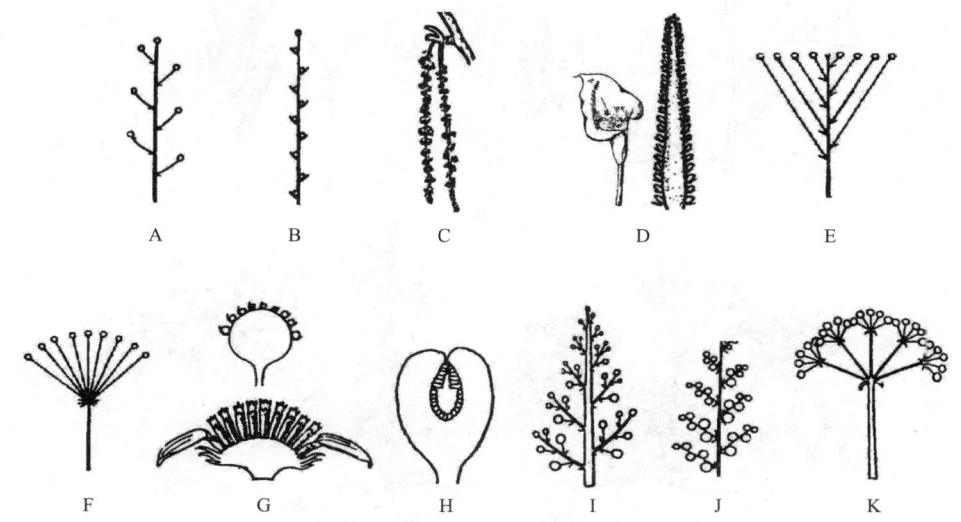

图 17-1　无限花序（姚家玲，2009）
A. 总状花序；B. 穗状花序；C. 葇荑花序；D. 肉穗花序；E. 伞房花序；F. 伞形花序；G. 头状花序；
H. 隐头花序；I. 圆锥花序；J. 复穗状花序；K. 复伞形花序

6）伞形花序　花梗近于等长，集生于花轴的顶端，状如张开的伞，如五加、葱。几个伞形花序生于花序轴的顶端者称为复伞形花序，如胡萝卜、芹菜。

7）头状花序　小花无梗，集生于平坦或隆起的极度缩短的花序轴上，而成一头状体，如菊科植物的花序。

8）隐头花序　花序轴肉质凹陷，许多小花着生于内陷的花序轴内，并完全隐藏于其中，如无花果、榕树。

2. 有限花序

有限花序也称为聚伞花序，花序顶端或中心的花先开，渐及下边或周围（图 17-2）。

1）单歧聚伞花序　花序主轴顶端先生一花，然后在顶花下的一侧形成侧枝，继而侧枝的顶端又生一花，如此往复，依次由顶芽下的侧芽形成花芽，形成合轴分枝的花序。如果各分枝为左右间隔生长，状如蝎尾，形成蝎尾状聚伞花序，如唐菖蒲、美人蕉；如果各分枝的花朝向一侧开放，形成螺旋状卷曲，称为螺状聚伞花序，如聚合草和附地菜。

2）二歧聚伞花序　花序轴的顶芽形成花后，在顶花的下面向两侧形成一对侧枝，各侧枝的顶花下再生出两个分枝，如此反复分枝，且均顶花先开的花序，如繁缕和大叶黄杨等。

3）多歧聚伞花序　花序轴的顶芽形成花芽后，主轴便停止生长，而在顶花的下面形成三个或三个以上的侧枝，且各侧枝又如此发育出顶花和分枝的花序，如泽漆和大戟。

4）轮伞花序　聚伞花序生于对生叶的叶腋内，呈轮状排列，如益母草和夏枯草。

需注意的是，被子植物的花序类型复杂多样，有些植物在同一花序上既有有限花序又有

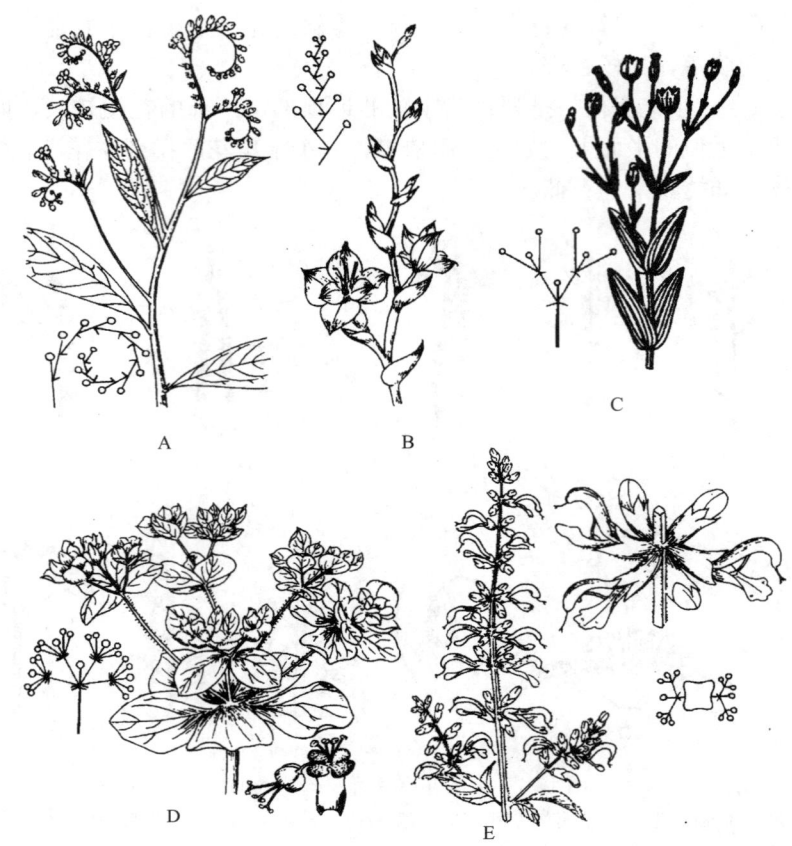

图 17-2 有限花序（姚家玲，2009）
A. 螺旋状聚伞花序；B. 蝎尾状聚伞花序；
C. 二歧聚伞花序；D. 多歧聚伞花序；E. 轮伞花序

无限花序的称为混合花序，如丁香，其主花序轴形成无限花序，侧生花序轴形成有限花序。葱的花序，形态上属伞形花序，但中间的花先开，又有聚伞花序的特点。

观察白菜或油菜、车前、桑、女贞、五加、胡萝卜、向日葵、蒲公英、马蹄莲、无花果、附地菜、唐菖蒲、卷耳、泽漆、风轮菜等植物的花序。

（二）花的基本形态和结构

1. 花的对称性

1）辐射对称花（整齐花）　　通过花的中心有两个以上的对称面的花，如桃、油菜。

2）两侧对称花（不整齐花）　　通过花的中心只有一个对称面的花，如蚕豆、益母草（图 17-3）。

也有一些植物的花是不对称的，如美人蕉的花。

2. 花冠类型

花冠的形态多样，由于花瓣的离合，花冠筒的长短，花冠裂片的形状和深浅等不同，形成各种类型的花冠（图 17-4）。

1）十字形　　由 4 个分离的花瓣排列成十字形，如油菜、萝卜。

2）蝶形　　花瓣五片，排列成蝶形，最上一瓣称为旗瓣；两侧的两瓣称为翼瓣，为旗

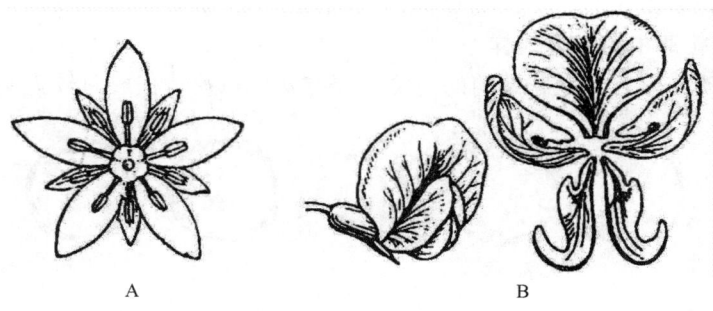

图 17-3　花的对称性（陆时万等，1991）
A. 辐射对称花；B. 两侧对称花

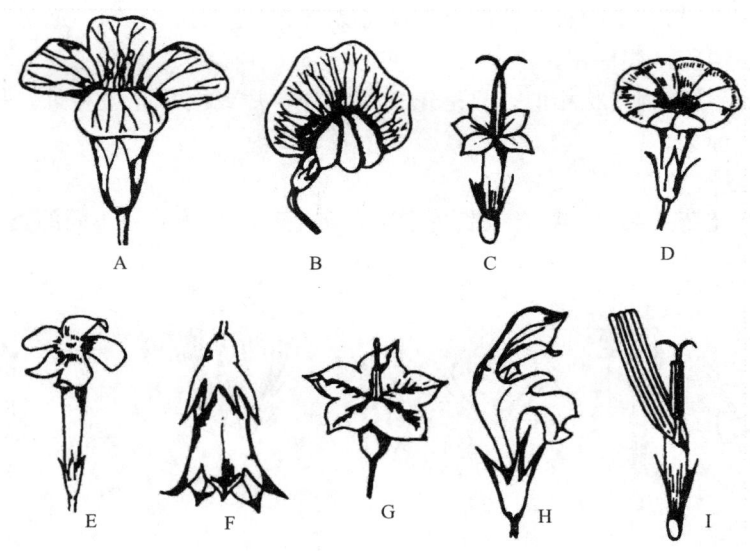

图 17-4　花冠的类型（赵桂仿，2009）
A. 十字形；B. 蝶形；C. 管状；D. 漏斗状；E. 高脚碟状；F. 钟状；
G. 辐状；H. 唇形；I. 舌状

瓣所覆盖，且较旗瓣小；最下两瓣位于翼瓣之间，常稍合生，为龙骨瓣，如豌豆、花生；如果在组成花冠的 5 片花瓣中，旗瓣最小，位于最内侧，则为假蝶形花冠，如紫荆。

3）筒状　　花冠大部分合成管状或圆筒状，花冠裂片向上伸展，如向日葵的盘花等。

4）漏斗状　　花冠下部呈筒状，并由基部逐渐向上扩大呈漏斗状，如甘薯、牵牛花等。

5）钟状　　花冠筒宽而短，上部扩大呈钟状，如南瓜、桔梗。

6）辐状（轮状）　　花冠筒短，裂片由基部向四周扩展，状如车轮，如番茄、茄。

7）高脚碟状　　花冠筒细长，上部的花冠裂片骤然呈水平状展开，形如一高脚碟子，如丁香、紫茉莉。

8）唇形　　花冠基部筒状，上部裂成二唇形，如泡桐、一串红。

9）舌状　　花冠基部呈一短筒，上端向一边展开成扁平舌状，如向日葵的边花等。

此外，蔷薇科植物的花尽管花托类型、花萼、花冠、雄蕊和雌蕊的着生位置差别较大，但其花萼、花冠的形态大小、数目及其相互关系又基本一致，均为五基数、相互分离、覆瓦状排列等，常称为蔷薇花形。

3. 花被片在花芽中的卷叠式样

花被片（花瓣或萼片）在花芽内的卷叠排列方式，在花蕾初放时较为明显（图17-5）。

图 17-5　花被卷叠式样（强胜，2006）
A. 镊合状；B. 内向镊合状；C. 外向镊合状；D. 旋转状；E. 覆瓦状

1) 镊合状　　花瓣与萼片各片的边缘彼此接触，互不覆盖，如茄、番茄。
2) 旋转状　　指花瓣的每一片的一边既覆盖着相邻一片的边缘，而另一边又被另一相邻一片的边缘所覆盖，如棉花、牵牛。
3) 覆瓦状　　和旋转状相似，只是花瓣片中有一片或两片完全在外，另一片完全包被在内，如蚕豆、油菜。

4. 雄蕊类型

根据花丝和花药的数目、离合及长短情况，将植物的雄蕊分为不同的类型（图17-6）。

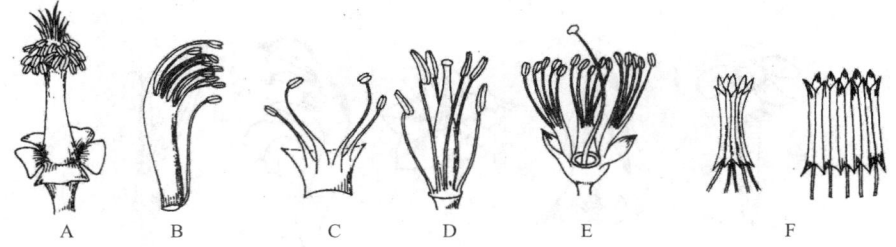

图 17-6　雄蕊类型（强胜，2006）
A. 单体雄蕊；B. 二体雄蕊；C. 二强雄蕊；D. 四强雄蕊；E. 多体雄蕊；F. 聚药雄蕊

1) 二强雄蕊　　花中有雄蕊4个，2个长，2个短，如益母草等唇形科植物。
2) 四强雄蕊　　花中有雄蕊6个，4个长，2个短，如油菜、萝卜等十字花科植物。
3) 单体雄蕊　　花中所有雄蕊的花丝基部联合成一体，花丝上部及花药则彼此分离，如棉花、木槿。
4) 二体雄蕊　　花中雄蕊的花丝联合成两束，如蚕豆、豌豆等植物的花中有10个雄蕊，其中9个联合，1个分离。
5) 多体雄蕊　　雄蕊多数，花丝联合成多束，如橙、山茶。
6) 聚药雄蕊　　雄蕊的花药聚合成筒状，花丝分离，如向日葵、蒲公英。

5. 雌蕊类型

根据组成雌蕊的心皮数目和心皮间的离合情况，有单雌蕊、离生单雌蕊和复雌蕊三种类型（图17-7）。

1) 单雌蕊　　一朵花中的雌蕊仅由一个心皮构成，子房一室，如蚕豆、桃。
2) 离生单雌蕊　　一朵花中有多个彼此分离的单雌蕊，如八角、月季。

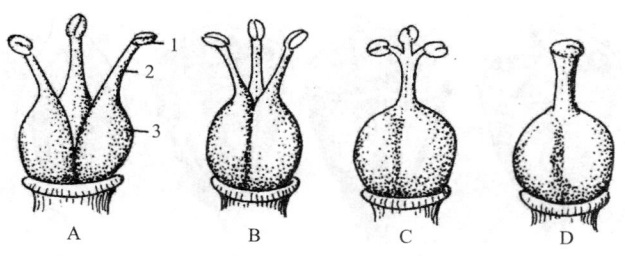

图 17-7 雌蕊类型（强胜，2006）
A. 离生单雌蕊；B～D. 不同联合程度的复雌蕊
1. 柱头；2. 花柱；3. 子房

3）复雌蕊　一朵花中的雌蕊由两个或两个以上的心皮愈合而成，如油菜、百合。

6. 子房的位置

子房着生在花托上，根据子房与花托的位置关系，可将子房分为不同类型（图 17-8）。

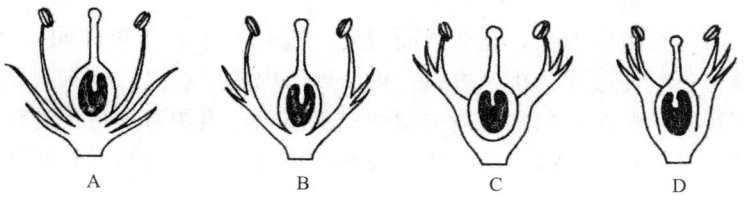

图 17-8　子房的位置（强胜，2006）
A. 子房上位（下位花）；B. 子房上位（周位花）；C. 子房半下位；D. 子房下位（上位花）

1）子房上位　子房仅以底部和花托相连，花的其余部分均不与子房相连。若花托扁平或突起，花被、雄蕊着生的位置低于子房，称为子房上位下位花，如油菜、玉兰；若花托凹陷，花被与雄蕊着生于花托的边缘，即子房的周围，称为上位子房周位花，如桃、李、月季。

2）子房半下位　子房的下半部陷生于花托中，并与花托愈合，子房上半部仍外露，花的其余部分着生在子房周围的花托边缘，故也称为周位花，如金银花、马齿苋。

3）子房下位　整个子房埋于凹陷的花托中，并与花托完全愈合，花的其余部分着生在子房上方花托的边缘，称子房下位上位花，如黄瓜、苹果。

7. 胎座的类型

在雌蕊的子房内，胚珠着生的部位称为胎座，根据心皮的数目和联合情况以及胚珠着生的位置，可将植物胎座分为不同类型（图 17-9）。

1）边缘胎座　单雌蕊，子房一室，胚珠生于腹缝线上，如豆类。

2）侧膜胎座　复雌蕊，子房一室或假数室，胚珠生于两个心皮相连的腹缝线上，如油菜、黄瓜。

3）中轴胎座　复雌蕊，多室，心皮边缘于子房中央形成中轴，胚珠生于中轴上，子房室数目与心皮数相等，如柑橘、百合。

4）特立中央胎座　复雌蕊，子房一室或不完全数室，子房腔的基部向上有一个中轴，但不到达子房顶，胚珠即生于此轴上，特立中央胎座可以理解为仅有一个子房室的中轴胎座，如石竹、马齿苋。

5）基生胎座　子房一室，胚珠一枚，生于子房室的基部，如向日葵、紫茉莉。

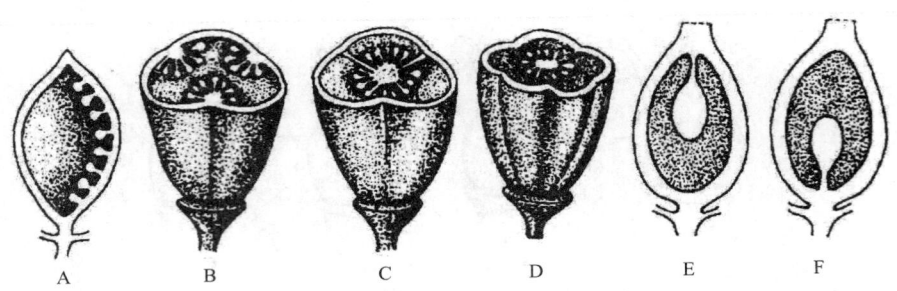

图 17-9　子房的位置（杨世杰，2000）
A. 边缘胎座；B. 侧膜胎座；C. 中轴胎座；D. 特立中央胎座；E. 顶生胎座；F. 基生胎座

6）顶生胎座　　子房一室，胚珠一枚，垂生于子房室的顶部，如瑞香、桑。

取油菜（或白菜）、蚕豆（或槐花）、向日葵、黄瓜（或南瓜）、棉花、番茄（或辣椒）、月季、毛茛、益母草、百合等植物的花，依照以下方法依次观察，判断花的各部分形态与类型，通常同一植物需准备 2～3 朵花供解剖用。

观察方法：取一朵植物的花，先从顶面观察，过花的中心作对称面，判断花的对称性；用刀片横切花蕾，观察花被片的排列方式；再从外向内逐层剥离，依次观察花萼、花冠、雄蕊的数目、排列及联合情况，判断花冠类型和雄蕊类型；再用刀片将花进行纵剖，观察花托形态、子房位置，最后将子房纵切与横切，观察心皮数目、联合情况和胚珠着生的位置，判断胎座类型。

（三）果实的类型

根据参与果实形成的是单花或花序以及雌蕊的类型，通常将果实分为单果、聚合果和聚花果（复果）三大类型。

1. 单果

一朵花中仅有一个雌蕊，由该雌蕊的子房发育而成的果实称为单果，根据果实成熟时的质地和结构，可将果实分为肉质果和干果两类。

1）肉质果　　果实成熟后肉质多汁，常见的肉质果有浆果、瓠果、柑果、梨果和核果（图 17-10）。

（1）浆果：由复雌蕊的子房发育而来。外果皮薄，中果皮、内果皮和胎座均肉质化，内含一至多粒种子，如番茄、葡萄、茄子。

（2）瓠果：由 3 心皮下位子房发育而成的假果。子房壁和花托结合发育成外果皮，中果皮、内果皮肉质，侧膜胎座常较发达，为葫芦科植物特有的果实类型。

（3）柑果：由复雌蕊具中轴胎座的上位子房发育而成，是柑橘类植物特有的一类肉质果。外果皮革质，具精油腔；中果皮较疏松，具多分枝的维管束；内果皮膜质，隔成数瓣，其内表皮上生有肉质多浆的汁囊，为食用的主要部分。

（4）梨果：由花筒和子房联合发育而成的假果。通常花筒形成果壁，外果皮、中果皮均肉质，内果皮革质，如苹果、梨。

（5）核果：具有坚硬果核的一类肉质果。由 1 至多心皮雌蕊发育而来。外果皮薄，中果皮厚，多肉质化，内果皮木质坚硬，内含 1 粒种子，如桃、李。核桃为 2 心皮下位子房发育成的核果，常见的核桃壳实为其内果皮。

实验十七 被子植物分类的形态学基础（二）花和果实

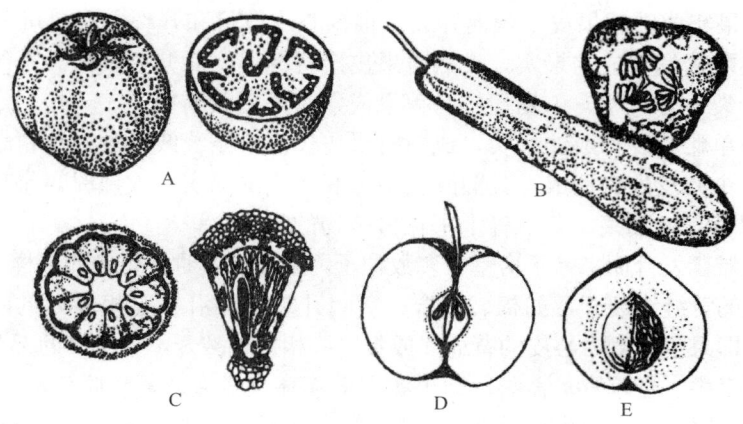

图 17-10 肉质果的类型（强胜，2006）
A. 浆果；B. 瓠果；C. 柑果；D. 梨果；E. 核果

2) 干果　　果实成熟时果皮干燥，分为裂果和闭果（图 17-11）。

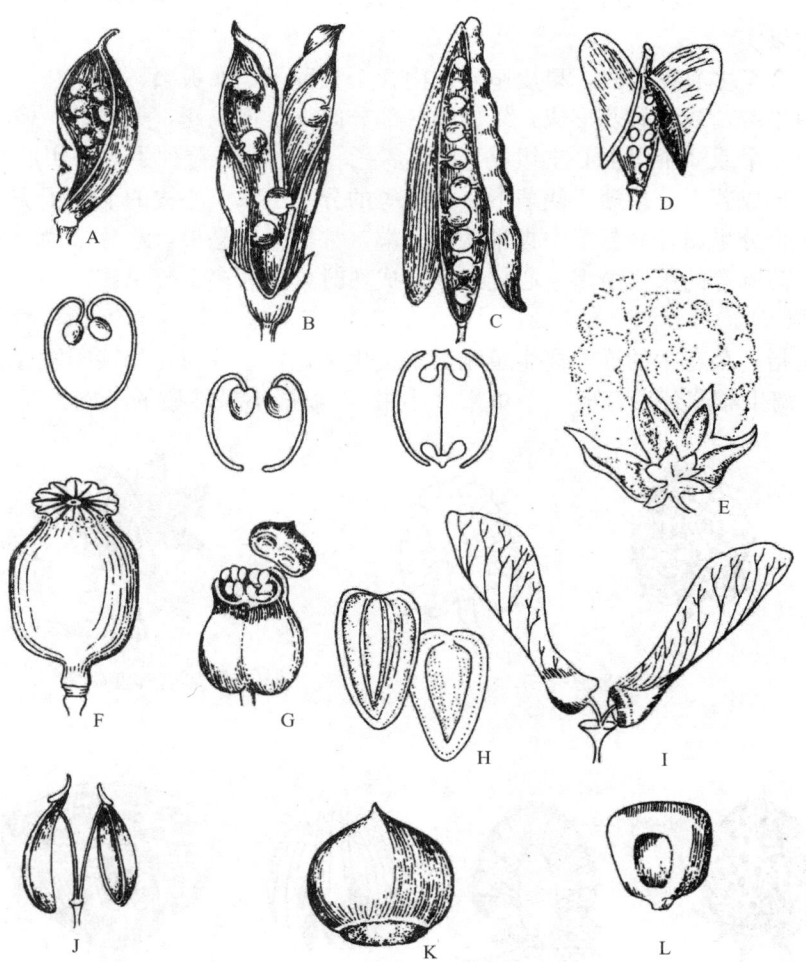

图 17-11 干果的类型（姚家玲，2009）
A. 蓇葖果；B. 荚果；C. 长角果；D. 短角果；E. 蒴果背裂；F. 蒴果孔裂；G. 蒴果盖裂；
H. 瘦果；I. 翅果；J. 双悬果；K. 坚果；L. 颖果

(1) 裂果：果实成熟后果皮干燥而开裂，根据心皮数目和开裂方式，可分为以下几种。

荚果：由单雌蕊发育成的果实，成熟时果皮沿背缝线同时开裂，如大豆等。但花生的荚果成熟时并不开裂，含羞草、山蚂蝗等的荚果成熟时呈节荚断裂。

蓇葖果：由单雌蕊发育成的果实，成熟时果皮仅沿一条缝线开裂，如梧桐、八角。

角果：由2个心皮发育而成，具假隔膜、侧膜胎座的果实。成熟时，果皮沿两条腹缝线开裂，假隔膜留存，如油菜、萝卜等十字花科植物的果实。

蒴果：由复雌蕊发育而来，子房室含多数种子，果实成熟时开裂方式多样。常见的有室背开裂，即沿心皮的背缝线裂开，如棉、百合；室间开裂，即沿心皮相接处的隔膜裂开，如烟草；室轴开裂，即果皮外侧沿心皮的背缝线或腹缝线相接处裂开，但中央的部分隔膜仍与轴柱相连而残存，如牵牛、曼陀罗；盖裂，即果实中上部环状横裂成盖状脱落，如马齿苋、车前；孔裂，即果实成熟时，每一心皮顶端裂一小孔，以散发种子，如虞美人、金鱼草。

(2) 闭果：果实成熟后果皮干燥但不开裂，根据子房及心皮情况可分为以下几种。

瘦果：由1~3心皮组成，上位子房或下位子房发育而来，内含1粒种子。成熟时，果皮革质或木质，容易与种子分离，如白头翁（1心皮）、向日葵（2心皮）、荞麦（3心皮）。

颖果：由2~3心皮组成，含1粒种子，果皮和种皮愈合，不能分离，如小麦、玉米等禾本科植物的果实。

坚果：由2至多心皮构成，果皮坚硬，内含1粒种子，如板栗、青冈。

翅果：由单雌蕊或复雌蕊形成，果皮的一部分向外延伸成翅，如枫杨、榆。

分果：由2个或2个以上心皮组成，2至多室，每室含一粒种子。果实成熟时，各心皮沿中轴分开，形成若干分果瓣。胡萝卜、芹菜等的分果由2个心皮的下位子房发育而成，成熟时分离为2个分果瓣，分悬于中央果柄的上端，常称为双悬果，双悬果为伞形科植物的主要特征之一；苘麻等的果实由多个心皮组成，成熟时可分为多个分果瓣。

2. 聚合果

聚合果是指一朵花中的许多离生单雌蕊聚集生于花托，并与花托共同发育成的果实（图17-12）。每一离生雌蕊各发育成一个单果（小果），根据小果性质的不同，又可将其分为聚

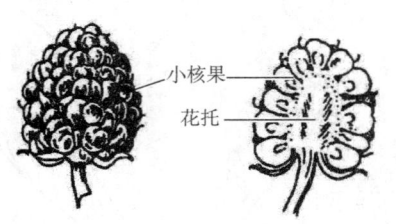

聚合核果(悬钩子)

聚合蓇葖果(八角)

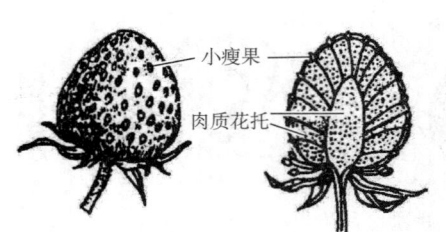

聚合瘦果(草莓)

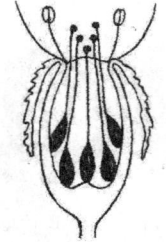

聚合瘦果(月季)

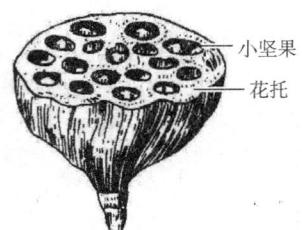

聚合坚果(莲)

图17-12　聚合果（陆时万等，1991；李名扬，2004；强胜，2006）

合瘦果（如草莓、月季）、聚合核果（如悬钩子）、聚合坚果（如莲）和聚合蓇葖果（如八角、芍药）等。

3. 聚花果（复果）

聚花果是由整个花序发育而成的果实（图17-13）。桑葚来源于一个雌花序，各花的子房发育成一小坚果，包藏于肥厚多汁的花萼内；菠萝（凤梨）的果实由许多不孕小花聚生在肉质花轴上发育而成；无花果肉质花轴内陷成囊状，囊的内壁上着生许多小坚果。

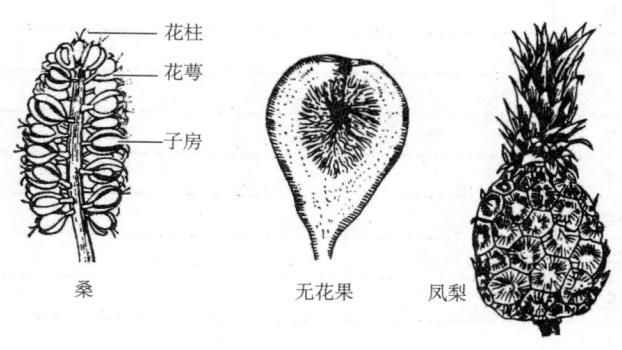

图17-13 聚花果（李名扬，2004）

取各种植物的果实，对其外部形态组成及内部解剖结构进行观察，判断它们分别属于什么果实类型。

四、思考

（1）怎么判断一个花序是无限花序还是有限花序？
（2）如何区别上位子房与下位子房？
（3）如何判断雌蕊类型与复雌蕊心皮的数目？
（4）如何区分聚花果与聚合果？
（5）不同类型的果实在种子和果实的散布上有何适应性？

五、实验报告

（1）以开花的毛茛、桃花、油菜、蚕豆、向日葵等植物为材料，观察花的组成和结构；若为花序，指出属何种花序类型。

（2）取各种果实，分别解剖观察，判断它们的果实类型，填写下表，若该果实有经济或食用价值，指出其利用部分。

果实类型			植物名称	主要特征	食用或利用部位
单果	肉质果	浆果			
		核果			
		梨果			
		瓠果			
		柑果			
	干果	裂果	荚果			
			蓇葖果			
			角果			
			蒴果			
		闭果	瘦果			
			坚果			
			颖果			
			翅果			
			分果			
聚合果					
聚花果					

实验十八

被子植物分类的基本方法

一、目的要求

(1) 学会完整的观察解剖植物的各项形态特征，并用形态学术语进行描述。
(2) 能正确书写花程式和绘制花图式。
(3) 掌握利用植物检索表、植物志和植物图鉴等工具书检索和鉴定植物的方法。

二、实验用品

1. 实验材料

根据实验的季节，采集形态特征完整（尤其是具有花、果）、有代表性的新鲜植物材料作为观察对象，如十字花科、木兰科、毛茛科、蔷薇科、百合科、石蒜科等开花植物。

2. 实验器具

放大镜、解剖镜、尖头镊子、解剖针、刀片、载玻片和盖玻片等。

3. 参考资料

《被子植物科属检索表》、《中国植物志》或地方植物志、《中国高等植物图鉴》等。

三、内容与方法

（一）植物形态观察

对照种子植物形态术语手册（或者植物学教材中有关形态描述部分的内容），取上述植物标本，按下列步骤观察、记录和绘图。

取一花、果完整的植株，对照被子植物形态学基础部分的内容，按照以下步骤，仔细观察该植物各部分的形态特征，并做记录。

(1) 首先根据植物茎的性质确定植物属于哪一类植物（草本植物、木本植物还是其他）。
(2) 在确定植物的类型以后，从根开始观察，判断根系是直根系还是须根系，以及根是否有变态类型，如有的话，还需区分属于哪一类变态。
(3) 观察茎的生长习性，判断茎是属于直立茎、平卧茎、缠绕茎、攀援茎、匍匐茎等；再观察茎是否有变态类型，如有的话，还须区分属于哪类变态。
(4) 观察叶，首先判断是单叶还是复叶，如为复叶则需判断出复叶的类型；再依次从叶序、托叶、叶形、叶尖、叶基、叶缘、叶裂形状、脉序等对叶进行形态描述，再观察叶是否有变态类型,如有的话,还需区分属于哪一类变态。还需注意茎、叶是否具有附属物,如皮刺、表皮毛、蜡被等。

(5) 花序的观察:判断是单生花还是花序,花或花序是顶生还是腋生,花序的类型等。

(6) 花的解剖与观察。先取一朵花,由外向内逐层进行解剖(必要时借助放大镜或者体视显微镜)观察。在解剖花的同时,还要注意花各组成部分在花中的排列位置及其相互关系。

花萼:先看萼片是否联合,然后记数萼片的数目,再描述萼片的颜色、形状及附属物等。

花冠:剥去花萼,观察花冠的形态、是否联合,然后记数花瓣的数目,再描述花瓣的颜色、形状及附属物等。同时还要观察花蕾,看花瓣在花芽中的排列方式。

雄蕊:剥去花瓣,观察花药或花丝之间是否联合,然后记数雄蕊的数目,再观察其排列方式及其长短,以及花药的着生方式和开裂方式等。

雌蕊:剥去雄蕊,观察并记数雌蕊的数目,并通过对花进行纵切和对子房进行横切,观察花托的形状、子房的位置、雌蕊的心皮数目、子房室数、胎座类型等。

(7) 果实的观察。通过其果皮及其附属部分成熟时的质地和结构来判断果实类型,再观察记载果实的形状、大小、颜色、毛被以及表面附属物的特征等。

(8) 观察种子的大小、外形以及是否有附属物,可通过纵剖面和横剖面观察种子的结构组成特点。

(二) 植物形态描述方法

将所观察的结果,用科学的形态术语进行文字描述,并对花部特征以花程式和花图式的方式加以记载。

1. 形态描述的一般方法

对一种植物的完整描述,其顺序大体上按照植物的习性、根、茎、叶、花序、花、果实、种子等进行描述。通常用",";"、"、"、"。"等将所描述的内容分开,以表示前后内容之间的关系。最后对植物的花期、果期、生境、分布及经济用途加以说明。以下以牵牛的描述作为示例:

牵牛 *Pharbitis nil* Choisy

一年生草本,全株有刺毛,茎细长,缠绕,有分枝,单叶,互生,无托叶,叶片心形,通常 3 裂至中部,中间裂片长卵圆形而渐尖,两端裂片底部宽圆,掌状叶脉。花序有花 1～3 朵;苞片 2,细长;花萼 5 裂,裂片狭披针形,外面有毛;花冠漏斗形,长 5～7 cm,蓝色或淡紫色,管部白色;雄蕊 5,不伸出花冠外,花丝不等长、基部稍阔、有毛;心皮 3,子房 3 室,每室有 2 胚珠;中轴胎座。蒴果球形,种子 5～6,无毛。花期 7～9 月。

原产于美洲,全国大部分地区有栽培,除供观赏外,主要供药用。其种子有黑褐色和米黄色两种,中药称"黑丑"和"白丑",富含牵牛苷成分,具泻下、利尿、消肿、驱虫等功效。

2. 花程式和花图式

准确地书写植物花程式和绘制花图式,是学习植物分类学必须掌握的基本技能之一。

1) 花程式　　花各部分的组成特点和相互关系用简单的符号及数字来表示。通常 P 表示花被,K 表示花萼,C 表示花冠,A 表示雄蕊群,G 表示雌蕊群。花各部分的数目用数字表示,如果该部分缺少或退化就用"0"表示,数目多而不定数用"∞"表示,数字都书写在代表各部分字母符号的右下角。如果某部分排列在一轮以上就用"+"表示,"()"表示某部分各个体相互联合。子房位置在代表雌蕊的字母 G 上方或下方加横线表示。"G"表示子房上位,"$\overline{G}$"表示子房下位,"$\overline{\underline{G}}$"表示子房半下位。G 右下角通常用两个数字表示雌蕊结构,第一个数字表示心皮数目,第二个数字表示子房室数,有时用第三个数字表示每室胚珠数,并用":"将这三个数字隔开。

"*"表示辐射对称花,"↑"表示两侧对称花;"♂"表示雄花,"♀"表示雌花。书写在花程式的前边。例如:

百合 * P_{3+3} A_{3+3} $\underline{G}_{(3;3)}$

表示两性花,辐射对称;花被 6 枚,彼此分离,排列为 2 轮,每轮 3 枚;雄蕊 6 枚,分离排列为 2 轮,每轮 3 枚;雌蕊子房上位,3 心皮联合形成 3 子房室。

蚕豆 ↑$K_{(5)}$ C_5 $A_{(9)+1}$ $\underline{G}_{(1;1)}$

表示两性花,两侧对称;萼片 5 枚,合生;花瓣 5 枚,分离;雄蕊 10 枚,9 枚联合,1 枚分离成二体雄蕊;子房上位,单雌蕊,一室。

2)花图式 实际上就是花的各部分在垂直于花轴的平面上的投影,用各部分横切面简图表示其数目、离合、排列等。用一黑圆点表示花着生的花轴,绘在花图式的上方;在花轴的对方或侧方绘中央有一突起的新月形空心弧线,表示苞片和两侧的小苞片;花萼以中央有一突起和具短线的新月形弧线表示,花冠以黑色的实心弧线表示。雌蕊和雄蕊以子房或花药的横切面来表示。注意各部分的位置、排列、相互关系(如对生、互生)以及联合分离情况,如为合生的,则以虚线相连。如为顶生花,则花轴及苞片都不必绘出。

现以百合和蚕豆花为例说明(图 18-1)。

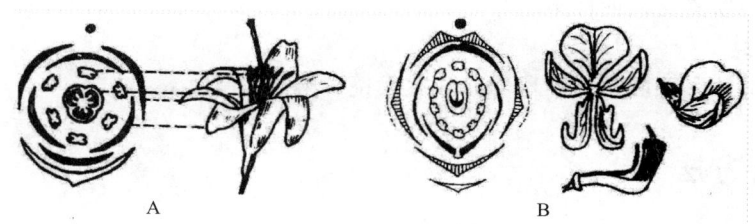

图 18-1 花图式(周云龙,2010)
A. 百合的花图式;B. 豌豆的花图式

(三)植物的检索与鉴定

植物检索表是鉴定植物的重要工具。在对植物形态进行全面观察的基础上,利用被子植物分科检索表和科属检索表检索植物所在的科、属。检索时先以检索表的第一项开始核对,看被检索植物符合 2 个分支中的哪一支,在这一分支下的 2 个分支中继续往后核查,不能越项查对,直到检索出植物所在的科、属。然后再利用《中国植物志》或地方植物志、高等植物图鉴等工具书,查阅鉴定物种。特别要对照有关文献资料的插图和描述,看植物的生态习性、形态特征以及分布地等是否符合,最后给出植物的正确名称。

四、实验报告

完整描述所观察植物的形态特征,并写出花程式和绘出花图式;利用检索表检索其所属科、属,记录检索路径;利用植物志或植物图鉴鉴定种类,并写出物种的中文名和拉丁学名。

实验十九

被子植物分类

一、目的要求

（1）学习和掌握被子植物的主要特征。
（2）掌握科的主要特征，识别一些常见植物种类。
（3）掌握被子植物观察和鉴定的基本方法。

二、实验用品

1. 实验材料
各种植物的新鲜材料或标本。

2. 实验器具
镊子、解剖针、双面刀片、培养皿、放大镜、解剖镜等。

三、内容与方法

被子植物（Angiosperm）是现代植物界中最高级、最繁茂和分布最广的一个类群。现知被子植物有 20 多万种，种数占植物界植物种数的一半以上，中国有约 3 万种。由于被子植物的形态构造能够适应陆地生活，自新生代以来它就在地球上占绝对优势。被子植物的种类能如此众多，适应性如此广泛，这和它结构的复杂化、完善化分不开。和裸子植物相比，被子植物具有真正的花，典型的被子植物的花由花萼、花冠、雄蕊群、雌蕊群 4 部分组成，花被的出现增强了传粉的效率，增强了被子植物对陆生环境的适应性。被子植物具有由子房、花柱和柱头构成的雌蕊，胚珠包藏在子房内，子房在开花传粉以后继续长大，受精以后胚珠发育成种子，整个子房，有时连同花萼、花托甚至花序轴发育成果实。只有被子植物才有真正的果实，果实具有保护种子，帮助种子传播的作用。被子植物具有双受精现象和三倍体的胚乳，此种胚乳不是单纯的雌配子体，而具有双亲的遗传特性，使新植物体有更强的生活力。在解剖构造上，其木质部中有导管，韧皮部有筛管和伴胞，使输导组织结构和生理功能更加完善。被子植物的雌、雄配子体均无独立生活的能力，寄生在孢子体上，结构上比裸子植物更简化。从这些事实可以看到被子植物形态结构的多样性和复杂性比其他各类植物的器官及功能要完善得多，是更有效地适应陆生环境条件的一群植物。被子植物的用途广泛，不仅可以为人类提供食物、住所、衣料、药品和花卉等，还为造纸、纺织、塑料制品等提供原料。

对被子植物进行形态鉴定时，需先对整个标本进行仔细的观察，并对其花和果实进行解剖，而后借助工具书进行鉴定。

1. 植物标本观察

仔细观察该植物的营养器官和繁殖器官的形态特征，包括植物根、茎、叶的形态特征和花序类型，然后对植物的花和果实进行解剖观察。

2. 花的解剖观察

首先从外到内层层剥离，观察花萼、花冠、雄蕊群和雌蕊群各部分的数目、联合程度、排列方式等特征。然后对花分别进行纵、横剖（切），观察花托的形状、子房的位置、子房室数、胎座类型。通过观察柱头、横切子房，结合子房室数目、胎座类型等来确定雌蕊类型和心皮数目。

3. 果实类型

结合雌蕊的观察确定果实的类型。

4. 植物种类鉴定

根据上述观察和植物分类学理论知识，利用植物检索表、植物志和植物图鉴等工具书，检索该种植物的科名、属名和种名。

（一）木兰科 Magnoliaceae

木本，单叶互生，枝条上常有环状托叶痕；花常单生，两性，花被常不分花萼和花瓣，花被片每轮 3 片，2 至多轮；雌蕊、雄蕊多数且离生，螺旋状排列于一隆起或延长的花托上；聚合蓇葖果。

玉兰（*Magnolia denudata* Desr.）为落叶乔木，树皮灰色，光滑不裂（图 19-1）。当年生枝条的基部有托叶脱落后留下的环痕。单叶互生、半革质、全缘、羽状网脉。花两性，整齐，大型，单生枝顶，芳香，有乳白色同型的花被 9 片，分 3 轮着生，每轮 3 片，排列均匀；花托伸长，呈圆锥状，上部是多数螺旋状着生的雌蕊，下部是多数螺旋状着生的雄蕊。果实为长卵圆形的聚合蓇葖果。

含笑花（*Michelia figo* Lour.）为常绿灌木，树皮灰褐色，分枝繁密（图 19-2）；芽、嫩枝、叶柄、花梗均密被黄褐色绒毛。叶革质，狭椭圆形或倒卵状椭圆形，先端钝短尖，基部楔形或阔楔形，上面有光泽，无毛，下面中脉上有褐色平伏毛，后脱落无毛。花直立，腋生，淡黄色而边缘有时红色或紫色，具甜浓的芳香，花被片 6，肉质，较肥厚，长椭圆形，雄蕊多数，药隔伸出成急尖头，雌蕊群无毛，超出于雄蕊群；雌

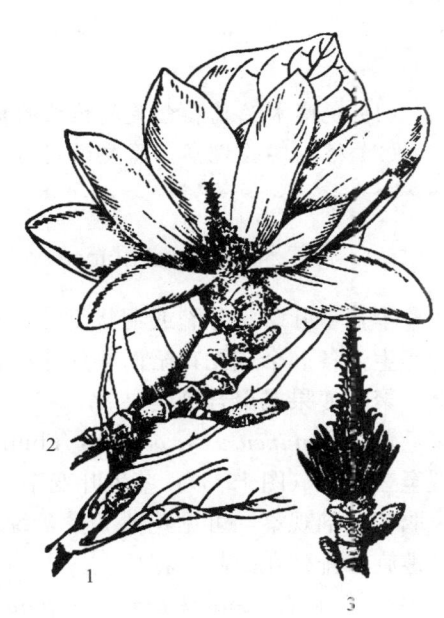

图 19-1 玉兰（中国科学院植物研究所，1972）
1. 叶枝；2. 花枝；3. 去花被后的花

蕊群具柄，被淡黄色绒毛。果实为卵圆形或球形的聚合蓇葖果，顶端有短尖的喙。

取新鲜玉兰花解剖，可观察到 9 枚白色（外面常有部分为红色）的花被（萼瓣不分），排成 3 轮，在花被的外侧有褐色的苞片。剥去花被，可见到在伸长的花托下部螺旋状排列着许多花丝极短的雄蕊，在伸长的花托上部螺旋状着生许多离生的雌蕊。

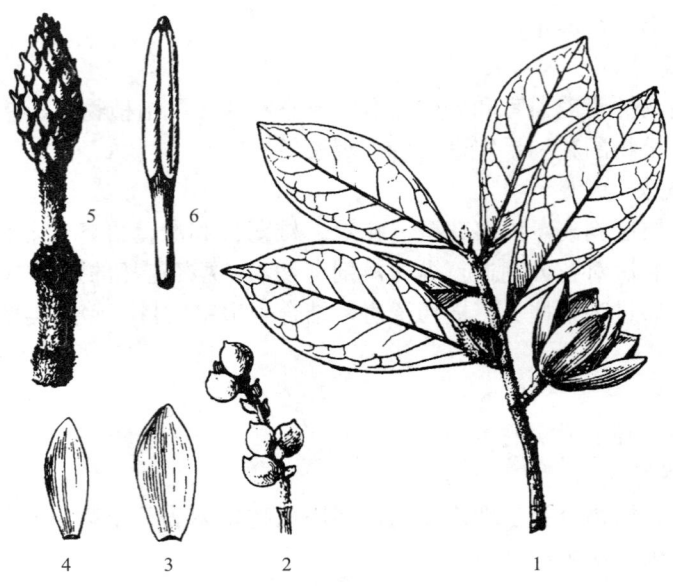

图 19-2 含笑花（傅立国等，2000）
1. 花枝；2. 聚合果；3. 外轮花被；4. 内轮花被；5. 雌蕊群；6. 雄蕊

本科常见植物还有紫玉兰（辛夷）（*Magnolia liliflora*）、荷花玉兰（洋玉兰）（*Magnolia grandiflora*）、白兰花（黄桷兰）（*Michelia alba*）、鹅掌楸（马褂木）（*Liriodendron chinense*）等。

作业

(1) 观察木兰属和含笑属植物的标本，比较木兰属与含笑属有什么不同？

(2) 根据实验观察，简要说明为什么木兰科是木本双子叶植物中最原始的科？

（二）毛茛科 Ranunculaceae

草本，单叶掌状分裂或羽状复叶，多为互生；花两性，辐射对称或两侧对称；花萼、花瓣均离生，各 5 个或无花瓣而萼片花瓣状；雄蕊和雌蕊多数，离生，螺旋状排列于膨大的花托上，聚合瘦果或聚合蓇葖果。

毛茛（*Ranunculus japonicus* Thunb.）全株密被白色长毛，基生叶丛生，具长柄，三深裂至三全裂（图 19-3）；茎生叶变小，细裂，多无柄；聚合瘦果呈球形。

取花解剖观察，可见花萼 5 片，绿色；花瓣 5 片，呈黄色倒卵形；雌蕊、雄蕊均为多数，螺旋状排列在凸起的花托上。

尖萼耧斗菜（*Aquilegia oxysepala* Trautv. et C. A. Mey）根圆柱形，外皮黑褐色（图 19-4）。植株近无毛或被极稀疏的柔毛，上部多少分枝。基生叶数枚，为二回三出复叶；中央小叶通常具 1~2 mm 的短柄，楔状倒卵形，三浅裂或三深裂。茎生叶数枚，具短柄。聚合蓇葖果。

取花解剖观察：萼片 5，紫红色或紫色，卵状披针形或狭卵形；花瓣 5，淡黄色，顶端近截形；距长 1.5~2 cm，末端强烈内弯，呈钩状；雄蕊多数，通常与瓣片近等长，内轮较长，外轮渐短；心皮 5，被白色短柔毛。蓇葖果皮上有明显脉纹。

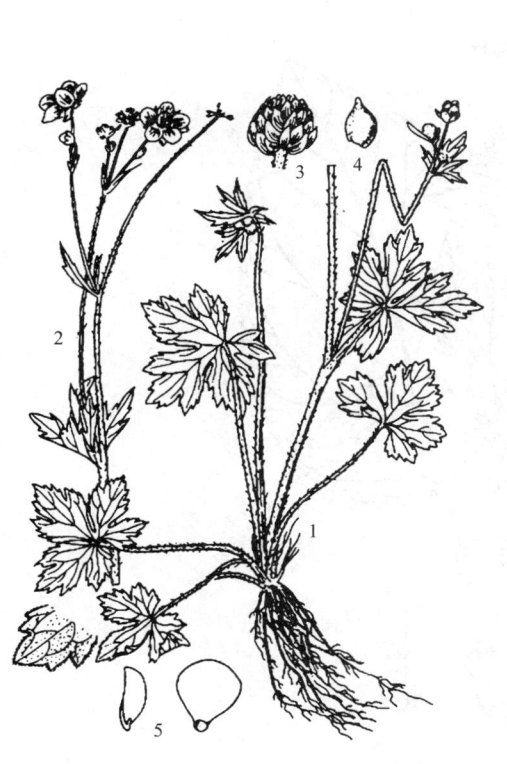

图19-3 毛茛（吴国芳等，1992）
1. 植株；2. 花枝；3. 聚合果；4. 瘦果；
5. 花瓣基部的蜜腺穴

图19-4 尖萼楼斗菜（中国科学院
中国植物志编辑委员会，1979）
1. 花瓣；2. 花萼；3. 退化雌蕊；4. 带花植株

本科常见的植物还有扬子毛茛（*Ranunculus sieboldii*）、石龙芮（*R. sceleratus*）、打破碗花花（野棉花）（*Anemone hupehensis*）、铁线莲（*Clematis florida*）等。

作业

(1) 观察毛茛和扬子毛茛新鲜植株，比较它们的异同。
(2) 根据实验观察，简要说明为什么毛茛科是草本双子叶植物中最原始的科之一。
(3) 比较毛茛和尖萼楼斗菜花的结构，总结尖萼楼斗菜较毛茛进化的特征。
(4) 比较木兰科与毛茛科的异同。

（三）桑科 Moraceae

乔木或灌木，稀草本或藤本，常有乳汁；单叶互生，托叶早落。花小单性，雌雄同株或异株，花序常呈葇荑状或头状，单被花，花被常为4枚。雄蕊与花被片同数而对生；雌蕊由2心皮结合而成，子房上位，1室。聚花果。

桑（*Morus alba* L.）为落叶乔木（图19-5）。注意观察叶形和叶的排列方式，托叶为披针形，早落。花单性，雌雄异株，均为腋生葇荑花序。开花授粉后子房发育成小瘦果，外面包有肉质花被，许多小果聚合在整个花序轴上而形成一个聚花果，又称桑葚。幼时果实呈绿色或淡红色，成熟时呈紫黑色。

图 19-5　桑（吴国芳等，1992）
1. 雄花枝；2. 雌花枝；3. 叶；4. 雄花；5. 雌花

取新鲜枝条观察，可见其叶卵形，叶片质地较肥厚。拉断叶柄，伤口流白色乳状汁液。葇荑花序轴短，整个花序近椭圆球形。桑的雄花有黄绿色萼片 4 枚，雄蕊与花萼同数而对生，花中央有不育雌蕊。桑的雌花有 4 个肉质的花被片，雄蕊完全退化，雌蕊由 2 心皮构成，花柱极短或无花柱，柱头 2 裂。小果成熟时包在肉质的花萼内，集生成聚花果，称为桑葚。

桑科常见植物还有构树（*Broussonetia papyriera*）、无花果（*Ficus carica*）、黄葛树（*F. virens*）、菩提树（*F. religiosa*）、榕树（*F. microcarpa*）及其变种小叶榕（*F. microcarpa* var. *pusillifolia*）等。

> **作业**
> 　　比较观察榕属植物，总结其主要特征。

（四）壳斗科 Fagaceae

木本，单叶互生，羽状脉直达叶缘；花单性，雌雄同株，无花瓣；雄花序为下垂的葇荑花序，雌花单生或成 2~7 朵生于苞片（花后增大成总苞，果时称壳斗）内，子房下位，2~6 室；每室 1~2 个胚珠，仅 1 个发育。坚果位于木质化的总苞（壳斗）内。

板栗（*Castanea mollissima* Blume）为落叶乔木（图19-6），小枝无顶芽，有短毛或散生长绒毛，髓心星形（用枝剪或小刀横断小枝、稍待片刻即可看到）；叶互生，椭圆状披针形，背面有灰白色星状短绒毛或长单毛；雄花组成直立的葇荑花序，雄蕊10～12枚；雌花2～3朵聚生于多刺的总苞内，通常着生于上部雄花序的基部，子房下位，6室；坚果半球形或扁球形，1～3个同生于一个具刺的总苞内；壳斗外有密生分枝的多刺。

图19-6　板栗（崔大方，2010）
1. 果枝；2. 雄花枝；3. 雄花；4. 雌花；5. 坚果

取板栗雄花观察，可见其构造非常简单，萼片6裂（无花瓣），雄蕊10～20个。雌花1～3朵，聚生于雄花序的下部。在每1～3朵雌花外包有总苞，总苞具长针状刺芒，多密生毛；雌花花萼6裂，花柱6裂（可知其雌蕊，为6个心皮合生而成），子房下位，6室，每室2胚珠。

蒙古栎（*Quercus mongolica* Fisch. ex Turcz.）为落叶乔木，幼枝具棱，无毛（图19-7）。叶片倒卵形至长椭圆状倒卵形，叶缘具有8～9个缺刻，叶片下面无毛或仅沿叶脉有疏毛；雄花呈下垂的葇荑花序，壳斗杯形，包围坚果1/3～1/2，坚果卵形至长卵形。

取蒙古栎叶片和花观察，其叶片先端钝圆，自中部以下渐狭，基部耳形，叶缘具波状钝牙齿，通常8～9对，侧脉7～11对。花萼6片，浅裂；雄蕊8；雌花单生于总苞内，子房3室，花柱3。

本科常见的植物还有青冈（*Cyclobalanopsis glauca*）、麻栎（*Quercus acutissima*）、苦槠（*Castanopsis sclerophylla*）等。

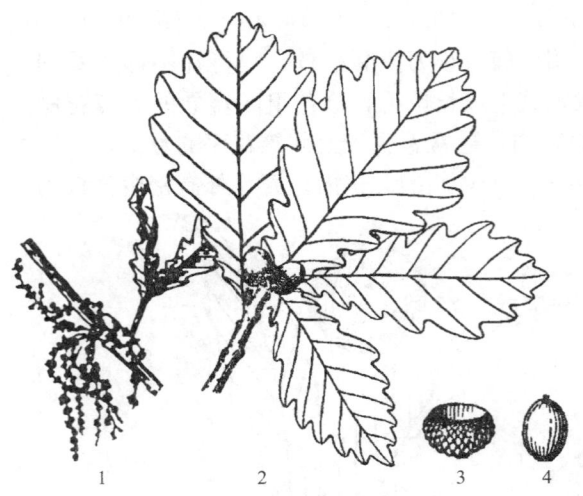

图 19-7 蒙古栎（傅立国等，2000）
1. 雄花序；2. 带果实枝条；3. 壳斗；4. 坚果

作业

（1）解剖板栗的花，写出花程式。

（2）绘蒙古栎叶片形态图。

（五）石竹科 Caryophyllaceae

草本，节膨大；单叶全缘，对生；花辐射对称；二歧聚伞花序或单生；萼片 4~5 片，

图 19-8 石竹（姚家玲，2009）
1. 植株全形；2. 花萼；3. 花瓣；4. 雄蕊、雌蕊及子房柄

离生或结合成管，具膜质的边缘，宿存；花瓣 4～5 片；雄蕊常为花瓣的倍数；子房上位，1 室，特立中央胎座；多为蒴果。

石竹（*Dianthus chinensis* L.）为多年生草本，茎具节，膨大似竹，故名石竹（图 19-8）。茎丛生，光滑，无毛。叶对生，线状披针形，顶端渐尖，基部狭窄成短鞘，围抱节上。花顶生于分叉的枝端，单生或数朵簇生成聚伞花序。小苞片 4～6，花萼筒圆形，花瓣 5 枚，子房 1 室，花柱 2 个。果实为蒴果。

取新鲜石竹花解剖，可见小苞片 4～6，狭卵状披针形，先端外展，长约为萼筒的 1/2；花萼合生呈圆筒形，5 齿裂；花瓣 5 枚，花瓣具长的爪和宽的瓣片，边缘有不整齐的浅锯齿，喉部有斑纹或疏生须毛；雄蕊 10 枚，呈 2 轮排列；雌蕊 1，子房上位，长卵形，花柱 2，丝状。取出子房，横剖观察，子房由 2 心皮结合而成，1 室，特立中央胎座，胚珠多数；取子房纵剖观察，重点注意特立中央胎座，胚珠多数，子房 1 室等。

繁缕（*Stellaria media* Cyr.）为直立或平卧的一年生草本（图 19-9）。茎纤弱，基部多分枝，茎上有一行短柔毛，其余部分无毛。叶卵形，顶端锐尖；有或无叶柄。花单生叶腋或呈顶生疏散的聚伞花序，花梗不下垂；萼片 5，披针形，有柔毛，边缘膜质；花瓣 5，白色，比萼片短，2 深裂近基部；雄蕊 3～5 枚；子房卵形，花柱 3。蒴果卵形或矩圆形，顶端 6 裂；种子黑褐色，圆形，密生纤细的突起。

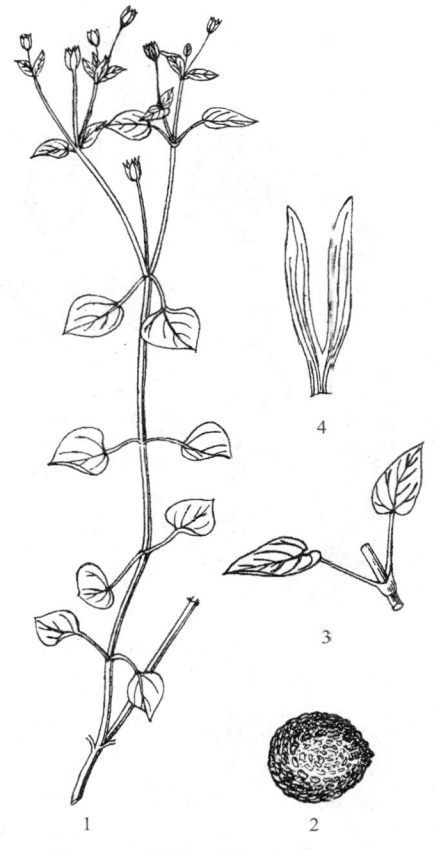

图 19-9　繁缕（周以良，1992）
1. 带果的植株；2. 种子；3. 茎生叶；4. 花瓣

取石竹和繁缕植株观察，石竹茎光滑无毛而繁缕茎常被短柔毛；两植物茎节部均明显膨大；叶对生；石竹叶无柄，繁缕叶具长柄。

本科常见植物还有漆姑草（*Sagina japonica*）、鹅儿肠（*Malachium aquaticum*）、香石竹（*Dianthus caryophyllus*）等。

作业
（1）采集本科校园植物小标本，并编制一检索表。
（2）绘石竹或繁缕茎节部形态图。

（六）蓼科 Polygonaceae

草本；茎节膨大；单叶，全缘，具膜质托叶鞘，即叶片基部托叶膜质抱茎而生（少有叶质）；单花被，花被片 3～6 枚，花瓣状宿存；花柱 2～3 个，子房上位；具三棱的瘦果，常包于增大的花被中。

荞麦（*Fagopyrum esculentum* Moench）为一年生草本（图 19-10）；茎直立，多分枝，淡绿色或红褐色；叶为三角状心形；托叶鞘短筒状，顶端斜而截平，早落；总状或圆锥花序

图 19-10　荞麦（崔大方，2010）
1. 花枝的一部分；2. 花；3. 花的纵切；
4. 雌蕊；5. 瘦果

图 19-11　柳叶刺蓼（周以良，1992）
1. 植株上部；2. 根；3. 雄蕊；4. 花；5. 小坚果

短而密集成簇，顶生或腋生。花白色；花梗细长。花被 5 裂，雄蕊 8 枚，雌蕊由 3 心皮组成。子房 1 室，1 胚珠，基底胎座。果实为三棱形瘦果，黄褐色，光滑。

取荞麦花解剖观察，花红色或白色，两性花，萼片 5 枚，基部合生，无花瓣，雄蕊 8 枚，排成 2 轮，外轮 5 枚，内轮 3 枚，雄蕊花丝间具蜜腺。

荞麦瘦果三棱形，外包宿存花被（萼片）。横切瘦果，可见 S 形弯曲的胚和丰富的胚乳。

柳叶刺蓼（*Polygonum bungeanum* Turcz.）的茎直立，有倒生钩刺（图 19-11）。叶有短柄；叶片披针形或宽披针形，上面仅沿叶脉生短糙伏毛，下面生短糙伏毛；托叶鞘筒状，顶端截形。花序穗状，花序轴密生腺毛；苞片漏斗状，绿色或淡紫色；花白色或淡红色；小坚果圆形，两面稍凸出，黑色，无光泽。

取柳叶刺蓼植株观察，其节部显著膨大，托叶鞘筒顶端生有睫毛；取柳叶刺蓼花观察，花被 5 深裂；裂片椭圆形；雄蕊 7～8；花柱 2 个，中部以下合生。

本科常见植物还有何首乌（*Polygonum multiflorum*）、杠板归（*P. perfoliatum*）、扁蓄（*P. aviculare*）、齿果酸模（*Rumex dentatus*）等。

作业

(1) 仔细观察荞麦花的雌蕊雄蕊，比较同一朵花雌蕊雄蕊的长度变化，思考花的这种结构有何意义？

(2) 总结蓼科的突出特征。

(3) 仔细观察荞麦或柳叶刺蓼茎节部特征，绘制其茎节部形态图。

（七）葫芦科 Cucurbitaceae

一年生或多年生的草质藤本，茎匍匐或攀援，常有茎卷须；叶掌状分裂；单性花，多雌雄同株；花丝或花药有时结合，下位子房，侧膜胎座，果为瓠果。

南瓜（*Cucurbita moschata* Duch. ex Poiret）为草质藤本（图 19-12）。茎有棱角，粗壮，上有粗糙表皮毛及腺毛；卷须有 3～4 分叉，叶片宽卵形，5 浅裂或有 5 角，沿叶边缘及叶面上有白斑，边缘有细齿。单性花，黄色，单生叶腋，雌雄同株。果实为瓠果，果柄有棱和槽，瓜蒂扩大呈喇叭状。

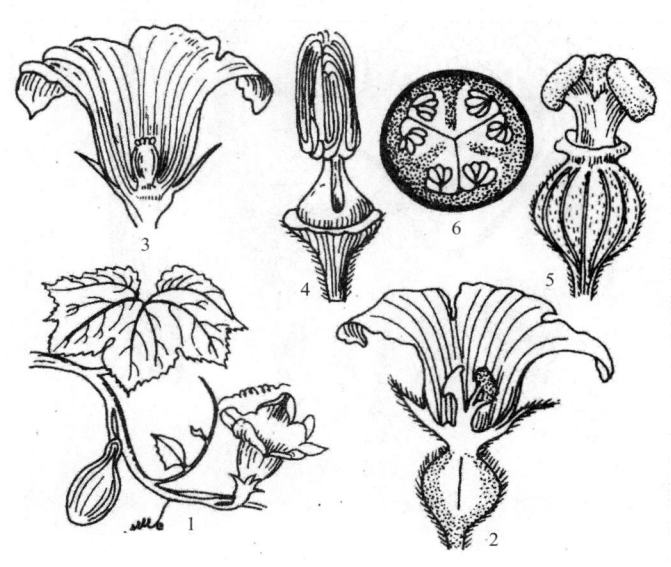

图 19-12　南瓜（姚家玲，2009）
1. 花果枝；2. 雌花纵切；3. 雄花纵切；4. 雄蕊；5. 雌蕊；6. 子房横切

取南瓜雌花、雄花解剖观察，可见雄花花萼条形，在上部扩大呈叶状，花冠钟状，由 5 个顶端浅裂的裂片合生而成，雄蕊 5 个，结合成 3 组，呈 1＋2＋2，花药靠合，弯曲状。雌花雌蕊由 3 个心皮组成，花柱短，柱头 3，膨大，先端 2 裂，外围有退化雄蕊花丝的遗迹；花萼、花冠均着生于子房顶部；纵剖与横剖子房，可见花托与子房愈合，为下位子房，1 室，胚珠多数沿着子房腹缝线着生，为侧膜胎座。

黄瓜（*Cucumis sativus* L.）为一年生蔓生或攀援草本（图 19-13）；茎被短刚毛。卷须不分叉；叶柄长，生短刚毛；叶片宽心状卵形，3～5 浅裂，两面有柔毛状短刚毛，边缘有小锯齿。雌雄同株；雄花常数朵簇生，花萼裂片钻形，花冠黄色，裂片矩圆形，急尖；子房有刺状凸起。果实常有具刺尖的瘤状凸起，矩圆状或圆柱状。

取黄瓜雌花、雄花解剖观察，花托狭钟状，雄蕊 3，药室 S 形折曲；雌花单生或簇生，花柱短，柱头 3。

本科常见的植物还有丝瓜（*Luffa cylindrica*）、西瓜（*Citrullus lanatus*）、葫芦（*Lagenaria srceraria*）、苦瓜（*Momordica charantia*）、冬瓜（*Benincasa hispida*）等。

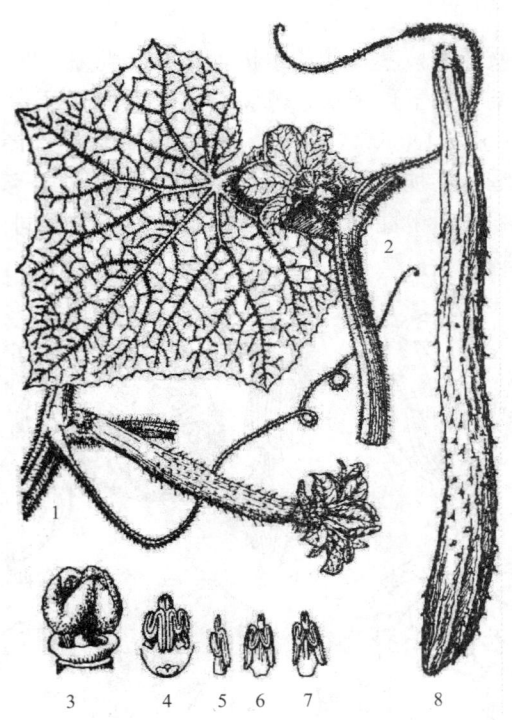

图 19-13 黄瓜（石福臣，2003）
1. 幼果枝；2. 雄花枝；3. 雌蕊；4～7. 雄蕊；8. 果实

> **作业**
> （1）根据实验观察总结葫芦科的主要特征。
> （2）写出南瓜的花程式。

（八）十字花科 Brassicaceae

草本，具辛辣味。无托叶。花 4 基数，萼片 4，花瓣 4，四强雄蕊。长角果或短角果，具假隔膜。

油菜（*Brassica campestris* L.）为直立草本，叶互生，分基生叶和茎生叶两种（图 19-14）。基生叶椭圆形，有叶柄，羽状分裂；茎生叶和分枝叶无叶柄，下部茎生叶羽状半裂，基部扩展抱茎，上部茎生叶提琴形或披针形，基部心形，抱茎，两侧有垂耳，全缘或有波状细齿。总状花序，着生于主茎或分枝顶端。花黄色，花瓣 4，为典型的十字形。雄蕊 6 枚，为四强雄蕊。长角果条形，长 3～8 cm，宽 2～3 mm，先端有长 9～24 mm 的喙，果梗长 3～15 mm。种子球形，紫褐色。

解剖油菜或白菜的花，可见花黄色，萼片 4，花瓣 4，排列成十字形花冠；雄蕊 6，离生，排成 2 轮，外轮 2 个比内轮 4 个稍短，成四强雄蕊；雌蕊由 2 心皮组成，侧膜胎座，中间有假隔膜而形成 2 室，每室具多枚胚珠。

荠（又名荠菜）（*Capsella bursa-pastoris* Medic.）（图 19-15）为一年生或两年生草本。

图 19-14 油菜（崔大方，2010）
1 花果枝；2. 中下部叶；3. 花；4. 花俯视；5. 长角果；
6. 雄蕊和雌蕊；7. 子房横切；8. 种子横切

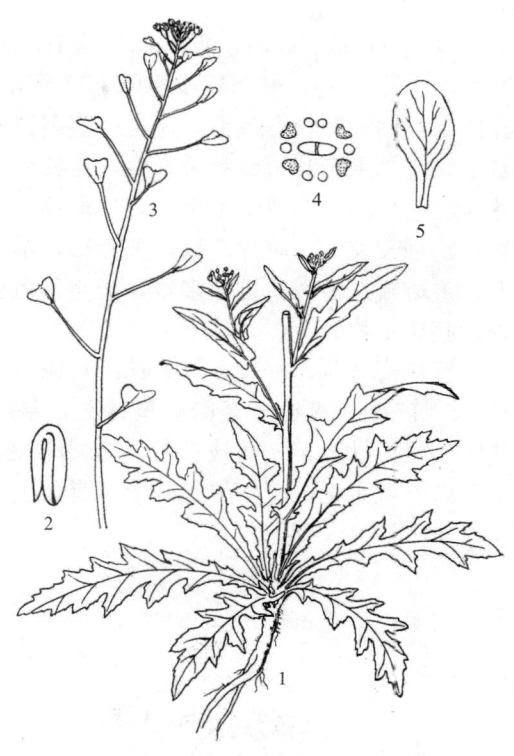
图 19-15 荠菜（周以良，1992）
1. 植株下部；2. 子叶背倚；
3. 果序；4. 蜜腺；5. 花瓣

茎直立，不分枝或下部分枝，被毛。基生叶莲座状，平铺地面，有长柄，羽状分裂，有时不分裂，顶生裂片特别大，侧生裂片较小，狭长，先端渐尖、浅裂或为不规则粗锯齿；茎生叶无柄，狭披针形，基部抱茎，先端钝头，边缘具疏锯齿，两面被单毛或分歧毛。总状花序花后伸长，花白色；萼片长卵形，花瓣卵形，具短爪，短角果，无毛，具明显的网状脉纹，种子褐色。

取油菜和荠菜成熟果实观察，油菜果实为柱状，荠菜果实为三角形或心形，果瓣自下而上开裂，假隔膜存留在果柄顶端。在假隔膜边缘两侧可见交互着生的种子，花柱形成果喙。

本科常见植物还有花椰菜（*Brassica oleracea* var. *botrytis*）、榨菜（*B. juncea* var. *tumida*）、羽衣甘蓝（*B. oleracea* var. *acephala*）、萝卜（*Raphanus sativus*）、紫罗兰（*Matthiola incana*）、诸葛菜（*Orychophragmus violaceus*）等。

> **作业**
> 调查校园周边的十字花科植物，并编制一检索表。

（九）蔷薇科 Rosaceae

草本、灌木或乔木。叶有托叶。花辐射对称，萼片5，花瓣5；雄蕊5至多数，常具萼冠雄蕊管（即花萼、花冠及雄蕊基部合生而成的管）。核果、聚合蓇葖果、聚合瘦果、梨果等。

玫瑰（*Rosa rugosa* Thunb.）为直立灌木（图 19-16）。茎丛生，有茎刺。奇数羽状复叶互生，小叶 5～9，椭圆形或椭圆形状倒卵形，多皱，边缘有尖锐锯齿，叶片下面有柔毛和腺体，叶柄和叶轴有绒毛，疏生小茎刺和刺毛，托叶大部附着于叶柄，叶柄基部的刺常成对着生。花单生于叶腋或数朵聚生，花梗密被绒毛和腺毛，花冠鲜艳，芳香。蔷薇果扁球形，熟时红色，内有多数小瘦果，萼片宿存。

解剖玫瑰花，萼片 5 枚，披针形，基部合生。花托壶状，光滑。花瓣 5 枚，离生，倒卵形，重瓣或近重瓣。雄蕊多数，离生。雌蕊心皮数枚，离生，每个单雌蕊子房上位，1 室，内含胚珠 1 枚。

珍珠梅（*Sorbaria sorbifolia* A. Br.）为灌木（图 19-17），枝条开展，羽状复叶，小叶片 11～17 枚，披针形至卵状披针形，基部近圆形或宽楔形，稀偏斜，边缘有尖锐重锯齿；托叶卵状披针形至三角披针形，先端渐尖至急尖；顶生大型密集圆锥花序，萼筒钟状，外面基部微被短柔毛；蓇葖果长圆形，有顶生弯曲花柱，成熟后沿腹缝线开裂，种子数枚。

图 19-16　玫瑰（中国科学院植物研究所，1972）

图 19-17　珍珠梅（周以良等，1998）
1. 花枝；2. 花；3. 花解剖；4. 蓇葖果

取珍珠梅花观察，萼片 5 枚，三角卵形，先端钝或急尖，萼片约与萼筒等长；花瓣长圆形或倒卵形，白色；雄蕊 40～50，长于花瓣，生在花盘边缘；雌蕊 5 枚，与萼片对生，无毛或稍具柔毛，子房上位。

本科常见的植物还有桃（*Prunus persica*）、欧洲李（*P. domestica*）、杏（*P. armeniaca*）、苹果（*Malus pumila*）、白梨（*Pyrus bretschneideri*）、梅花（*Armeniaca mume*）、月季花（*Rosa chinensis*）等。

> **作业**
> （1）观察绣线菊、玫瑰、苹果和桃的标本，比较蔷薇科各亚科的主要区别。
> （2）通过观察蔷薇科各亚科代表植物，简述蔷薇科的演化特点。

（十）豆科 Leguminosae

草本、灌木、乔木或藤本。叶少单叶，常为羽状复叶或三出复叶；叶互生，常具托叶。花常两侧对称，少为辐射对称，花冠多为蝶形或假蝶形；雄蕊为二体、单体或分离，雌蕊由一心皮构成。荚果。

树锦鸡儿（*Caragana arborescens* Lam.）为小乔木（图 19-18），树皮深灰绿色，平滑。小枝有棱，幼时被毛，枝具托叶刺，宿存；叶轴细，幼时疏被柔毛，偶数羽状复叶，小叶 4~8 对，长圆状倒卵形、窄倒卵形或椭圆形，先端圆钝，具短针尖，幼时疏被柔毛，后脱落，或仅下面被柔毛。花 2~5 朵簇生，花梗上部具关节，萼钟形，齿短；蝶形花冠黄色。荚果扁条形，先端渐尖，无毛。

取树锦鸡儿的花进行解剖观察，旗瓣菱状宽卵形，宽与长近相等，先端圆钝，具短瓣柄，翼瓣长圆形，较旗瓣稍长，瓣柄长为瓣片的 3/4，耳距状，龙骨瓣较旗瓣稍短，瓣柄较瓣片略短，耳钝或略呈三角形；二体雄蕊；上位子房无毛或被短柔毛，边缘胎座，含胚珠多枚。

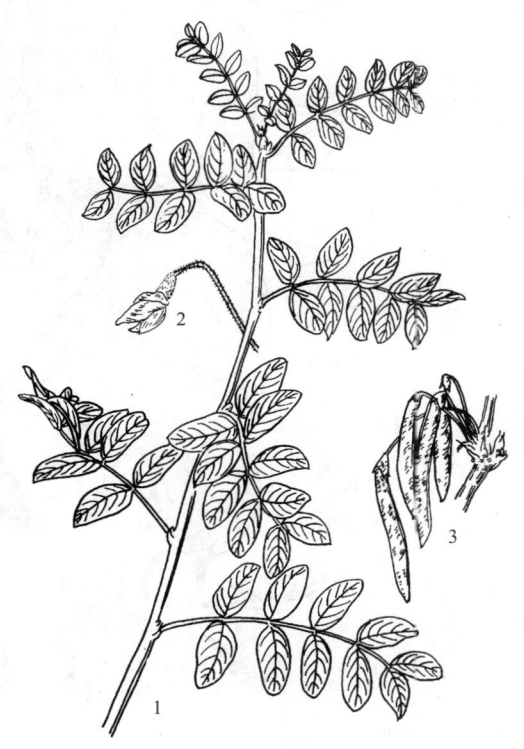

图 19-18　树锦鸡儿（周以良等，1998）
1. 枝条；2. 花；3. 果实

大豆（*Glycine max* Merr.）为一年生草本（图 19-19），茎直立，或上部近缠绕状，3小叶复叶，托叶宽卵形。总状花序，植株下部的花有时单生或成对着生于叶腋；苞片披针形，花萼裂片 5，花紫色、淡紫色或白色，蝶形花冠，二体雄蕊，荚果长圆形，种子椭圆形。

取花解剖观察，可见小花淡紫色或白色，长 0.5~1 cm。花萼裂片 5，披针形，上部裂片 2，常合生至中部以上；下部裂片 3，分离，被白色长柔毛。花瓣 5，不等大，旗瓣最大，近圆形，先端微凹；翼瓣蓖状，有瓣柄和耳；龙骨瓣斜倒卵形，具短瓣柄。雄蕊 10 枚，其中 9 枚花丝联合，1 枚分离。雌蕊由 1 心皮组成，上位，1 室，边缘胎座，含胚珠多枚。

本科常见的植物还有羊蹄甲（*Bauhinia purpure*）、槐树（*Sophora japonica*）、刺槐（*Robinia pseudoacacia*）、落花生（*Arachis hypogaea*）、蚕豆（*Vicia faba*）、豌豆（*Pisum sativum*）等。

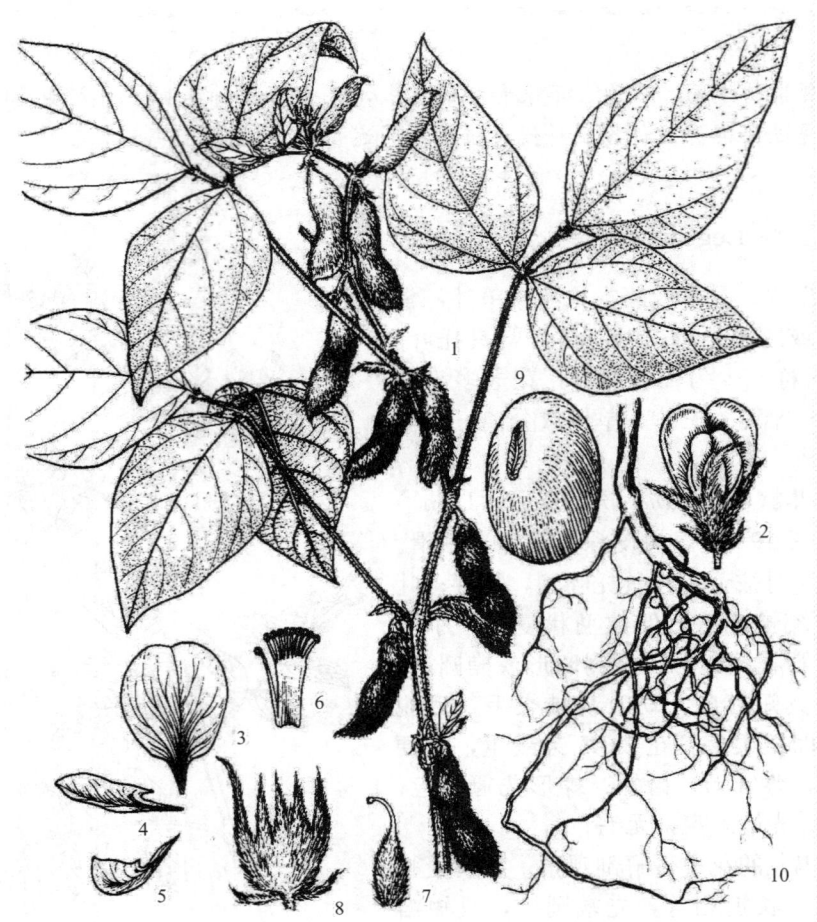

图 19-19 大豆（李树刚，1995）
1. 果枝；2. 花；3. 旗瓣；4. 翼瓣；5. 龙骨瓣；6. 雄蕊；7. 雌蕊；8. 花萼；9. 种子；10. 根

作业

(1) 观察含羞草、紫荆和蚕豆的花，列表比较豆科 3 个亚科的异同。

(2) 通过观察大豆的形态结构，简述蝶形花亚科花结构如何向着既能保护生殖器官又能提高虫媒传粉效率两个方面发展。

（十一）杨柳科 Salicaceae

落叶乔木或灌木；叶互生，稀对生，有托叶；花单性，雌雄异株，排成下垂或直立的葇荑花序，花无被，着生于苞片腋内；雄蕊 2 至多数；花柱 2～4，上位子房 1 室，胚珠多数，倒生；蒴果 2～4 瓣裂；种子基部围绕丝质长毛。

毛白杨（*Populus tomentosa* Carr.）为落叶乔木（图 19-20），具顶芽，冬芽卵形，微有毡毛，萌枝髓心五角状；叶互生、三角卵形，基部心形或截形，近叶柄处有 2 个腺体；背面密生白绒毛；叶柄上部扁，稍短于叶片，雌雄葇荑花序下垂，蒴果长卵形，2 裂，种子上具有丝状毛。

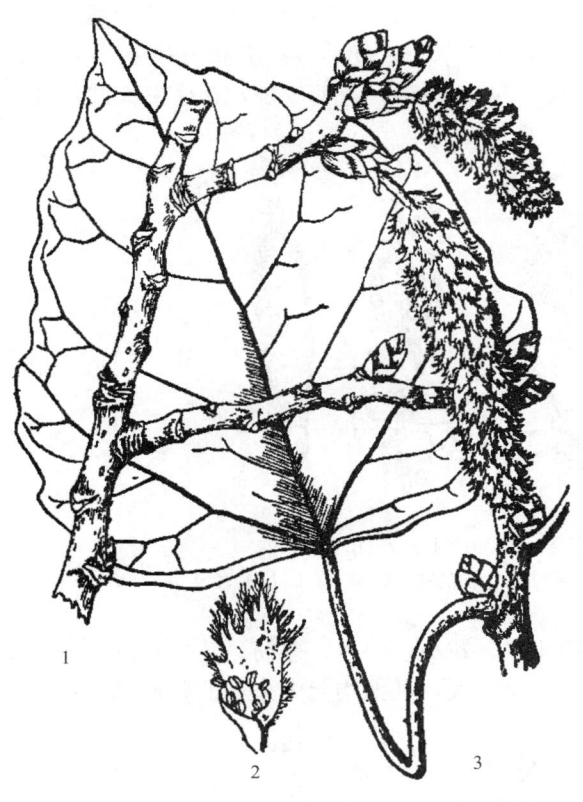

图 19-20　毛白杨（王战和方振富，1984）
1. 雄花序；2. 雄花；3. 叶片

图 19-21　旱柳（王战和方振富，1984）
1. 雄花；2. 雄花序；3. 雌花；4. 雌花序；5. 枝条

取毛白杨雌、雄花观察，雄花苞片具 10 个尖头，密生长毛，雄蕊 8 枚，花药红色；雌花苞片尖裂，边缘具长毛；子房长椭圆形，柱头 2 裂，粉红色。

旱柳（*Salix matsudana* Koidz.）为落叶乔木（图 19-21），无顶芽，萌枝髓心圆形。叶互生，披针形至狭披针形，先端长渐尖，基部楔形，叶缘有细锯齿，叶背有白粉。托叶披针形，早落。雌雄异株，葇荑花序直立；蒴果，成熟后 2 瓣裂，种子上具丝状毛。

取旱柳雌、雄花观察，苞片卵形，先端不分裂；雄花具 2 个腺体，雄蕊 2，花丝基部有长毛，花药黄色；雌花具背、腹 2 个腺体，雌蕊 2 心皮，花柱单一，子房长椭圆形。

本科常见植物还有加拿大杨（*Populus canadensis*）、垂柳（*Salix babylonica*）等。

> **作业**
> 通过观察旱柳和毛白杨茎、叶和花部形态结构特点，总结归纳杨属和柳属的主要区别。

（十二）伞形科 Umbelliferae（Apiaceae）

多为具有芳香性草本，茎常中空；叶多为复叶，叶柄基部扩大呈鞘状，抱茎；伞形花序或复伞形花序；花小，花 5 基数，具上位花盘（由花柱基部膨大而成），下位子房；双悬果。

胡萝卜（*Daucus carota* L. var. *sativa* Hoffm.）为一年生或两年生草本（图 19-22）。直

根肉质肥大;茎直立,具纵纹及倒生硬毛;基生叶有柄,二至三回羽状分裂,叶柄基部膨大呈鞘状,抱茎,茎生叶近于无柄,具叶鞘;复伞形花序,总苞具多数羽状分裂或不裂的苞片;花序中,有二型花,边花的外侧花瓣较大,近两侧对称,花柄较长,花序中央的花是整齐的。果实为双悬果。

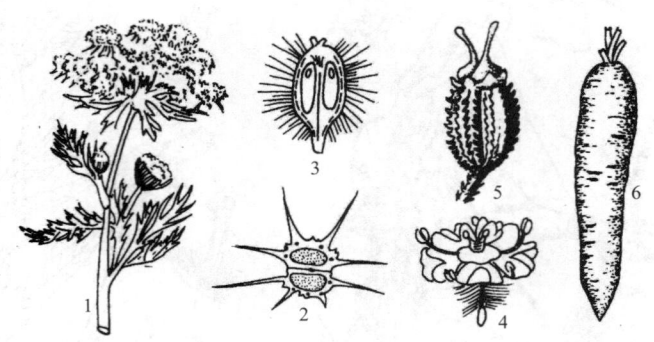

图 19-22　胡萝卜(姚家玲,2009;崔大方,2010)
1. 花枝;2. 果实横切;3. 果实纵切;4. 花序中部的花;5. 果实;6. 肉质直根

观察胡萝卜花,从花序边缘取的花称为边缘花,花小、白色,萼筒(花托)具5个极小萼齿;花冠为两侧对称,即5个花瓣中有1个明显较大,其他均与中央花的花冠相同,花瓣

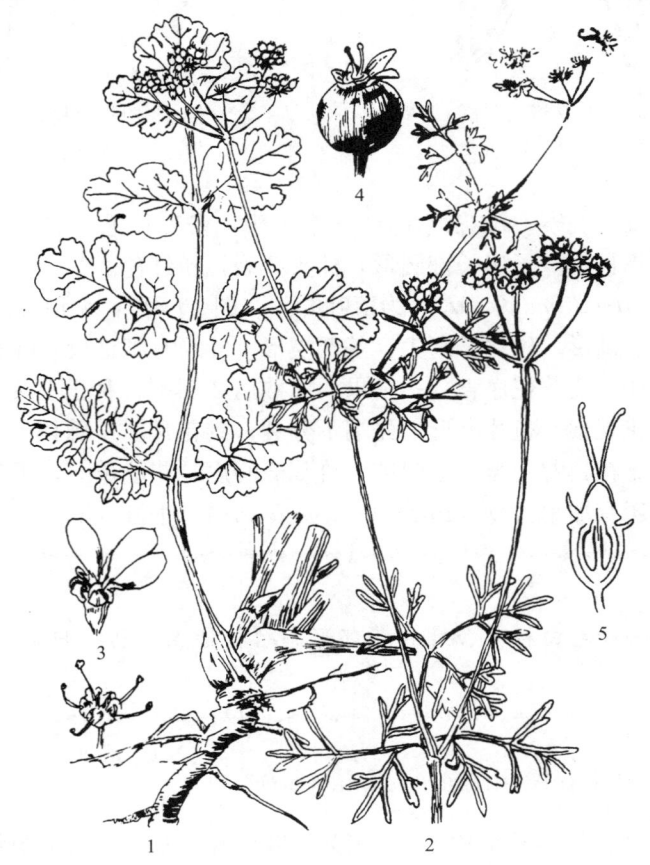

图 19-23　芫荽(石福臣,2003)
1. 植株下部;2. 植株上部;3. 花;4. 果实;5. 子房纵切

倒卵形，顶端凹陷，与萼互生；雄蕊5枚，与花瓣互生；花中央雌蕊为2心皮，从其外只能见到2枚牛角形花柱和柱头，花柱与子房之间有一圈不明显的上位花盘。在解剖镜下观察花纵剖，可见子房与花托完全愈合，为下位子房，具2个子房室。

芫荽（*Coriandrum sativum* L.）为一年生或两年生草本（图19-23）。全株无毛，有强烈香气。根细长，有多数纤细的支根。茎直立，多分枝，有条纹。基生叶一至二回羽状全裂，羽片广卵形或扇形半裂，边缘有钝锯齿、缺刻或深裂；上部茎生叶三回至多回羽状分裂，末回裂片狭线形，先端钝，全缘。伞形花序顶生或与叶对生，无总苞；小总苞片2～5，线形，全缘；花白色或带淡紫色，萼齿通常大小不等，卵状三角形或长卵形；花瓣倒卵形，先端有内凹的小舌片；辐射瓣通常全缘，有3～5脉；药柱于果成熟时向外反曲。果实近球形。背面主棱及相邻的次棱明显，胚乳腹面内凹，油管不明显。

本科常见的植物还有野胡萝卜（*Daucus carota*）、窃衣（*Torilis scabra*）、芹菜（*Apium graveolens*）、茴香（*Foeniculum vulgare*）、川芎（*Ligusticum chuanxiong*）、当归（*Angelica sinensis*）等。

作业

伞形科有哪些主要特征和经济价值？

（十三）茄科 Solanaceae

多为草本，植物体常有特殊气味，叶互生；花两性，5基数，花萼合生，果时增大并常宿存；花冠5裂，常呈轮状或漏斗状；雄蕊生于花冠筒上，5枚；雌蕊由2心皮组成，中轴胎座，胚珠多数；浆果或蒴果。

茄（*Solanum melongena* L.）为直立多分枝草本（图19-24），高可达1 m，小枝、叶柄及花梗均被平贴或具短柄的星状绒毛，小枝多为紫色。单叶互生，卵形至长圆状卵形，先端钝，基部不相等，边缘浅波状或深波状圆裂，密生星状毛。可育花单生，花后常下垂，不孕花蝎尾状与能孕花并出；萼近钟形，密被绒毛及小皮刺，萼裂片披针形，先端锐尖，花冠辐状；子房圆形，柱头浅裂。果为浆果，白色或紫色。

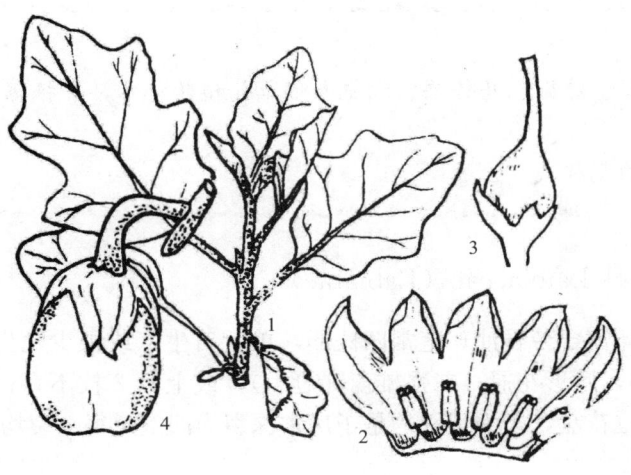

图19-24　茄（崔大方，2010）
1. 植株一部分；2. 花冠及雄蕊；3. 花萼及雌蕊；4. 果实

取新鲜茄花一朵解剖观察，花萼5裂；花冠盘状，淡紫色5裂，雄蕊5枚，与花冠、萼片互生，花丝极短，着生在花冠筒喉部，花药聚合于花柱周围，成熟时花药顶孔开裂；雌蕊通常由5心皮组成，子房圆形，顶端被星状毛，用刀片横切子房可见5室，胚珠多枚，中轴胎座，肉质。

碧冬茄（*Petunia hybrida* Vilm）一年生草本（图19-25），全体生腺毛。叶有短柄或近无柄，卵形，顶端急尖，基部阔楔形或楔形，全缘，侧脉不显著。花单生于叶腋。花萼裂片条形，果实宿存；花冠白色或紫堇色，漏斗状，筒部向上渐扩大，檐部开展，5浅裂；雄蕊4长1短；花柱长于雄蕊，柱头膨大。蒴果圆锥状，2瓣裂，各裂瓣顶端又2浅裂。种子极小，近球形，褐色。

取碧冬茄花朵解剖观察，花萼5深裂，裂片顶端钝；花冠漏斗状，稍呈二唇形，上唇喉部具紫色条纹，雄蕊着生在花冠筒下部，两两成对，4长1短；柱头具不明显2裂。子房2室。

本科常见的植物还有番茄（*Lycopersicon esculentum*）、辣椒（*Capsicum frutescens*）、马铃薯（*Solanum tuberosum*）、龙葵（*Solanum nigrum*）、烟草（*Nicotiana tabacum*）等。

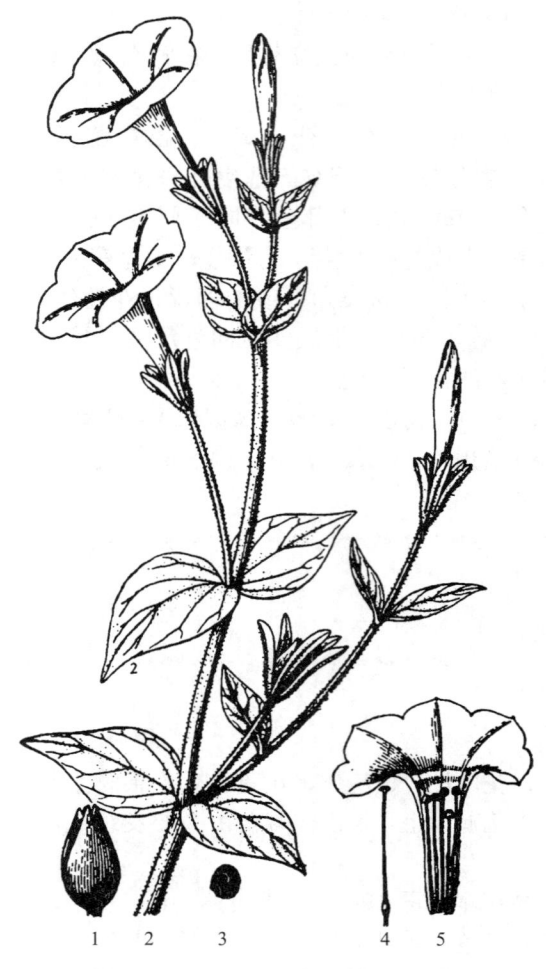

图 19-25　碧冬茄（毛子军等，2001）
1. 果实；2. 花果枝；3. 种子；4. 雌蕊；5. 花冠解剖

作业

（1）观察龙葵、辣椒、马铃薯、枸杞和烟草等植物标本，并根据其主要特征，编制一检索表。

（2）写出茄的花程式。

（十四）唇形科 Lamiaceae（Labiatae）

多草本，植物体富含芳香油；茎常四棱形，单叶对生（或很少轮生）；轮伞花序（聚伞花序腋生，呈轮状），唇形花冠；二强雄蕊（冠生），或上面2枚不育；雌蕊由2心皮组成，上位子房，常具下位花盘，尤为特别的是子房常深裂为四室；每一裂均发育成一小坚果，共发育为4个小坚果。

益母草（*Leonurus artemisia* S. Y. Hu）为一年生或两年生直立草本（图19-26），植物体有倒生的细毛，茎四棱形，含挥发油，有香气。叶掌状3全裂，中裂片又有3小裂，两侧裂片有 1~2 小裂，花序上的叶线形或线状披针形，植物体上部、中部、下部的叶片形状均有差别。花淡紫色，无柄，轮伞状花序腋生，每一花的外围有针状（刺状）苞片；果为小坚果。

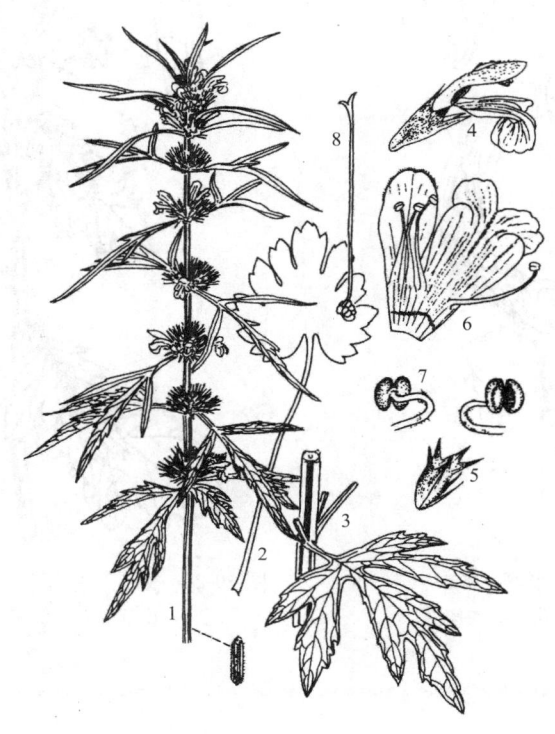

图 19-26　益母草（姚家玲，2009）
1. 花枝；2. 根生叶；3. 茎中部叶；4. 花；5. 苞片和花萼；
6. 花冠及雄蕊；7. 雄蕊；8. 雌蕊

解剖观察益母草的花，可见花外有具刺状小苞片，萼钟形，顶端有 5 个尖齿，前 2 齿靠合。唇形花冠，分上唇和下唇两部分，上唇较短，全缘，下唇有 3 个裂片，中间裂片先端凹入，上现红斑；雄蕊 4 枚，伸出花冠筒外，其中 2 枚特别长，另外 2 枚较短；雌蕊的花柱顶端 2 裂或针形，子房深 4 裂，常具下位花盘。

黄芩（*Scutellaria baicalensis* Georgi.）为多年生草本（图 19-27）；根茎肥厚，肉质；茎基部伏地，上升，钝四棱形，具细条纹，近无毛；叶坚纸质，披针形至线状披针形，全缘，背面密被凹陷的腺点；总状花序顶生，花萼边缘被疏柔毛；花冠紫色、紫红色至蓝色，雄蕊 4，子房褐色，无毛；小坚果卵球形，黑褐色，具瘤，腹面近基部具果脐。

取黄芩花观察，花冠外面密被具腺短柔毛，冠筒近基部明显膝曲，冠檐 2 唇形，上唇盔状，先端微缺，下唇中裂片三角状卵圆形，两侧裂片向上唇靠合。雄蕊前对较长，具半药，退化半药不明显，后对较短，具全药，药室裂口具白色髯毛，背部具泡状毛，花丝扁平，中部以下前对和内侧后对在两侧被小疏柔毛。花柱细长，先端锐尖，微裂。花盘环状，前方稍增大，后方延伸成极短的子房柄。

本科常见的植物还有一串红（*Salvia splendens*）、活血丹（*Glechoma longituba*）、金疮小草（*Ajuga decumbens*）、风轮菜（*Clinopodium chinense*）、薄荷（*Mentha haplocalyx*）、留兰香（*Mentha spicata*）等。

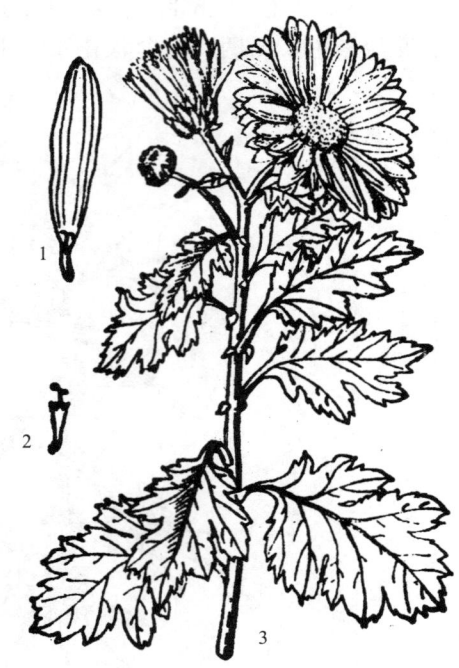

图 19-27 黄芩（毛子军等，2001）
1. 植株上部；2. 根；3. 花；4. 花解剖

图 19-28 菊花（中国科学院植物研究所，1972）
1. 舌状花；2. 管状花；3. 花枝

作业
(1) 通过实验观察，总结出唇形科的主要特征。
(2) 根据一串红、风轮菜、活血丹、薄荷、益母草的主要特征，编制一检索表。
(3) 写出益母草的花程式。

（十五）菊科 Asteraceae

多草本。叶多互生，无托叶。具有带总苞的头状花序；萼片常退化成毛状的冠毛。花冠合生，5 裂；聚药雄蕊 5；子房下位。瘦果。

菊花（*Dendranthema morifolium* Tzvel.）为多年生草本植物（图 19-28），株高 20～200 cm，是经长期人工选择培育出的名贵观赏花卉，品种已达千余种。茎多直立，基部半木质化。单叶互生，卵圆形至长圆形，边缘有缺刻及锯齿。头状花序顶生或腋生，一朵或数朵簇生。舌状花为雌花，筒状花为两性花。

解剖菊花或向日葵花，可见头状花序由边缘的舌状花和中心的管状花组成。舌状花花冠合瓣，舌状，萼片为冠毛状；向日葵边缘的舌状花为无性花，菊花舌状花为雌花，雌蕊由 2 心皮合生而成，子房下位，1 室，基底胎座，内含倒生胚珠 1 枚。管状花小，萼片退化为白色的冠毛；花冠筒顶部 5 裂；雄蕊 5 枚，其花药联合成花药管将花柱部分包围，花丝分离，为聚药雄蕊；雌蕊心皮 2，合生成 1 室子房，子房下位，基底胎座，内含 1 倒生胚珠。

黄瓜菜（*Paraixeris denticulata* Nakai）为多年生草本（图 19-29），含乳汁。茎直立，无毛，上部分枝。基生叶长卵形或卵状披针形，边缘有不规则的齿裂；茎生叶具翼状柄，抱茎，叶片长圆状披针形；头状花序顶生成伞房状花丛，舌状花黄色。瘦果黑褐色，具短喙，冠毛白色。

取黄瓜菜花序观察，其头状花序具总苞片 2 层，外层短，内层长披针形。全部为舌状花，舌片先端具 5 小裂齿；聚药雄蕊，花药聚合成筒状，柱头 2 裂，呈叉状。

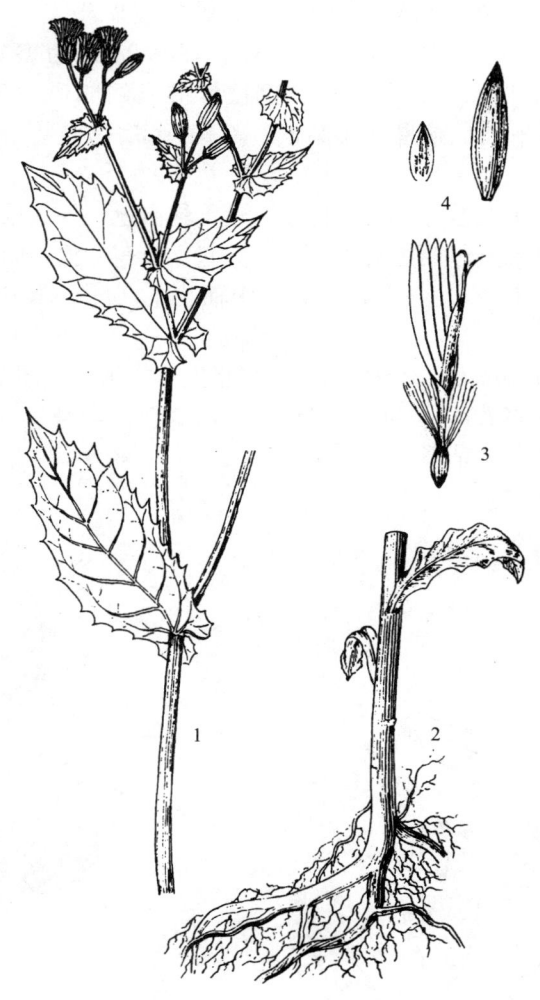

图 19-29 黄瓜菜（张贵一等，1998）
1. 植株上部；2. 根；3. 舌状花；4. 总苞片

本科常见植物还有万寿菊（*Tagetes erecta*）、金盏花（*Calendula officinalis*）、雏菊（*Bellis perennis*）、瓜叶菊（*Pericallis hybrida*）、艾蒿（*Artemisia argyi*）、向日葵（*Helianthus annuus*）、莴苣（*Lactuca sativa*）等。

作业
（1）查阅资料调查菊科的入侵植物和恶性杂草，并分析其成为入侵植物或恶性杂草的原因。
（2）观察向日葵和黄瓜菜植物的形态特征，总结归纳菊科两亚科区别特征。

（十六）百合科 Liliaceae

多年生草本植物，常具多种地下茎（鳞茎、球茎、块茎等）。花常美丽，辐射对称；花被片6，2轮排列；雄蕊6，花药纵裂；子房上位。蒴果或浆果。

百合（*Lilium brownii* F. E. Brown var. *viridulum* Baker）为多年生草本（图19-30）。鳞茎球形，鳞片披针形。茎直立。叶互生，倒披针形或倒卵形，两面无毛，全缘。花两性，单生或2～3朵，近平展。蒴果，长圆形，具棱，室背开裂；种子多数，扁平，周围具翅。

解剖观察百合花，可见花被片6枚，排成2轮，乳白色，外面稍带紫色，具香味；花冠漏斗状，外面稍外弯，基部蜜腺两边具小乳头状突起。雄蕊6枚，向上弯，花丝钻形。雌蕊由3心皮合生组成，子房上位，圆柱形，3室，中轴胎座，每室含多枚胚珠；花柱长，柱头膨大，3裂。

玉竹（*Polygonatum odoratum* Druce.）为多年生草本植物（图19-31）。根状茎圆柱形，横走，肉质黄白色，密生多数须根。叶面绿色，下面灰色。花腋生，通常1～3朵簇生。花被黄绿色至白色，浆果黑色，球形。

图 19-30 百合（汪发缵等，1980）
1. 植株上部；2. 鳞茎；3. 雌蕊；
4. 雄蕊；5. 内花被片；6. 外花被片

图 19-31 玉竹（汪发缵等，1980）
1. 植株上部；2. 根状茎；3. 花被片和雄蕊；4. 雌蕊

观察玉竹花，花被合生呈筒状，裂片6枚；雄蕊6，丝状花丝着生于近花被筒中部，近平滑至具乳头状突起；花柱1，子房倒卵状长圆形。

本科常见植物还有洋葱（*Allium cepa*）、蒜（*Allium sativum*）、黄花菜（*Hemerocallis citrina*）、玉簪（*Hosta plantaginea*）等。

作业

(1) 百合科的主要特征有哪些？

(2) 绘制百合或玉竹子房横切图，注明各部分名称。

（十七）禾本科 Poaceae

多为草本、茎节明显，节间常中空。叶二列互生、叶鞘多开裂。花序基本单位为小穗。颖果。

稻（*Oryza sativa* L.）为一年生草本，茎直立，丛生（图19-32）。叶二列互生，线状披针形，叶舌膜质，2裂，叶耳镰形抱茎。圆锥花序疏松；小穗长圆形，两侧压扁，含3朵小花，仅1朵小花发育成熟，颖极退化，仅留痕迹，顶端小花两性，外稃舟形，有芒或无；雄蕊6；退化2朵花仅留外稃位于两性花之下。

普通小麦（*Triticum aestivum* L.）为一年生或两年生草本，茎直立，丛生（图19-33）。叶鞘松弛包茎，叶舌膜质，短小，叶片长披针形。穗状花序直立，长5～10 cm，宽1～1.5 cm，穗轴每节着生1枚小穗，含3～9小花；颖卵圆形，中部具脊，顶端延伸成齿；内稃与外稃近等长。

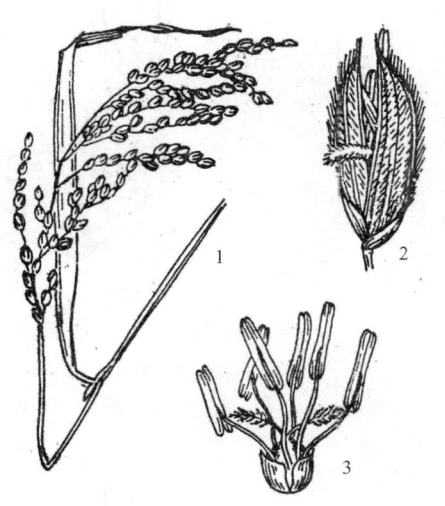

图 19-32　稻（吴国芳等，1992）
1. 茎秆及穗；2. 小穗；3. 花

玉蜀黍（玉米）（*Zea mays* L.）为一年生高大草本，茎直立，通常不分枝，基部各节具气生根（图19-34）。叶鞘具横脉，叶舌膜质，叶片扁平宽大，线状披针形，边缘波状。花为单性，雌雄同株。雄花生于植株的顶端，为大型圆锥花序；雌花生于植株中部的叶腋内，为肉穗花序。

稗（*Echinochloa crusgalli* Beauv.）为一年生草本（图19-35）。秆直立，基部倾斜或膝曲，光滑无毛。叶鞘松弛，下部者长于节间，上部者短于节间；无叶舌；叶片无毛。圆锥花序直立，主轴具棱；小穗密集于穗轴的一侧，穗轴基部具硬刺疣毛；第一颖三角形，基部包卷小穗，具5脉，脉上具硬刺疣毛，第二颖先端具小尖头，具5脉，脉上具刺状硬毛；第一外稃草质，上部具7脉，先端延伸成1粗壮芒，内稃与外稃等长；第二外稃椭圆形，平滑，尖端具小尖头，尖头上有一圈细毛，边缘内卷包住内稃，内稃尖端露出。

解剖观察小麦花，可见花两性，每朵小花有外稃、内稃各1枚，近等长，雄蕊3枚，花丝细长，花药丁字形。雌蕊由2心皮合生组成，子房上位，1室，内含1枚倒生胚珠；柱头2裂，呈羽毛状。

本科常见的植物还有毛竹（*Phyllostachys heterocycla* cv. Pubescens）、高粱（*Sorghum bicolor*）、甘蔗（*Saccharum officinarum*）、燕麦（*Avena sativa*）、芦苇（*Phragmites australis*）、大麦（*Hordeum vulgare*）、马唐（*Digitaria sanguinalis*）等。

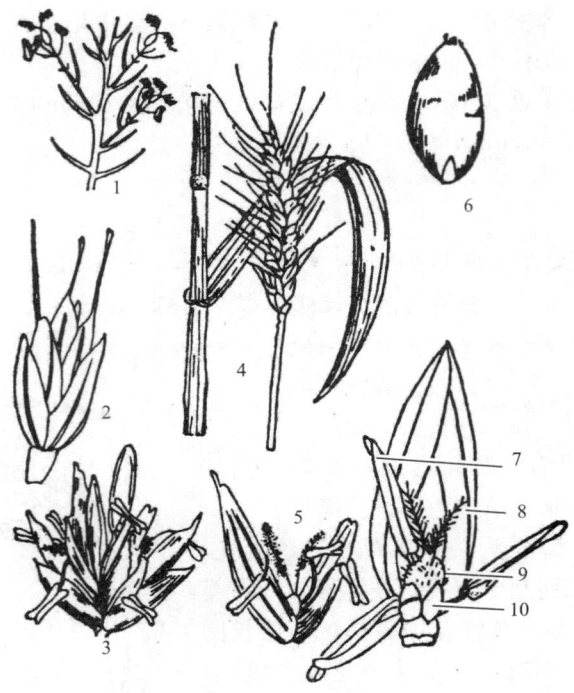

图 19-33 普通小麦（姚家玲，2009）
1. 小穗模式图；2. 小穗；3. 开花的小穗；4. 植株一部分及花序；
5. 小花；6. 颖果；7. 雄蕊；8. 柱头；9. 子房；10. 浆片

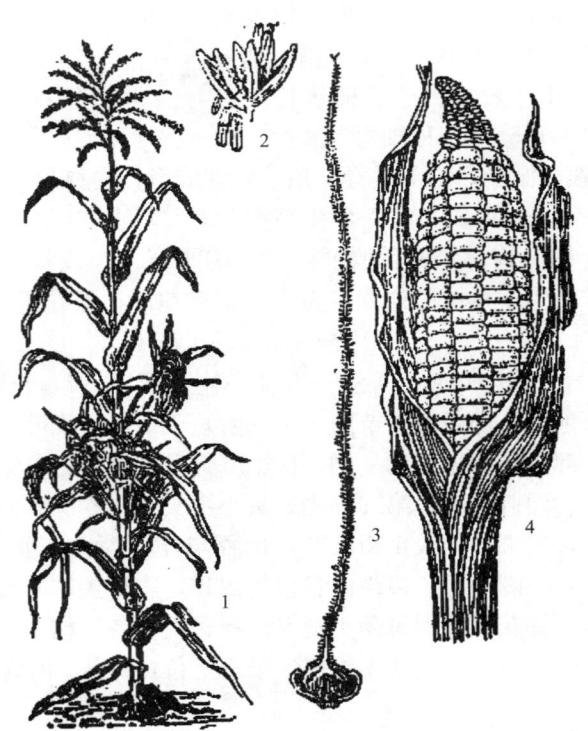

图 19-34 玉蜀黍（吴国芳等，1992）
1. 开花的植株；2. 雄花（2朵）；3. 雌花；4. 果序

作业
(1) 简述禾本科的主要特征和经济意义。
(2) 观察稻和稗植物的形态特征，描述两者的主要区别。

(十八) 兰科 Orchidaceae

陆生、附生或腐生草本。叶互生或退化成鳞片。花两性，两侧对称；花被两轮，外轮 3 片、萼片状，内轮 3 片花瓣状，中间向轴的 1 片较大而鲜艳的为唇瓣；雄蕊和雌蕊结合成合蕊柱（column），雄蕊 2 个或 1 个，与唇瓣对生，花粉常结合成花粉块（pollinia）；子房下位，扭转，1 室，侧膜胎座；蒴果。

白及（*Bletilla striata* Rchb. F.）为陆生草本（图 19-36），具明显粗壮的茎，球茎扁平，外有荸荠样的环纹，常连成一串。叶 3～6 片，带状披针形至长椭圆形，薄纸质，叶脉折扇状。花较大，紫红色，3～8 朵花组成顶生总状花序；苞片长椭圆状披针形，膜质，带红色，早落。蒴果。

图 19-35 稗（曲秀春等，2002）
1. 植株；2. 小穗；3. 第一颖；4. 第二颖；
5. 小花背面；6. 小花腹面

图 19-36 白及（姚家玲，2009）
1. 植株全形；2. 唇瓣；3. 合蕊柱；
4. 合蕊柱顶端的药床及雄蕊背面；5. 花粉块；6. 蒴果

解剖观察白及花，可见花被片 6，排成 2 轮，中萼片和两侧花瓣近椭圆形，侧萼片近披针形，镰刀状弯曲，唇瓣倒卵形，抱蕊柱，内有白色纵褶，上部 3 裂，两侧裂片耳状；蕊柱两侧有翅，能育雄蕊1枚，生于蕊柱顶端背面，花粉粘连成花粉块。柱头位于雄蕊下面，分成上唇和下唇，上唇不授粉，下唇开裂，能授粉；子房下位，180°扭转。横剖子房，可见子房由3心皮组成，1室，侧膜胎座，胚珠多数。

羊耳蒜（*Liparis japonica* Maxim.）为多年生草本（图19-37），全株无毛。假鳞茎卵球形，外被膜质的白色鞘，下部具多数须根，如蒜头状，基部抱合而近对生；叶2枚，有柄，叶片卵状椭圆形，先端钝尖头，基部下延成鞘状抱茎。总状花序，花葶具翅，苞片膜质，鳞片状，钝头；花淡绿色；蒴果长倒卵状披针形。

取羊耳蒜花观察，其萼片长卵状披针形，先端稍钝，具1脉；花瓣线形，与萼片等长，唇瓣较大，宽卵形，不分裂，中部稍缢缩，其余花被片均较狭窄；蕊柱稍向唇瓣弯曲，具翅，花药生于蕊柱顶端，基部膨大鼓出；柱头1，子房细长，基部渐狭缩成柄，扭转。

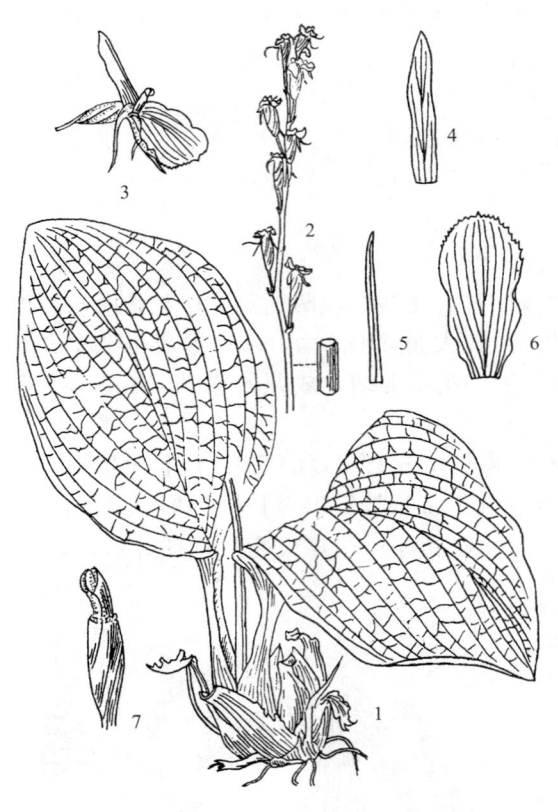

图19-37　羊耳蒜（袁晓颖，1993）
1. 植株下部；2. 花序；3. 花冠；4. 萼片；
5. 花瓣；6. 唇瓣；7. 子房和蕊柱

本科常见的植物还有建兰（*Cymbidium ensifolium*）、春兰（*Cymbidium goeringii*）、天麻（*Gastrodia elata*）、大花杓兰（*Cypripedium macranthos*）等。

作业

(1) 根据观察总结兰科的主要特征。
(2) 根据观察简要说明为什么兰科是单子叶植物最进化的类群？

第三篇
植物学综合性实验和设计性实验

- ◎ 实验二十　腊叶标本的制作
- ◎ 实验二十一　不同生境下植物叶片形态结构的比较观察
- ◎ 实验二十二　不同植物茎形态结构的比较观察
- ◎ 实验二十三　常见观赏植物器官颜色的观察分析
- ◎ 实验二十四　田园常见杂草调查与种类识别
- ◎ 实验二十五　校园植物观察
- ◎ 实验二十六　植物传粉生物学观察
- ◎ 实验二十七　常见中药材的显微鉴定
- ◎ 实验二十八　植物细胞的显微化学鉴定
- ◎ 实验二十九　植物染色体观察

实验二十

腊叶标本的制作

一、目的要求

掌握植物腊叶标本的制作流程。

二、实验用品

1. 实验材料

各种适宜制作植物标本的新鲜枝条或植株。

2. 实验器具

枝剪、标本夹、吸水纸、台纸、针线、采集签、鉴定签。

3. 试剂

2‰砷汞乙醛溶液。

三、内容与方法

（一）腊叶标本的采集

（1）木本植物标本采集时选取有花、果及完整枝条剪下，大小掌握在长40 cm、宽25 cm的范围内。叶、花、果太密时可适当疏去一部分（疏去时要留下叶柄）。同时剥取一小块树皮，以利于鉴定。

（2）草本植物采集时，一般要连根一起挖出，这样根、茎、叶、花或果实就全了。如果超过1 m，把它折成"V"或"N"字形收压起来，或选择其形态上有代表性的部分剪成几段（上段带花果、中段带叶、下段带根），将几段汇成一份标本，但要将植株高度记录下来，并编同一采集号，以备鉴定时查对，如发现基生叶和茎生叶不同时，要注意同时采集基生叶和茎生叶。

（3）乔木、灌木或特别高大的草本植物，只能采取其植物体的一部分，因此，要采集具代表性、有花或果的枝条，如可能，最好拍一张该植物的全形照片，以弥补标本的不足。

（4）雌雄异株植物，必须分开采集其雌株和雄株，且务必注意不要搞错。

（5）寄生性的植物，如桑寄生、槲寄生、菟丝子等，采集时应连同寄主一起采集，并注明寄生或附生植物及寄主植物。

（6）一些具有地下茎（如鳞茎、块茎、根状茎）的科属，如百合科、石蒜科、天南星科等，要特别注意采集其地下部分，并放入采集袋内。

（7）水生草本植物，提出水面后，很容易缠成一团，不易分开，如金鱼藻、水毛茛等。

遇此情况，可用硬纸板从水中将其捞出，连同纸板一起压入标本夹内，这样就可保持其形态特征的完整性。

（8）有些植物，一年生新枝上的叶形和老枝上的叶形不同，或者新生的叶有毛茸或叶背具白粉，而老叶则无毛，如毛白杨。因此，幼叶和老叶都要采集。对一些先花后叶的植物，采花枝后，待出叶时应在同株上采其带叶和果的标本，如山桃。

（9）采集植物时，必须仔细观察植物的生长环境、形态特征，注意其主要特点，如花的颜色、气味，压制后看不出的特征必须就地对其形态特征加以记录。记录本上的号码必须与标本上号牌（图 20-1）的号码一致，以防混淆。这样即便采集的标本有时只是植物体的一部分，但有了详细的文字记录，就构成了完整的标本。

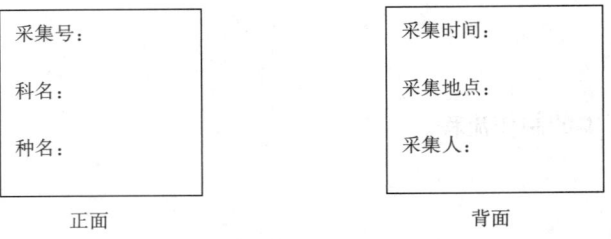

图 20-1　号牌式样

（10）标本一般应采集 2~3 份，原则上同株植物标本编写同一号码，不同株的应编写另一号码，以免混淆，每个标本上都要系上号签。标本除自己保存外，对一些疑难的种类，可将其中同号的一份送至研究机构代为鉴定。

标本的采集记录是重要的档案材料，对于标本的鉴定和研究有很大的帮助，应做长期的保存。野外采集必须具有现场记录，记录内容有专门的记录本可按其格式填写。植物地方名、用途、生态环境、海拔、花果颜色、气味、乳汁等都要当时记录，否则会影响鉴定的准确性。采集记录的同时要按种编号，号码写在标签牌上，然后用线拴在标本上，号码同记录本号码一致。写野外记录和号牌标签应用铅笔，不用圆珠笔或钢笔，这样不易褪色。具体记录格式见表 20-1。

表 20-1　植物采集记录

采集人_____采集号_____
采集日期_____年_____月_____日
产地_____生境_____
海拔_____习性_____
高度_____胸径_____
根_____茎_____
树皮_____
叶_____
花_____
果_____
科名_____
中文名_____俗名_____
学名_____
经济用途_____
是否常见_____
其他_____

（二）腊叶标本的整理

将已做好详细记录和编号的标本及时进行清理、整形、修剪，剪掉残枝、病枝，使标本保持自然状态。

采回的标本整形时应疏去部分过多的枝叶，注意保留分枝及叶柄的一部分，保持原有的特征，如叶片太大不能在夹板上压制，可沿中脉一侧剪取全叶的40%，保留叶尖，如果是羽状复叶，可将叶轴一侧的小叶剪短，保留小叶基部和复叶顶端小叶。对肉质植物，则先用开水杀死，对球茎、块茎、鳞茎等除用开水杀死外，还要切除一半，然后再压制，可促其干燥。某些植物的根、果过大，不便与标本同时压制，可挂同一编号的号牌，晾干、晒干，单独妥善保存。

（三）腊叶标本的压制

先将绑有绳子的一块标本夹板放于地上，在夹板上放上几层吸水纸，将整形后的标本平展的放在吸水纸上，保持植物自然状态，叶片不要皱折或重叠，要压正面叶也要压反面叶，正面叶片要多。标本整理好后，在标本上放2层吸水纸，再放上另一份标本，再放上2层吸水纸，将标本与吸水纸互相间隔，这样反复做直到将所有标本都压制完，在最后1份标本上多放几层吸水纸，最后再放上另一块标本夹板，用绳子捆紧。注意标本夹的4个角高低要一致。放于有阳光、通风的地方或放入恒温鼓风干燥箱中烘干。

压制标本时，还需注意将标本的首尾不时调换位置，使所夹的标本（包括标本和吸水纸）整齐平坦，以免倾倒。在压制过程中，标本的任何一部分都不要露在纸外。有些花、果或根部比较大的标本，压制的时候常常因为突起而造成空隙，而使部分枝、叶不能紧密接触吸水纸而卷曲起来。在这种情况下，要用纸折叠后把空隙填平，让全部枝、叶受到同样的压力。

在压制过程中，对体积较小的草本植物，可以2～3份压在一起，但必须是同一采集号的标本；对过长的草本植物，可将其折叠成"V"字、"N"字、"M"字形压制；对高大的草本植物，则可以在同一株上分段采集有代表性的上、中、下3段，编为同一个采集号，分别压制。在压制过程中脱落的花、果实或种子不要丢掉，用纸袋装起来，并编上与植株相同的采集号。

对一些大型的果实和一些异常肥大的根或地下茎，一般无法压制，可采用浸制方法单独保存，与枝叶部分做同一编号，配套使用。

在没有标本夹的情况下，对少量标本可将标本整理后，分别夹入吸水纸中，将它们重叠好，在上面压上几本较大的书。

（四）标本的换纸、整理

新压制的标本，因植物体内的水分较多，每天需换2次干燥的吸水纸（早晚各一次），防止标本变色、发霉。1周后可改为每天换一次纸，直到将标本压干为止。每次换下来的吸水纸要及时烘干或晒干，备下次换纸时用。

在最初2次换纸时，如发现标本有重叠或折叠时，要再进行一次整形。尤其是花和叶子要平展，并保证标本正面和反面都能看到花、叶的特征，使标本保持原来的自然状态。

（五）消毒

标本装订前要进行消毒，消毒方法主要有以下3种。

（1）把标本放进消毒室或消毒箱内，将敌敌畏或四氯化碳、二硫化碳混合液置于玻璃皿内，利用蒸气熏蒸标本上的虫卵或霉菌孢子，约3天后即可上台纸。

(2) 将已压干的标本放入 2‰～5‰的升汞乙醇（用 95%乙醇配制）溶液中浸泡 1～5 min（视茎、叶、花、果的厚度而定），然后取出放入吸水纸中并勤换纸张直至干燥，方能装订到台纸上（注意：升汞为剧毒药品，用时注意防毒）。

(3) 在－30～－20℃中冷冻 48 h。

（六）腊叶标本的装订

先将台纸板放在桌上，将压干的标本放在台纸板中央，以确定标本的位置。要突出该植物的特征，并使标本在台纸的位置适宜、美观、整洁。通常可将标本直放或斜放，注意要把台纸板的左上角和右下角的位置留出来，以便粘贴标签。还应注意标本的上、下、左、右离台纸板边缘的距离应相等。如果标本过大，可适当修剪一部分，但要保留标本的主要特征。另外，如果标本的枝、叶过多产生重叠现象，也可适当剪去一些重叠的枝、叶。

标本整理好后，将标本背面朝上放在一张干净的吸水纸上，在标本上均匀地涂上胶水，然后将标本放在已确定的位置上。再用一张干净的吸水纸，放在标本上用手轻轻抹一遍，以保证标本与台纸之间粘得牢固，并用湿布很小心地把多余的胶擦掉。有些少量的叶片或花、果实在压制时脱掉，装订时可将它们粘在脱落的位置上，这样可以恢复原状。

标本粘贴好后，还要用白棉线来做辅助性的捆扎，这样标本才能牢固。捆扎的方法是用双线在需要固定的部位两边各扎一个眼，穿过线，再在台纸背面打结。要求两眼点平行，不要错位。较大的部分，可以用十字形穿线打结固定。捆扎时，应从根部向上逐步捆扎，捆扎完后在台纸背面打结。凡是枝条、果实等处需要多少道针线就用多少道针线，针线穿过的地方越靠近植物部位越好，这样不会损坏台纸，而且牢固。做好后，在所有针眼的地方都要点一些胶，使之固定及加强台纸的强度。

待标本装订好之后，将野外采集签贴在台纸的左上角位置。最后把装有脱落的叶、花、果实、种子的小纸包或照片贴在台纸板上。粘贴小纸包的位置要看标本装订好后的空间，一般将小纸包贴在台纸的右边，横放或直放均可。但要将小包的开口朝上或朝右，在打开标本时，小包里的碎片就不会损失。

（七）标本的鉴定与保存

根据定名标签的要求，认真填写定名签（图 20-2），并将填写好的定名签贴在台纸板的右下方。制作好的标本经消毒后，放于干燥的专用标本室或密闭性能良好的标本柜中。

```
               定名签
    采 集 号 _____    采集地点
    科   名 _____    种   名
    学   名 _____    采集日期
    采 集 人 _____    鉴定日期
                          鉴 定 人
```

图 20-2　标本定名签

四、实验报告

对所制作的标本用植物学的形态术语进行描述。

实验二十一

不同生境下植物叶片形态结构的比较观察

一、目的要求

(1) 了解植物叶片的形态结构是怎样适应不同的生态环境的。
(2) 熟悉徒手切片方法。

二、实验用品

1. 实验材料

各种不同生长环境条件下植物的叶片。

2. 实验器具

放大镜、解剖镜、显微镜、尖头镊子、解剖针、刀片。

3. 试剂

番红染液。

三、内容与方法

叶是植物的重要器官,它有两大生理功能,即光合作用和蒸腾作用。蒸腾作用是根系吸收水分的动力之一,植物根系吸收的矿物质主要是随蒸腾液流上升并转运到植物体的其他部位。另外,蒸腾作用也能降低叶片的表面温度,从而使叶在强烈的日光照射下,不至于因温度过高而受损伤。但蒸腾作用会消耗很多植物体内的水分,因而植物根系吸收的水分和叶片蒸腾作用消耗的水分之间需达到一个等量的状态,即水分平衡状态。植物在长期的进化过程中,逐渐形成了防止水分过度散失的结构,如叶表面的角质层、密生绒毛、气孔下陷或形成气孔窝、叶片内储水组织发达等,都是保持水分、减少水分蒸腾的适应特征。植物生活于不同的生态环境中,其叶片的这些适应性结构不同,形态变化也较大。

(一) 不同生境叶片的形态

观察各种不同生境植物叶片的形态,在放大镜或在解剖镜下仔细观察叶片的表面,画简图记录。

(二) 不同生境叶片的结构

取上述植物的叶片,做徒手切片,制成临时装片在显微镜下观察,并绘图。

四、思考

（1）水生植物中的沉水植物、浮水植物、挺水植物的叶片结构是否相似，为什么？

（2）生活在不同生境下的同种植物的叶片形态结构有何差异？

（3）生活在相同生境下的不同植物的叶片形态结构有何变化？

五、实验报告

（1）观察分析不同生境植物叶片形态结构，根据实验结果完成下表。

不同生境植物叶片形态结构比较

植物名称							
叶大小							
厚度							
气孔密度							
表皮附属物							
叶肉细胞							
栅栏组织							
海绵组织							
生长环境							

（2）说明植物叶片对不同环境适应的形态结构特点。

实验二十二

不同植物茎形态结构的比较观察

一、目的要求

（1）掌握木本植物与草本植物茎的形态结构的异同。
（2）了解植物茎的形态结构如何适应不同的生态环境。

二、实验用品

1. 实验材料

生长于陆地和水中的空心莲子草的茎、一串红等唇形花科植物的茎、芹菜等伞形花科植物的茎、木本植物的幼枝及两年生（三年生）的枝条、各种不同生长环境条件下草本植物的茎。

2. 实验器具

放大镜、解剖镜、显微镜、尖头镊子、解剖针、刀片。

3. 试剂

番红染液。

三、内容与方法

茎是植物重要的营养器官，主要起输导和支持作用。茎是植物体物质运输的主要通道。根从土壤中吸收的水和无机盐通过茎输送到地上各部分，同时将叶制造的有机物传输到根和植物体其他部分，供植物利用或储藏。茎支持着叶和枝条，使它们有规律地分布，以获得充分的阳光和空气，进行光合作用，并使花、果实处于适当的位置，以利于传粉以及果实、种子的生长和传播。在长期进化过程中，植物逐渐形成导管、管胞、筛管与伴胞、筛胞等输导组织，并且在被子植物中还出现机械组织以利于更好地执行支持功能。由于植物生长的环境不同，其茎的适应性结构也有所不同，形态也有所变化。

（一）木本植物与草本植物茎的形态结构观察

观察各种不同的木本和草本植物茎的形态，并制作临时装片观察其结构，比较其异同并记录。

（二）不同植物茎的形态变化

观察一串红等唇形花科植物、观察芹菜等伞形花科植物，注意它们茎的形态与其他常见植物相比有何不同？制作临时装片观察其结构，注意它们茎的结构与其他常见植物相比有何不同？思考这些变化有何适应意义？

（三）同种植物不同生境条件下茎的形态结构比较观察

分别观察水生、陆生环境下空心莲子草茎的形态特点，注意其异同。制作临时装片观察它们的结构，注意它们的差异？思考这些变化有何适应意义？

四、思考

同一种植物生长于不同的环境条件下，其茎的形态结构有何变化，这些变化有何适应意义？

五、实验报告

（1）比较木本双子叶植物与草本双子叶植物茎形态结构的异同。
（2）比较双子叶草本植物与单子叶植物茎形态结构的异同。

实验二十三

常见观赏植物器官颜色的观察分析

一、目的要求

（1）掌握植物器官颜色分析方法。
（2）熟悉临时制片的制作方法。

二、实验用品

1. 实验材料

各种颜色的植物器官。

2. 实验器具

显微镜、尖头镊子、解剖针、刀片。

三、内容与方法

植物的叶、花、果实等器官有较鲜艳的颜色，决定这些颜色的因子可以是质体中的叶绿素、叶黄素与胡萝卜素以及液泡中的花青素等。

（一）不同颜色叶片观察分析

取不同颜色的叶，如绿色的叶、紫色的叶和秋季变成红色或黄色的叶等，制作临时装片，分析其颜色形成因素。

（二）不同颜色花瓣观察分析

取不同颜色的花瓣，如各色月季、菊花和旱金莲等，制作临时装片，分析其颜色形成因素。

（三）不同颜色果实观察分析

取不同颜色的果实，如西瓜果肉、草莓果肉和菠萝果肉等，制作临时装片，分析其颜色形成因素。

四、思考

（1）质体可以造成植物器官哪些颜色？

(2) 花青素可以造成植物器官哪些颜色？

五、实验报告

(1) 自制临时水装片观察不同颜色的叶片、花和果实，将实验结果填入下表中。

不同植物器官颜色观察比较

植物名称	器官种类	器官颜色	制片方法	有色的细胞器	可能使器官呈现颜色的色素

(2) 依据实验结果，分析植物叶、花和果实等器官的颜色与其细胞结构和成分的关系。

实验二十四

田园常见杂草调查与种类识别

一、目的要求

（1）通过现场调查，学习杂草调查的基本方法。
（2）了解与识别当地田园杂草的主要种类和危害程度。

二、实验用品

1. 实验器具

记录板、记录表、卷尺、放大镜

2. 参考资料

杂草图谱、植物检索表、地方植物志、植物图鉴等。

三、内容与方法

田园杂草调查与识别是开展田园管理、杂草科学防治的工作基础。通过调查可以了解田园杂草发生的种类和分布，为制订除草方案提供依据，掌握杂草发生规律，为杂草预测预报积累资料，还可以及时发现外来杂草的传入，防止新的杂草入侵。

将教学班分为 5~8 人的实习小组，根据专业不同，有针对性地到附近农田、果园、菜地、苗圃、草坪等开展调查，观察、识别常见杂草并采集杂草标本，编制调查地的杂草名录。调查内容主要包括以下几点。

（一）田园基本情况调查

可通过直接观察及咨询访问等方式，了解所调查地的面积、环境地势、栽培的园艺或农艺植物种类、耕作情况等。

（二）杂草基本情况调查

采用样方调查的方法，根据田块大小和杂草情况，选择五点取样法或平行线取样法取 4~5 个样方（每个样方 1 m²）（图 24-1），在指导老师的帮助下认识各类杂草，记录样方内的杂草种类、各种杂草的植株数，以便进一步统计各种杂草的杂草频度、杂草密度、杂草优势率等指标，计算方法如下。

杂草频度：某种杂草在所调查地中出现的样方次数占调查样方数的百分比。

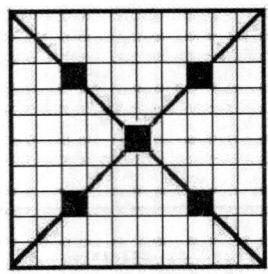 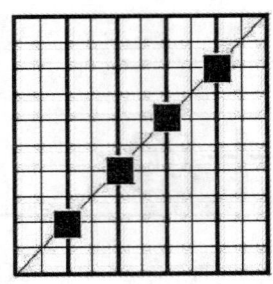

图 24-1　取样方法

左图为五点取样法，右图为平行线取样法

杂草密度：某种杂草在各调查地中的平均密度（株/m²）。

杂草优势率：某种杂草株数与全体杂草株数之比。

（三）室内鉴定及资料整理

对于较为常见、现场容易识别的杂草种类可以当场鉴定确认。现场难以识别的种类，则需采集标本进行室内鉴定，在教师的指导下，借助植物检索表、杂草图谱、植物图鉴及植物志等资料对杂草种类进行鉴定，并进一步了解杂草的类型（一年生杂草、两年生杂草、多年生杂草；单子叶类杂草、双子叶类杂草），杂草的繁殖方式及特点，是否为外来物种等相关调查工作。最后以实习小组为单位完成调查报告。

注意：由于杂草生长繁殖有一定的季节特点，因此，某个季节的调查结果往往不能全面反映该地的杂草种类及危害情况。

四、思考

考虑到农田杂草对农作物及园艺等栽培植物的影响，以及杂草防治的需要，除以上调查项目外，在调查中还可增加哪些方面的调查统计，使得调查报告更具实际指导意义？

五、实验报告

（1）完成调查报告并列出杂草名录、主要杂草类型及危害情况。

（2）不同小组的实验报告完成后汇总，比较不同调查地的杂草有何异同，组织同学讨论导致这些差异的原因，设计杂草防除方案时应考虑哪些因素？

实验二十五

校园植物观察

一、目的要求

(1) 学习植物形态观察的基本方法。
(2) 认识 50 种左右常见的园林观赏植物。

二、实验用品

1. 实验器具

记录板、记录表、测高器、卷尺、放大镜

2. 参考资料

植物检索表、植物志、高等植物图鉴等。

三、内容与方法

在指导教师的带领下，按一定路线观察讲解校园植物。观察植物时，不仅要注意识记植物种类和科别，还要注意植物的生态习性、识别特征、观赏特性、园林用途等。

（一）生态环境的观察

观察植物是属于水生、阴生还是阳生植物？常有哪些伴生植物？

（二）植物习性的观察

观察植物是木本还是草本植物？若是草本植物，则注意判断其是一年生还是多年生草本。若是木本植物，注意其属于灌木还是乔木。

（三）叶的观察

注意观察是单叶还是复叶，叶序的类型，有无托叶，以及叶的形态类型等。

（四）花、花序及果实的观察

每种植物的花和果实在形态结构方面具有很大的稳定性，是认识植物的主要依据。注意观察花的着生特点及花序类型，如同属木兰科的玉兰属和含笑属的植物很相似，玉兰属花顶生，含笑属花则腋生；观察一朵花，注意花的颜色、大小及形态类型等特征。有果实的植物，注意观察果实的类型，果实和种子的形状、大小及颜色等。

（五）其他特征观察

植物有无乳汁、气味等也是识别一些植物的特征之一，木本植物还需观察其树形、树皮裂纹及皮孔等特征。每种植物尽量总结其简单易于识记的茎、叶、花、果特征，如银杏的叶形、长短枝的特点，小叶榕的气生根、具乳汁、托叶痕的特征，天竺桂的离基三出脉、叶揉碎后具樟脑味的特点，紫薇具光滑的树皮等特征。

由于不同季节植物呈现不同的形态，叶、花、果有时不能同时观察到，提醒学生在课程结束后继续观察。

要求学生能做好重点特征的观察记录，并拍照，有花或果的植物可采集少量标本，以便进一步查证鉴定。

四、实验报告

(1) 将调查到的植物种类，列表整理，编制校园植物名录。可按植物所属科别分类，也可按植物观赏特性分类。列出每种植物的科名、学名、主要形态特征和用途等。

(2) 在完成校园植物调查和植物名录编写的基础上，进一步查阅书籍资料，编写校园植物导游词。

实验二十六

植物传粉生物学观察

一、目的要求

（1）了解植物传粉的方式及媒介。
（2）学习观察传粉方式的途径及方法。

二、实验用品

1. 实验材料

根据实验时间，选择油菜、豌豆、小麦等植物的花朵，以及室外便于观察的有较多花朵的开花植株。

2. 实验器具

放大镜、解剖镜、显微镜、尖头镊子、解剖针、刀片。

三、内容与方法

传粉是种子植物有性生殖的重要环节，花粉的运动在很大程度上限定了植物个体间的基因流和群体的交配方式，从而影响后代的遗传组成和种群进化。传粉生物学是研究与传粉有关的各种生物学特性及其规律的学科。被子植物的传粉方式和传粉媒介复杂多样，植物的花形态特征也高度适应于不同的传粉方式和传粉媒介。

要判断某种植物的传粉方式及媒介，可以从以下几方面进行观察研究。

（一）花形态特征的观察

选择当季开花较多的植物，如油菜、豌豆或小麦等植物的花朵，借助放大镜、解剖镜和显微镜进行观察。

首先，观察是两性花还是单性花，如果是单性花则需注意其是雌雄同株还是雌雄异株。

其次，观察一朵花中雌蕊、雄蕊的着生方式及成熟次序。

再次，观察有无花被片、花被的颜色、大小及有无特殊气味；注意观察花托、花盘或花被基部有无蜜腺，蜜腺的形态、大小及位置，如油菜的花托上有 4 个小型绿色的蜜腺，毛茛的蜜腺位于花瓣基部，呈黄色；或者植物的花萼或花冠基部有无特化成管状的蜜距，观察蜜距的位置和长度；观察柱头形态、有无黏性，显微镜下观测花粉粒的大小、颜色、有无黏性、花粉壁的纹饰等特征；如果是合瓣花，还需进一步测量花冠筒的长度。

综合以上花结构特征，对植物的传粉方式和媒介作出初步判断。

(二) 植物开花习性的观察

选择生长健壮、有较多将要开放的花朵的植株，记录其花期长短、开花时间、开花时柱头位置及形态变化、花药散粉时间、花被的形态变化等。

(三) 传粉方式的观察

对于两性花，采用人工控制授粉的方式，根据结实情况，判断植物是自花授粉还是异花授粉。例如，给完整的两性花套以玻璃纸袋或羊皮纸袋，以判断其在自然的状态下是否存在自花授粉结实的可能性；除去两性花中的雄蕊，但不套袋，观察在自然状态下是否存在异花授粉并结实的可能性；给雌蕊授以其他植株的花粉，并套袋，以观察异交结实的情况。每种处理设5～10个重复，并以未处理的情况作对照，统计各种处理后的结实率。

(四) 传粉媒介的观测

1. 风媒传粉的观测

为判断某种植物是否是风媒传粉，可以采用对植物套网袋的方式，防止昆虫等访花。通常采用尼龙细眼网纱，对花或花序单独套袋，如果是小型的草本植物，可将整株植物全部罩住，如能正常结实，表明风媒传粉是有效的。

2. 虫媒传粉的观测

对初步判断为虫媒传粉的植物，选择其盛花期的植株，观察访花者的种类及访花频率。野外观察时，根据植物的花期长短和开花习性，确定观察时间和方式。通常连续三天从早上到晚上每小时观测一次，每次观测15 min。按蜂类、蝇类、蝶类、甲虫类等类型分别记录。对访花频率较高的昆虫重点观察，初步确定主要的传粉昆虫。观察昆虫的访花行为及传粉情况，并做拍照和记录。用网捕的方式捕捉访花昆虫，制作标本并请教动物学老师帮助鉴定。还需记录植物的生境、天气情况等。

四、思考

(1) 适应蜂类、蝶类、蛾类或蝇类传粉的植物其开花习性及花器官会有什么差异？

(2) 如果要进一步研究风媒传粉或虫媒传粉的传粉距离及传粉效果，可以怎样设计实验进行观测？

五、实验报告

(1) 分析植物的花部结构特征与传粉方式的适应。

(2) 分析风媒传粉和虫媒传粉植物的花有哪些适应性的特征？

实验二十七

常见中药材的显微鉴定

一、目的要求

(1) 掌握中药显微鉴定中常用的制片方法。
(2) 掌握不同药用部位中药材的显微鉴定特征描述方法。

二、实验用品

1. 新鲜材料
各种常见中药材鲜品或干燥切片。

2. 实验器具
显微镜、酒精灯、盖玻片、载形片、尖头镊子、解剖针、刀片。

3. 试剂
甘油乙酸、水合氯醛、蒸馏水。

三、内容与方法

药材显微鉴别是指用显微镜观察药材的组织切片、粉末、解离组织或表面制片及成方制剂中药材的组织、细胞或内含物等特征的一种方法。鉴别时选择有代表性的样品，根据鉴定目的，制成合适的标本进行观察，并将观察到的特征绘制成图或拍摄成照片。

（一）中药显微鉴定常用制片方法

1. 横切片或纵切片观察
选取药材适当部位切成 10～20 μm 的薄片，用甘油乙酸、水合氯醛或清水等试剂处理后观察。常用切片方法有徒手切片、滑走切片、石蜡切片、冰冻切片法等，其中以徒手切片最常用。观察时应自外向内仔细观察各组织分布的位置，细胞内特点，细胞内含物的类型及分布状况。

2. 粉末制片观察
如观察淀粉粒等内含物的特点，应用甘油乙酸或稀甘油封片；如观察细胞的特征，应用水合氯醛试剂加热透化细胞壁，并溶去一些细胞内含物，如淀粉粒、蛋白质、叶绿体、挥发油等物质。进行粉末制片观察时，应按上、下、左、右顺序仔细观察，辨别鉴定特征。具体方法是将材料研成粉末，过 50～80 目筛后取粉末少许，置于洁净的载玻片上，滴加 1～2 滴蒸馏水或甘油乙酸试剂，加上盖玻片，置显微镜下，可观察细胞中的不溶性物质，如淀粉粒、脂肪油滴、色素颗粒等。如要观察细胞的形态特征，则取粉末少许，置于洁净载玻片上，滴加2~3滴水合氯醛，酒精灯上加热透化，滴加1~2滴甘油，盖上盖玻片，擦净溢出液，可观察到清晰的细胞形态。

3. 表面制片观察

取叶片、萼片、花冠、果皮、种皮制成表面片，加适宜试液，观察各部位的表皮特征。较薄的材料可整体封藏，其他材料可撕取或削取表皮制片。撕取叶片时，先辨明上、下表面，干材要温浸处理。

4. 解离组织片观察

如需观察细胞的完整形态，尤其是纤维、导管、管胞、石细胞等细胞彼此不易分离的组织，需利用化学试剂使组织中各细胞间的细胞间质溶解，使细胞分离。方法是先用解离液浸泡材料，然后将已离散或即将离散的材料置于载玻片上，加甘油溶液轻压使之散离，后加盖玻片，可观察细胞的完整形态。有的解离试液，能溶解一部分细胞内含物，如草酸钙结晶体或碳酸钙结晶体等，操作时应引起注意。

（二）常见中药材显微特征鉴定

1. 根及根茎类中药的显微特征观察

此类中药多进行横切面和粉末观察。横切面显微鉴别，首先应根据维管束的类型和排列形式、有无形成层等，区分其为蕨类植物根茎，还是为双子叶植物或单子叶植物根茎。其次应注意根中有无分泌组织存在，有无草酸钙或碳酸钙结晶。有的根含有大量淀粉粒，有的根含菊糖不含淀粉粒。厚壁组织的组成也是重要鉴别特征之一。单子叶植物根茎中常有黏液细胞，其中常含草酸钙针晶或针晶束。

取何首乌、牛膝、黄芪、白芷、板蓝根、葛根、当归、川续断等根部入药中药材，黄连、狗脊、丹参、徐长卿、白术、石菖蒲、重楼、贝母等根茎入药类药材的根或根茎进行横切面、粉末片和解离组织片观察，比较其异同，总结各自的显微鉴定特征，并记录。

2. 茎木类中药

茎木类药材多进行横切片、纵切片、解离组织片、粉末制片观察。茎木类中药还要做径向纵切片和切向纵切片观察。观察时要注意各类组织的排列，各种细胞的分布，细胞内含物的有无、特征及形状。有的需通过解离组织制片仔细观察各类厚壁组织的细胞形态、细胞壁的厚度和木化程度，有无壁孔、层纹和分隔。双子叶植物木质茎藤，有的为异常构造，其韧皮部和木质部层状排列成数轮；有的髓部具数个维管束；有的具内生韧皮部。茎木类中药有时可见内涵韧皮部。

观察关木通、川木通、鸡血藤、大血藤、沉香、通草等常见茎木类药材的茎部制片，比较关木通和川木通、鸡血藤和大血藤的异同，总结茎木类中药的鉴定特征，掌握其鉴别方法。

3. 皮类中药

皮类中药构造从外向内一般可分为周皮、皮层、初生韧皮部和次生韧皮部。首先观察横切片各部分组织的界限和宽度，然后再进行各部分组织的详细观察和描述。其中射线的宽度和形状在鉴别时较重要。同时，粉末制片的观察须同时进行，各种细胞的形状、长度、宽度、细胞壁的性质、厚度、壁孔和壁沟的情况及层纹是否清楚，都是鉴定的重要依据。

观察桑白皮、牡丹皮、厚朴、肉桂、杜仲、黄柏、苦楝皮、五加皮、秦皮、地骨皮等皮类药材的显微制片，注意其粉末的特征，并对各种药材的显微鉴别特征进行描述。

4. 叶类中药

该类中药主要观察叶的表皮、叶肉及叶中脉三个部位的特征。通常除做叶中脉部分的横切片外，同时还应做叶片的上、下表面制片或粉末制片。对于叶的横切面，主要观察上、下表皮细胞的特征及附属物；叶肉主要观察栅栏组织的特点，根据栅栏组织的分布位置和分化程度判断其为等面叶或异面叶；中脉是叶片的维管束，其类型、数目等均是鉴别叶类中药的重要依据。气孔指数和脉岛数也是重要鉴别特征之一。

取石韦、侧柏叶、枇杷叶、枸骨叶、紫苏叶、艾叶等叶类中药，制作其横切片，上、下表皮制片，粉末制片观察其各部位特征，测定气孔指数和脉岛数，根据观察到的结果，记录各药材的主要鉴别特征。

5. 花类中药

此类中药的显微鉴别，除花梗和膨大的花托制作横切片外，一般只制作表面制片和粉末制片。苞片和萼片的观察与叶片相似。花粉粒的形状、大小及外壁上的萌发孔和雕纹的形态，对鉴定花类中药意义重大。

取辛夷、槐花、丁香、密蒙花、金银花、菊花、红花等花类中药制作横切片、表面制片和粉末制片，观察花的各部分显微结构及内含物，鉴别各药材的特征，并记录。

6. 果实、种子类中药

果实类中药由果皮及种子构成，果皮包括外果皮、中果皮和内果皮三部分。种子类中药的显微鉴别特征主要在种皮，种皮的构造因植物的种类而异，因而常可找出其在鉴定上具有重要意义的特征。因糊粉粒仅存在种子中，糊粉粒的形状、大小及构造常因植物种类而异，故其在中药鉴定中意义重大。

取王不留行、五味子、山楂、薏苡仁、桃仁、枸杞、决明子、陈皮、女贞子、胖大海等药材制作横切片、表面制片及粉末制片，观察果皮和种子的显微结构，尤其注意观察种皮和糊粉粒的特点，掌握各药材的鉴别特征，并记录。

7. 全草类中药

该类中药大多为干燥的草本植物地上部分，鉴定时，应按所包括的器官，如根、茎、叶、花、果实、种子等分别处理。同时，此类中药依靠原植物分类的鉴定更为重要。

取青蒿、鱼腥草、穿心莲、淫羊藿、紫花地丁、金钱草、马鞭草、车前草、蒲公英、薄荷等草药，分别观察各部分显微结构，总结其鉴别特征，并记录。

四、思考

(1) 拿到一种中草药后，如何确定应该制作何种制片进行显微观察？
(2) 不同部分入药的药材，显微鉴定时应主要鉴定何种特征？
(3) 你能以现有知识鉴定以中草药原粉入药的中成药制剂吗？

五、实验报告

(1) 选绘2~3种中药材的结构简图，并注明各部分名称。
(2) 总结各类中药显微鉴别时需要重点观察的部位。

实验二十八

植物细胞的显微化学鉴定

一、目的要求

掌握植物细胞显微化学鉴定的常用方法。

二、实验用品

1. 实验材料

各种常见的新鲜植物组织。

2. 实验器具

显微镜、酒精灯、盖玻片、载形片、尖头镊子、解剖针、刀片。

3. 试剂

碘-碘化钾溶液、碘-硫酸溶液、氯化锌碘溶液、间苯三酚溶液、高锰酸盐、苏丹Ⅲ、氢氧化钠、氯化汞-溴酚蓝溶液、三氯化铁、水合氯醛、麝香草酚乙醇溶液、乙酸、盐酸、硫酸等。

三、内容与方法

（一）植物细胞壁的显微化学鉴定

任取一种植物的幼嫩根或茎，徒手切片后，进行以下细胞壁成分的检测。

1. 纤维素

纤维素是植物细胞壁最主要的成分，常用鉴定方法有两种。

1) 碘-硫酸法　由于硫酸可将纤维素水解成胶态水解纤维素，遇碘后呈现蓝色反应。将1%碘液滴于要测定的材料上，然后加一滴70%硫酸。纤维素被硫酸水解后，遇碘则呈蓝色反应。已木质化的细胞壁，因木质素的掩盖，不能与纤维素发生作用，因此细胞壁不呈蓝色反应。

2) 氯化锌碘法　纤维素细胞壁在氯化锌碘溶液的作用下呈现紫蓝色。

2. 木质素

木质化细胞壁是由于细胞壁纤维素框架中沉积了大批木质素所致。木质素是丙酸苯脂类的一种聚合物，鉴定最常用的是盐酸间苯三酚法，其次还有硫酸苯胺法和高锰酸盐法。

1) 盐酸间苯三酚法　滴一滴浓盐酸于材料上，过3～5 min后再滴以间苯三酚，木质化细胞壁就会呈现紫红色或桃红色。有时只用盐酸即可使细胞壁发生红色或紫红色，这表明细胞壁本身就含有间苯三酚类化合物。

2) 硫酸苯胺法　　加硫酸苯胺试液一滴，木质化细胞壁被染成鲜艳姜黄色。为了避免细胞中含的草酸钙结晶被溶解，可改用醋酸苯胺试液，也显黄色。

3) 高锰酸盐法　　将切片放入盛有1%高锰酸盐的小杯中放置5 min，切片被染成棕色（氧化）。倒出溶液，换水洗涤切片，将切片移至稀盐酸中至几乎完全褪色为止。取出用净水洗涤，置于载玻片上，滴加一滴氨液，木质化细胞壁呈鲜红色。这种反应对双子叶植物十分明显，对裸子植物的组织不起反应，单子叶植物往往只能呈黑褐色（反应不完全）。

3. 木栓质和角质

木栓化和角质化分别是在细胞壁中渗入了木栓质或角质的结果，木栓质和角质均为高分子脂肪酸的聚合物，两者性质相似，其显微化学反应也基本一致。

1) 氯化锌碘液反应　　木栓化及角质化细胞壁被染成黄色或棕色。木质化细胞壁也能显同样的颜色，但切片若预先用次氯酸钠消毒液处理1～2 h，则木栓化及角质化细胞壁染成黄色，木质化细胞壁染成紫色。

2) 苏丹Ⅲ染色　　切片加苏丹Ⅲ试液，稍放置或微热，木栓化及角质化细胞壁均显橘红色、红色或紫红色，再加20%氢氧化钠，呈黄色，加热则木栓质溶解呈黄色滴状，而角质化细胞壁不改变形状。

（二）植物细胞内含物的鉴定

任取一种含细胞内含物的植物材料，徒手切片或粉末制片，用做以下内含物检测。

1. 淀粉

淀粉是植物中最主要的储藏物质。用1%碘液处理时，直链淀粉呈现蓝色，支链淀粉显紫色。这种颜色在加热时消失，冷却后复现。有少数植物的淀粉粒遇碘显红色或红紫色，称为红淀粉粒，红色表明淀粉粒中除了淀粉外，尚有糊精和淀粉糊精存在。

2. 蛋白质

蛋白质的组成较为复杂，目前尽管检查蛋白质的方法大多是针对蛋白质的某种形式或某一组成，在很大程度上有一定的局限性，因此在检查时一定要多做几个反应。

1) 碘液测试法　　此法可与鉴定淀粉同时进行。在切片材料上滴上碘液后，蛋白质被染成黄色，而淀粉则成蓝紫色。另外，除蛋白质以外，有些其他物质也可以染成黄色，但是，这些物质经水洗后均可除掉。

2) 米隆反应　　滴加硝酸汞试液，稍加热，蛋白质显砖红色。并不是一切蛋白质都能产生反应，它只能使含有酪氨酸的蛋白质产生反应，材料中如含有多量脂肪油，宜先用乙醚或石油醚脱脂后进行试验。

3) 苦味酸反应　　将事先已除去生物碱的材料薄片在苦味酸溶液中放置数个小时，然后用水或甘油装片观察，蛋白质显黄色。

4) 氯化汞-溴酚蓝反应　　将切片滴上氯化汞-溴酚蓝试液1滴，放置5 min，用0.5%乙酸冲洗，除去材料上多余的染料，再放在培养皿中水洗5 min，用稀甘油封片观察，蛋白质中的糊粉粒被染成鲜蓝色。

3. 油和脂肪

脂肪、脂肪油及挥发油可被苏丹Ⅲ染成橙红色，被紫草试剂染成鲜艳的樱桃红色。

4. 黏液

黏液在植物可位于细胞内及细胞壁中，有时集中存在于黏液细胞、黏液腔及黏液管中，检测黏液时要注意试验材料不能与水接触。

1) 墨汁试验　　切片或粉末加墨汁试液1~2滴，盖片观察，黏液呈无色透明块状，而其他细胞及细胞内含物均显黑色。

2) 亚甲蓝醇试验　　切片或粉末加亚甲蓝醇溶液1~2滴，加盖玻片，过1~2 min后，再从旁边加亚甲蓝甘油溶液，黏液被染成天蓝色（果胶质染成紫色）。

5. 鞣质

鞣质可存在于某一组织的许多细胞内，也可存在于特异的鞣质异形细胞中。检查方法是加10%三氯化铁水溶液，鞣质显蓝绿色或蓝黑色。

6. 草酸钙结晶

草酸钙在细胞内可以形成棱晶、方晶、柱晶、砂晶、针晶和簇晶。常用如下方法检查。

1) 乙酸-盐酸试验　　滴加乙酸，晶体不溶解；加盐酸，晶体溶解，但无气泡产生，可区别于碳酸钙晶体及硅质体。

2) 硫酸试验　　加30%硫酸，结晶溶解并重新有石膏样聚集成簇的针晶（硫酸钙）析出。

7. 碳酸钙结晶

碳酸钙结晶遇盐酸及乙酸均溶解，并释放出CO_2（气泡）。用水合氯醛加热处理，晶体也可能被破坏，若加入硫酸，晶体溶解，放出CO_2，并形成硫酸钙针晶，但针晶是逐渐分散的。

四、思考

拿到一种植物材料后，应如何着手进行细胞的显微化学鉴定？

五、实验报告

写出1~2种植物细胞的化学成分、成分鉴定方法及各成分的分布部位。

实验二十九

植物染色体观察

一、目的要求

（1）了解和掌握植物染色体制片方法和技术。
（2）学习植物染色体的计数方法。
（3）了解植物染色体核型分析的方法。

二、实验用品

1. 实验材料

大蒜、洋葱的鳞茎、蚕豆种子等。

2. 实验器具

培养皿、载玻片、盖玻片、剪刀、镊子、指形管（带塞）、指形管架、冰箱、制冰机、胶盆、移液器、刀片、吸水纸、酒精灯、恒温培养箱、恒温水浴锅、显微镜等。

3. 试剂

无水乙醇、70%乙醇、卡诺氏固定液、1 mol/L 盐酸、醋酸洋红。

三、内容与方法

染色体是细胞中决定生物个体性状的基因载体，是生物遗传的基础。植物染色体的数目、形态等是最稳定的细胞学特征之一，染色体的大小、形态和结构具有多样性，在不同分类群核型不同，这不仅表现在科间、亚科间、属间、种间，也表现在同种的不同居群中。植物染色体的核型、类型等在研究植物系统演化、物种之间的亲缘关系、起源、进化与分类，远缘杂交及遗传工程中具有重要意义。

（一）培根

将大蒜和洋葱的鳞茎置于盛水烧杯上，放在25℃恒温培养箱中，待根长到2 cm左右时，切取根尖进行预处理。将蚕豆种子充分浸泡后，放在25℃恒温培养箱中，待根长到2 cm左右时，切取根尖进行预处理。

（二）预处理

9：30左右时，用塑料盆取碎冰，用指形管插成数孔；取洁净的指形管，加蒸馏水至

2/3 处,然后放入 4℃冰箱预冷 30 min;10:20 在距离根尖 0.5~1 cm 处切下根尖,放入管中,并将管分别置入冰孔,放入 4℃冰箱 24 h。

(三) 固定

第二天 10:40 时取出指形管,倒出蒸馏水,加卡若氏固定液至 1/3 或 2/3 处,置于试管架上,放入 4℃冰箱 24 h。

(四) 保存

如暂时不制片,可将卡若氏固定液倒出,用蒸馏水洗根 3 遍,再加入 70%乙醇置入 4℃冰箱保存。

(五) 解离

提前 30 min 开启恒温水浴锅,调至 60℃,内置入装有水的小烧杯;从指形管中取出根尖,移除固定液或 70%乙醇,用蒸馏水洗根 3 遍,然后加入 1 mol/L 盐酸,处理 10 min;处理完成后,用蒸馏水洗根 3 遍,再加入 70%乙醇备用;最好解离后立即制片,否则置入 4℃冰箱保存。

(六) 制片

取洁净载玻片,放在大小相似的滤纸上,剪取根尖乳白色段,放在载玻片上,用刀片切成 3~4 段,各自分开;加 1 滴醋酸洋红,染色 2 min;用镊子取盖玻片压在染液边缘一端,慢慢放下,另用滤纸(已数次折叠)压紧盖玻片一边,用解剖针柄端轻轻敲打根尖及其四周,直到眼看不见根尖即可,注意不要始终击打同一处;然后从中心向四周敲打赶气;点燃酒精灯,将载玻片放在火焰上方 3 cm 处,直到盖玻片与载玻片之间水汽消失,立即熄灭酒精灯;折叠下方滤纸,盖在载玻片上方;滤纸上方再压一张载玻片,用拇指垂直紧压,不要挫动,保持 2 s,再缓缓减少用力即可。

(七) 镜检、拍照

立即置于显微镜下观察染色体,找到分散、清晰、拥有足够数目的染色体细胞,拍照。

拓展训练

植物染色体核型分析。

---

1. 计数

在显微镜下观察统计 30 个以上细胞染色体数目,其中 85%以上的细胞具有恒定的染色体数目则可以认为是该个体的染色体数目。

2. 拍照

选取 5~10 个染色体分散良好的中期细胞,进行显微照相。

3. 测量

在计算机上,利用专业软件对染色体长度和长臂、短臂进行测量。

$$染色体的相对长度 = \frac{染色体的绝对长度 \times 100}{单倍体染色体总长度}$$

$$臂比 = \frac{染色体长臂}{染色体短臂}$$

$$着丝点指数 = \frac{短臂长}{染色体全长}$$

4. 染色体的类型分析

依据臂比，通常将染色体分为以下几种类型：臂比 1.0~1.7 为中间着丝粒染色体，用 M 表示；1.7~3.0 的染色体为亚中间着丝粒染色体，用 SM 表示；3.0~7.0 的染色体归为亚端部着丝粒染色体，用 ST 表示；臂比大于 7.0 的染色体归为端部着丝粒染色体，用 T 表示；用 SAT 代表具随体的染色体。计算染色体长度时，可以包括随体也可以不包括，但均要注明。

5. 配对

根据测量数据，即染色体相对长度、臂比、着丝点指数、次缢痕有无及位置、随体形状和大小等进行同源染色体的剪贴配对。

6. 排列

将照片打印后，用剪刀沿染色体边缘将每个染色体剪下，用目测法根据染色体长短和形态特征，进行同源染色体配对，再按一定顺序将一个细胞内的染色体进行排队和编号。一般以最长染色体编号为 1 号，以下按长短顺序排列。相同长度染色体按短臂长度排列，短臂长的在前。将染色体对从大到小，短臂向上，长臂向下，各染色体的着丝粒排在一条直线上，有特殊标记的染色体（如含有随体）以及性染色体等可单独排列。

7. 翻拍

完成上述步骤的染色体剪贴，可以通过翻拍或扫描成为染色体核型图。核型公式，即综合核型分析结果，将核型的主要特征以公式表示，如核型为 $2n=2x=20=10M+6SM+4ST$，表示有 5 个中部着丝点的染色体，3 个近中部着丝点的染色体，2 个近端部着丝点的染色体。

四、思考

（1）在实验中，为什么材料要选取新长出的根尖，是否可以直接用洋葱的鳞叶？为什么？

（2）在制作植物染色体制片时，除了根尖，还可以优选植物哪些部位作为观察材料？为什么？

（3）选取植物体不同部位的组织材料，其染色体特征是否相同？

（4）对洋葱、大蒜和蚕豆的核型进行比较分析，哪两种植物的相似性高？为什么？

五、实验报告

对洋葱和大蒜的核型进行分析，结果填入下表。

总长度：

编号	绝对长度/μm	相对长度	短臂	长臂	臂比	随体	类型
1							
2							
3							
4							
⋮							

参 考 文 献

曹慧娟. 1992. 植物学（第二版）. 北京：中国林业出版社
陈阜东. 1985. 植物简易实验观察. 北京：科学出版社
崔大方. 2010. 植物分类学. 北京：中国农业出版社
傅立国，陈潭清，郎楷永，等. 2000. 中国高等植物（第3卷）. 青岛：青岛出版社
傅立国，洪涛. 2000. 中国高等植物（第4卷）. 青岛：青岛出版社
高信曾. 1986. 植物学实验指导（形态、解剖部分）. 北京：高等教育出版社
金银根. 2007. 植物学实验与技术. 北京：科学出版社
李和平. 2009. 植物显微技术（第二版）. 北京：科学出版社
李景原，王太霞. 2007. 植物学实验技术. 北京：科学出版社
李名扬. 2004. 植物学. 北京：中国林业出版社
李树刚. 1995. 中国植物志（第四十一卷）. 北京：科学出版社
李扬汉. 1984. 植物学. 上海：上海科学技术出版社
李正理. 1996. 植物组织制片学. 北京：北京大学出版社
刘穆. 2010. 种子植物形态解剖学导论. 北京：科学出版社
陆时万，徐祥生，沈敏健. 1991. 植物学（第二版，上册）. 北京：高等教育出版社
毛子军，王秀华，穆丽蔷，等. 2001. 黑龙江省植物志（第8卷）. 哈尔滨：东北林业大学出版社
强胜. 2006. 植物学. 北京：高等教育出版社
曲秀春，马玉心，马书荣，等. 2002. 黑龙江省植物志（第10卷）. 哈尔滨：东北林业大学出版社
沈显生，尹路明，周忠泽. 2010. 植物生物学实验（第二版）. 合肥：中国科学技术大学出版社
石福臣. 2003. 黑龙江省植物志（第7卷）. 哈尔滨：东北林业大学出版社
汪发缵，唐进. 1980. 中国植物志（第十四卷）. 北京：科学出版社
汪小凡. 2007. 植物生物学实验（第二版）. 北京：高等教育出版社
王明书，孙敏，白志川. 2003. 结构植物学实验指导. 重庆：西南师范大学出版社
王幼芳，李宏庆，马炜梁. 2007. 植物学实验指导. 北京：高等教育出版社
王战，方振富. 1984. 中国植物志（第20卷）. 北京：科学出版社
吴国芳，冯志坚，马炜梁，等. 1992. 植物学（第二版，下册）. 北京：高等教育出版社
吴相钰，陈守良，葛明德. 2009. 陈阅增普通生物学（第三版）. 北京：高等教育出版社
谢国文，张美萍，丁春邦. 2003. 植物学实验实习指导. 北京：中国科学文化出版社
许鸿川. 2003. 植物学实验技术. 北京：中国林业出版社
杨继. 2000. 植物生物学实验. 北京：高等教育出版社
杨世杰. 2000. 植物生物学. 北京：科学出版社
姚家玲. 2009. 植物学实验（第二版）. 北京：高等教育出版社
叶庆华，曾定，陈振端，等. 2005. 植物生物学（修订版）. 厦门：厦门大学出版社
袁明，胡超. 2006. 植物学实验指导. 成都：四川科学技术出版社
袁晓颖. 1993. 黑龙江省植物志（第11卷）. 哈尔滨：东北林业大学出版社
张彪，淮虎银，金银根. 2002. 植物分类学实验. 南京：东南大学出版社
张贵一，袁晓颖，陆兆华，等. 1998. 黑龙江省植物志（第9卷）. 哈尔滨：东北林业大学出版社
张丽兵. 2007. 国际植物命名法规. 北京：科学出版社
赵桂仿. 2009. 植物学. 北京：科学出版社
郑湘如，王丽. 2007. 植物学（第二版）. 北京：中国农业大学出版社
中国科学院植物研究所. 1972. 高等植物图鉴（第1~5册）. 北京：科学出版社
中国科学院中国植物志编辑委员会. 1979. 中国植物志（第27卷）. 北京：科学出版社
周仪. 2000. 植物形态解剖实验（第三版）. 北京：北京师范大学出版社
周以良，聂绍荃，祖元刚. 1998. 黑龙江省植物志（第6卷）. 哈尔滨：东北林业大学出版社

周以良. 1992. 黑龙江省植物志（第4~5卷）. 哈尔滨：东北林业大学出版社
周云龙. 2011. 植物生物学（第三版）. 北京：高等教育出版社
Mauseth J D. 2008. Botany: An Introduction to Plant Biology (4th ed). Sudbury: Jones & Bartlett Publishers
Stern K R. 2006. Introductory Plant Biology (10th ed). New York: McGraw-Hill Higher Education

附　录

- 附录一　石蜡切片技术
- 附录二　冰冻切片技术
- 附录三　电子显微镜制片技术
- 附录四　研究用生物显微镜
- 附录五　原色标本的采集、制作与保存
- 附录六　浸制标本的采集、制作与保存
- 附录七　国际植物命名法规简介
- 附录八　植物实验常用试剂的配制

附录一

石蜡切片技术

石蜡切片技术是植物显微技术上最重要最常用的一种方法，优点在于应用范围广，几乎适用于所有的植物材料；能切成极薄而且连续的切片，较清楚地显现细胞、组织的细微结构；切片可以长期保存，便于以后观察比较。因此，这项技术自18世纪创建以来，在植物细胞、组织研究史上发挥了重要作用，并且在今后仍将作为一项常规技术而发挥作用。

石蜡切片技术的整个过程较复杂，可大体概括为：取材→固定→脱水→透明→浸蜡→包埋→修块→切片→粘片→染色→制片。

（一）取材

根据观察研究的目的不同，选用合适的材料。

（二）固定

用一定的化学溶液（固定剂）在尽可能保持细胞生活结构的情况下迅速杀死组织的过程，称为固定。材料选定后，应迅速进行固定。

固定时应根据材料的性质及制片目的选用固定液，常用的固定剂有FAA、卡诺和纳瓦固定液。要根据材料大小和多少掌握固定液的用量，一般最少为所固定材料总体积的20倍。某些含水量大的材料，应多换几次固定液，以保证固定液维持一定的浓度。对所固定材料大小一般要求以不超过0.5～1 cm为宜，尽量做到小而薄，并且用锋利的刀片截取。材料放入固定液后，最好是四面都接触药液，以保证固定液迅速浸入。因此，若材料太重而紧压瓶底时，可以在材料下面垫上玻璃棉；若材料漂浮在固定液表面，则应进行抽气处理或用其他机械处理办法，直至材料全部浸入固定液。另外，严格掌握固定的时间，要视材料的种类、性质、大小和固定剂的种类而定，可从1～2 h到十几小时甚至更长的时间，固定完毕的材料，若不能立即制片，可放到70%乙醇中存放。

（三）脱水

脱水是指用脱水剂逐级除去材料中的水分，是制片中十分关键的环节。脱水的目的在于使材料变硬，形状愈加稳定，利于材料的保存和后续的透明、透蜡等操作，因为透明剂不能与水混合。常用的脱水剂为乙醇，所用量为材料体积的3～5倍。

脱水应逐级进行，否则会引起材料的强烈收缩而变形。一般把脱水剂配成各种浓度，自低浓度到高浓度循序渐进，逐渐使材料中所含水分被脱水剂所取代。各级乙醇的浓度为30%、50%、70%、85%、95%和纯乙醇。

（四）透明

将纯乙醇中的材料用1/2纯乙醇和1/2二甲苯混合液处理2～3 h，转入纯二甲苯中，每次 1 h，共处理 2 次，以便把材料中的乙醇除净，并使材料块透明，便于石蜡渗透到材料块中。

（五）浸蜡

使石蜡慢慢溶于透明剂中，然后完全取代透明剂进入材料中，将上述已透明好的材料换入新的二甲苯中，然后加入等体积的碎蜡，置于 40℃ 的温箱中。随着碎蜡的熔解，不断加入碎蜡直至石蜡饱和为止，时间需 1～2 天。

（六）包埋

把透足石蜡的材料包埋在石蜡里成为一定的形状以便切片。浸蜡后，在 60℃ 的温箱中，换两次已熔解的纯蜡，每次约 2 h。包埋之前，先准备好包埋用具，一般需要镊子、酒精灯、火柴、一盆冷水及包埋用的纸盒，包埋时将熔化的石蜡倒入纸盒中，迅速用烧热的镊子把材料放入并按需要的切面和一定的间隔排列整齐，然后平放入冷水中，使其快速凝固。包埋好的材料（石蜡块），可长期存放在 4℃ 冰箱中，备切片用。

（七）修块

将包埋好的材料切割成小块，每个小块包含一个材料，然后按需要的切面将蜡块切成梯形，切面在梯形的上部（注意上部矩形的对边平行），用烧热的蜡铲将梯形的底部固定在木块上。

（八）切片

把包埋好的材料块用轮转式切片机切成连续的蜡带。切片时，将材料夹在切片机的固定位置上，调整材料切面与切片刀口平行，根据观察的要求调节好所需要的厚度，转动切片机进行切片。切片过程中往往会出现各种问题，需要分析原因，及时纠正。

（九）粘片

粘片即将切好的蜡片粘在载玻片上的过程。首先在预先洗净并干燥的载玻片上涂上一小滴粘贴剂（用量绝不可多），用手指反复涂匀，然后加 1～2 滴 3% 福尔马林或蒸馏水，用镊子轻轻将蜡片放在液面上，将此载玻片放在 45℃ 左右的温台上，至蜡片受热慢慢伸直展平为止，用解剖针调整蜡片在载玻片上的位置，吸去多余水分，置入 30℃ 温箱中烘干，时间约需 24 h。若大量切片时，可采用温水捞取法，先将割开的蜡片放入 40℃ 左右水浴锅水浴，蜡片便自然展平，然后用涂有粘贴剂的载玻片捞取，调好位置并进行干燥处理。

（十）染色制片

切片贴好烘干后可进行染色，采用何种染色方法可根据观察目的不同而选择。染色方法很多，下面以植物制片中最常用的番红与固绿复染的方法为例，说明从去蜡、染色至最后封藏的全部制片程序（均在染缸中进行）。

1. 脱蜡

取已干燥好的载玻片放入二甲苯中脱蜡，使石蜡完全溶解，约 10 min。

2. 过渡

转到 1/2 二甲苯和 1/2 纯乙醇的混合液中过渡约 5 min。

3. 水化

脱去蜡的切片依次浸入纯乙醇→95％→85％→70％→50％→30％乙醇中各 1~2 min，最后浸入蒸馏水。

4. 番红染色

置 0.5％~1％番红水液中染色 2~24 h。

5. 冲洗

用蒸馏水（或自来水）洗去多余的染液。

6. 脱水

依次用 30％、50％和 70％的乙醇处理约 30 min。

7. 固绿复染

用 0.1％的固绿乙醇染液复染 10~40 s。

8. 继续脱水

用 95％乙醇和纯乙醇两次彻底脱水，每次 30~60 s。

9. 透明

用纯乙醇和二甲苯各半的混合液处理 5 min，再用纯二甲苯浸 5 min，使材料完全透明。

10. 封固

把切片从二甲苯中取出后，立即取一滴用二甲苯溶解的加拿大树胶或中性合成树胶，滴在材料上，盖上盖玻片（注意不能加过多胶液，尽量避免其产生气泡），然后载玻片放在 30~35℃恒温箱中烘干。

附录二

冰冻切片技术

借助冰冻切片机的冷却系统,利用液氮或冷冻剂使生物样品迅速冰冻,达到一定硬度后切片的方法称为冰冻切片法。冰冻切片法可以直接对新鲜活体材料制样,由于不经过化学药品或加热处理,样品中不稳定的物质不受损失,而且制片快捷,近年来在动物、植物的原位杂交、免疫组织化学鉴定时的生物组织样品制片中发挥了重要作用,此法也可用于常规组织样品的制片,但冰冻制片难以得到连续性切片,植物组织形态结构较易破坏,制片也不易长期保存。

(一) 冰冻切片机开机

在实验前 2 h(或 1 天)开机,设置好恒冷箱和样品冷却系统的温度($-25\sim-15$ ℃),安装好不锈钢刀片。

(二) 取材

根据实验目的取样,样品大小不要超过 1 cm×1 cm×0.3 cm,新鲜样品可直接用于切片,也可用 FAA 等固定液固定后再切片。

(三) 冷冻

先在样品托上滴加 OTC 包埋剂(可用 1∶1 的蒸馏水和胶水替代),放入恒冷箱中预冷 5 min,取出样品托,将待切样品固定在预冷后的包埋剂里,再在材料上滴加包埋剂,使材料完全被浸没,再将已包埋样品的样品托放到冷冻台上冷冻,在即将完全冷透前用热交换装置压平、压实。

(四) 修块

用预冷的刀片把样品修成表面光滑的方形或梯形。

(五) 切片

将冰冻好的样品托固定在样品头上,调整材料与刀片的位置,打开摇手柄锁,摇动旋转手轮进行切片。

(六) 展片

直接使载玻片以合适的角度靠近切片刀,被冰冻的材料可直接展开在载玻片上,对于容易发生卷片的材料,可滴加蒸馏水进行展片。

（七）染色

将切片置于显微镜下观察，挑选形态结构完整的切片作相应染色处理后再镜检观察，如果做原位杂交或组织化学鉴定，则按其程序操作。

附录三

电子显微镜制片技术

利用波长极短的电子束为光源的一类显微镜称为电子显微镜（简称电镜）。目前电镜有很多种，如透射电镜、扫描电镜、高压电镜和分析电镜等。植物学研究中常用透射电镜和扫描电镜。

（一）透射电镜超薄切片技术

目前一般称呼的电镜实际上是指透射电镜，透射电镜是最常用、最典型、图像质量最好的电镜。透射电镜是利用电子枪产生电子，入射的电子在几十至几百千伏加速电压作用下，经聚光镜聚焦成束，以较高速度投射到很薄的样品上，并在与样品中的原子发生碰撞时，改变方向，产生立体角发散，散射角的大小与样品的密度和厚度有关。质量、厚度越大者，电子散射角也越大，通过的电子被样品后面小孔光栅挡住的就越多，成像的亮度较暗；质量、厚度较小者，电子散射角也较小，穿过光栏的电子较强，则成像的亮度较大。因此对于不同质量、厚度的物质，在荧光屏上就形成明暗不同的黑白影像。由于电子波比光波短，大大提高了分辨率，目前可以制造出分辨率达 $0.1\sim0.2$ nm、放大倍数 100 万倍的透射电镜，可用于观察生物样品的超微结构。

超薄切片技术是为透射电镜观察提供薄样品的专门技术，它是生物学中研究细胞、组织超微结构最常用的技术。一般厚度为 $10\sim100$ nm 的切片称为超薄切片，制作这种切片的技术，叫做超薄切片技术。超薄切片的制作过程一般与光学显微镜的石蜡切片过程基本相似，也包括取材、固定、脱水、渗透、包埋、切片和染色等几个环节。不过，超薄切片操作过程更为细致与复杂，要求更严格，而且所用的试剂及配制方法也有所不同。现将其主要步骤分述如下。

1. 取材

为了确保观察结果的正确性，植物的组织、细胞在取材时要迅速，尽量保持其正常的生活状态，组织离开活体后尽快放入 4℃ 预冷的戊二醛固定液中保存。由于 2.5% 的戊二醛固定液对组织的平均渗透深度为 0.6 mm，因此样品块要小，大小应在 1 mm³ 范围内。

2. 固定

固定是电子显微镜样品制备中最重要的一个环节，其目的是迅速杀死细胞，保持细胞的原有形态结构和化学成分的活性。一般采用双重固定法，即先用戊二醛进行前固定，然后再用锇酸进行后固定，两次固定之间要进行漂洗。将样品投入预冷的 2.5% 的戊二醛溶液中，4℃ 条件下固定 3 h，植物样品前固定最多不超过 3 天，将经过前固定的材料用 0.2 mol/L 的 PBS 漂洗 3 次，每次 10 min，然后转入 1%OsO_4 固定液，4℃ 条件下固定 $1\sim2$ h。

3. 脱水

用脱水剂将组织、细胞内的游离水除去，以利于包埋剂均匀地渗透到组织与细胞内。将经过固定的材料用 0.2 mol/L 的 PBS 漂洗 3 次，每次 10 min。脱水的一般程序为 30％、50％、70％、80％的丙酮各 10 min 逐级脱水，转入 95％丙酮 15 min，100％ 丙酮 2 次，各 15 min。常用脱水剂还有乙醇和环氧丙烷。

4. 渗透

在室温或 37℃条件下将样品置入 3∶1 的丙酮和环氧树脂 Epon812 包埋剂的混合液 10～30 min，1∶1 的丙酮和环氧树脂 Epon812 包埋剂的混合液 30～60 min，1∶3 的丙酮和环氧树脂 Epon812 包埋剂的混合液 1～2 h 或过夜，纯包埋剂 2～5 h 或过夜。

5. 包埋

在包埋模具内滴加一滴包埋剂，把样品置入并使之定位于合适的位置，缓缓注入包埋剂，然后放入烤箱进行聚合，使包埋剂固化。控温和时间依次为：37℃，12 h；45℃，12 h；60℃，12 h。

6. 制刀

用制刀机制作锋利的玻璃刀，制成后，必须用解剖镜或暗视野显微镜检查，要求刀刃平直、锐利无毛刺。

7. 修块

用刀切去多余的环氧树脂，使组织平面暴露，经过粗修，将包埋块修整合适。

8. 切片

在刀的斜面上用橡皮膏粘一刀槽，放入蒸馏水，固定于超薄切片机的刀架上，将包埋块固定于超薄切片机的样本台上，然后切制 0.5～1 μm 的半薄切片，用以定位、筛选和进行光镜、电镜比较研究。定位后再细修组织块后，即可切制成超薄切片，超薄切片的厚度为 50～100 nm，要求没有刀痕和震颤而得到平整均匀的切片。用具有支持膜的铜网在刀槽内水面上与漂浮而分离出的切片相贴，轻轻提起，切片即沾在铜网的支持膜上，干燥后即可染色。常用支持膜为 Formwarmvar 膜、火棉胶膜、碳膜。

9. 染色

把一张滤纸平铺在培养皿底部，用配制染剂的溶液将其润湿，上面放一小片干净牙科蜡，滴加 1％～3％醋酸双氧铀水溶液于蜡块上，将欲染载网浮在液滴上，切片朝下，盖上盖子，染色 20～30 min，用镊子将载网浸入清洗液中，清洗 3 次，然后用同样的方法用柠檬酸铅染色，染毕，用 0.02 mol/L NaOH 和无 CO_2 蒸馏水连续冲洗以除去载网上多余染液，载网清洗后置于培养皿的滤纸上干燥。

（二）扫描电镜的标本制备

扫描电镜也是利用电子枪产生电子，使电子束在样品表面扫描，并与样品中的原子相互作用产生二次电子信号，信号大小因样品表面的形状而异，经过收集、放大，在荧光屏上形成标本的表面图像。目前一般扫描电镜的分辨率为 6～10 nm，主要用于观察样品表面和断面的超微结构。

1. 取材与固定

良好的固定可提高样品表面耐真空、耐电子轰击的能力。扫描电镜所用的固定液的种类与超薄切片样品固定时所用固定液类似，可用 1％～3％戊二醛和 1％锇酸先后 2 次固定，固定时间因组织块的大小而定。

2. 清洗

固定后用 0.1mol/L，pH7.2 的 PBS（蒸馏水也可）洗去表面的固定液。

3. 脱水

用 30%、50%、70%、80%、95%、100%系列乙醇脱水,样品在每一种浓度的脱水剂中停留时间的长短要根据样品的大小而定,一般为 10~20 min。

4. 乙酸异戊酯置换

经纯乙醇两次脱水后的标本,放入乙醇:乙酸异戊酯比例分别为 3:1、2:1、1:1 和纯乙酸异戊酯中逐步过渡,置换掉乙醇,每步 30 min。

5. 临界点干燥

临界点干燥法是利用临界状态下液态表面张力消失,在干燥过程中不致对样品产生破坏,干燥时,将浸入乙酸异戊酯的标本取出放入样品笼,再送入临界点干燥仪的封闭标本室内干燥。

6. 样品的镀膜

将干燥后的标本用导电的双面胶粘在样品托上,待导电胶干燥后进行金属镀膜。生物材料表面在电镜观察前必须进行金属镀膜以提高样品表面的导电性。镀膜时,将样品托放入离子镀膜仪中,当真空达到 0.7~1.3Pa 时,在两极间产生离子溅射,溅射出的金属原子与气体分子碰撞后,从各个方向落在样品上,在表面形成一层连续而均匀的导电层,当电流为 6~8 mA 时,约 2 min 便可得到 10 nm 厚的金属导电层,镀膜完毕。

7. 扫描镜观察

镀膜后的样品即可在扫描电镜下观察与摄片,如果样品暂时不用,应保存在干燥器中。

附录四

研究用生物显微镜

显微镜是研究植物显微结构的必备设备和精密仪器。根据照明方式可将显微镜分为光学显微镜和电子显微镜两大类。光学显微镜通常由光学部分、照明部分和机械部分组成。目前光学显微镜的种类很多，植物学研究中常用的主要有普通光学显微镜、体视显微镜、暗视野显微镜、荧光显微镜、相差显微镜、激光共聚焦扫描显微镜、偏光显微镜、微分干涉差显微镜、倒置显微镜等。

（一）普通光学显微镜

显微镜的作用是将观察的微小样品放大到人眼能够分辨的大小，因此显微镜分辨率是衡量显微镜物镜性能的重要技术指标。普通光学显微镜分辨极限为 $0.2~\mu m$ 左右，有效放大倍数为 1250 倍左右，其构造和使用见本书实验一。

（二）体视显微镜

体视显微镜又称实体显微镜或解剖镜，是一种具有正像立体感的目视显微镜。利用解剖显微镜观察时，进入两眼的光各来自一个独立的路径，这两个路径之间有一个小小的角度，因此在观察时样品可以呈现立体的样貌。利用解剖显微镜观察时，通常光线从物体斜上方照射（反射光源）在标本上，因而观察的是标本的表面。有些体视显微镜下方还装有灯泡（透射光源），光线可以透过标本进入镜头。体视显微镜的焦点深度较大，可放置比较大的样品，如茎、叶、花、果实等植物器官，可供观察者进行显微镜下的操作和解剖。体视显微镜的构造和使用见本书实验二。

（三）暗视野显微镜

暗视野显微镜通过特殊的暗视野聚光镜，使照射光的照明局限于标本而不能进入物镜，无物体时，视野黑暗，当有物体时，样品表面反射或所衍射的散射光进入物镜，因而在黑暗的视场中形成明亮的像。在暗视野观察物体，照明光大部分被折回，由于物体（标本）所在的位置、结构和厚度不同，光的散射性、折光性等都有很大的变化。暗视野显微镜主要用于观察未染色的活体或细胞的形态，如观察精细胞、活体微生物，与荧光显微镜配合可以提高分辨率。

（四）相差显微镜

相差显微镜是利用物体不同结构成分之间的折射率和厚度的差别，把通过物体不同部分的光程差转变为振幅（光强度）的差别，经过带有环状光阑的聚光镜和带有相位片的相差物镜实现观测的显微镜。在构造上，相差显微镜有 4 个不同于普通光学显微镜的特殊之处：

①环形光阑，位于光源与聚光器之间，作用是使透过聚光器的光线形成空心光锥，聚焦到标本上；②相位板，在物镜中加了涂有氟化镁的相位板，可将直射光或衍射光的相位推迟 $1/4\lambda$；③合轴调节望远镜，用于调节环状光阑的像与相板共轭面完全吻合；④绿色滤光片，缩小照明光线波长范围，减少由于照明光线的波长不同引起的相位变化。

把透过标本的可见光的光程差变成振幅差，从而提高了各种结构间的对比度，使各种结构变得清晰可见。可用来观察无色透明的活细胞或没有染色的细胞制片，可清楚地分辨细胞的形态及细胞内的细节。有时也可用于观察缺少反差的染色样品，能增加反差，提高分辨率和立体感。

（五）偏光显微镜

偏光显微镜是一种以偏振光（仅向一个方向振动的光束）为光源的显微镜。比普通显微镜多了两个尼科尔棱镜，一个装在聚光器下，称为偏光器，另一个装在物镜和目镜之间，称为检光器，两个棱镜的镜面垂直相交。凡具有双折射的物质，在偏光显微镜下就能分辨清楚，主要用于观察检测透明与不透明各向异性材料的物质形态结构，如细胞壁、染色体、纺锤丝、淀粉粒及各种晶体等。

（六）微分干涉差显微镜

微分干涉差显微镜又称 Nomarski 相差显微镜（Nomark contrast microscope）。微分干涉差显微镜利用的是偏振光，有 4 个特殊的光学组件：偏振器（polarizer）、微分干涉差显微镜棱镜、微分干涉差显微镜滑行器和检偏器（analyzer）。微分干涉差显微镜利用偏光干涉原理，可使观察的图像呈现出浮雕立体感，主要用于观察无色透明或活体标本，形态逼真，与相差显微镜相比，可观察更厚的标本，图像的立体感更强。微分干涉差显微镜使细胞的结构，特别是一些较大的细胞器，如核、线粒体等，立体感特别强，适合于显微操作，目前像基因注入、核移植、转基因等的显微操作常在这种显微镜下进行。

（七）倒置显微镜

倒置显微镜与普通正置光学显微镜的结构相反，照明系统位于载物台的上方，物镜位于载物台的下方，这样加长了放置样品的高度，可以直接放置培养皿、培养瓶等容器，用来观察培养中的活体细胞组织的生长情况。一般倒置显微镜多用于组织培养瓶和培养皿直接放在载物台上，进行不染色新鲜标本及活体、细胞的形态、数量和动态显微观察。

倒置显微镜可以选配各种附属装置作多种用途使用，如装配偏振光、微分干涉差、荧光附件等。有的倒置显微镜具有自动恒温台和有机玻璃罩，可以在恒温条件下对培养的活体组织和细胞进行较长时间的定点观察和照相，还可以安装显微摄影或摄像机，拍摄缩时电影或录像，将发生在较长时间内不易观察的微观生命活动现象（如细胞分裂、生长、微生物运动等过程）真实地记录下来，为动态生物学研究提供了良好工具。另外，倒置显微镜还是显微操作的基础平台。在倒置显微镜上，配置显微操作器可以进行各种活细胞应用实验，如显微注射、细胞培养、显微切割等。

（八）电视显微镜

在显微镜上安装摄像头，通过电视转换装置与电视机联系起来，将显微镜下样品的物像转换到电视机的荧光屏上。在植物学教学和讨论中使用效果良好。

（九）万能显微镜

大型多用途、附件齐全、光学部件联机使用的显微镜。利用同一机体（显微镜机械部分）根据需要安装不同显微镜附件（光学系统部分），具有包括明场、暗场、相差、偏光、微分干涉差和荧光显微术的观察及显微摄影等功能。

（十）荧光显微镜

利用一定波长的紫外光或波长较短的蓝紫光使样品受到激发，产生不同颜色的荧光，用来观察和分析样品中的某些物质及其性质。荧光可以分为自发荧光和继发荧光。自发荧光也称原发荧光，它是由一定物质在激发光下自身所产生的荧光，如植物体中的叶绿素在激发下会显示红色荧光，绿色荧光蛋白（GFP）显示绿色荧光。继发荧光是由已经被结合到标本成分中的具有荧光性的物质所产生的荧光，如花粉管的胼胝质经苯胺蓝染色后，可以发出黄绿色荧光。用于荧光显微镜观察的大多数生物学标本都是利用继发荧光，即利用一些荧光染料特异性检测生物体的结构或物质。

荧光显微镜成像对比强烈、色彩鲜艳、分辨率高，可以观察到普通显微镜不可见的物质（如 DNA/RNA 等分子）的分布情况，在生物学研究中广泛应用于细胞生物学、免疫学和基因芯片技术等方面。

（十一）激光共聚焦扫描显微镜

与传统的光学显微镜相比，激光共聚焦扫描显微镜能产生真正具有三维清晰度的图像，是新一代的微观研究工具。具有以下特点：焦平面以外的光线不被记录，因此不会导致图像模糊，即具有"光学切片"（optical sectioning）特点；可以按照 X/Y 及 Z 轴方向沿着光轴对样品进行扫描；能够记录三维数据，并在计算机上通过图像处理方法，使光学切片图像叠加，形成真正的三维图像。激光共聚焦扫描显微镜的主要设备包括：功率足够并能产生正确波长的激光光源；用以移动照射光束通过物体的扫描器；高灵敏度的光信号检测器；研究型荧光显微镜；存储和处理图像数据的计算机系统。

通过激光扫描共聚焦显微镜，可以对观察样品进行光学断层扫描，得到细胞或组织内部微细结构的荧光图像。因此，可以无损伤的观察和分析细胞的三维空间结构，观察细胞的形态变化或生理功能的改变。同时，激光扫描共聚焦显微镜也是活细胞的动态观察、多重免疫荧光标记和离子荧光标记观察的有力研究工具，在形态学、分子细胞生物学、神经科学、药理学和遗传学等领域中得到广泛应用。

附录五

原色标本的采集、制作与保存

采集与制作植物标本是进行教学、科研、资源调查及学术交流不可缺少的技能与环节，采集一套完整的标本，是其他形式不可代替的重要资料。因此，学习并掌握植物标本采集、制作和保存的整套工作方法和基本技能十分重要。

（一）标本采集方法

1. 标本采集的时间和地点

各种植物生长发育的时期有长有短，因此，需要在不同的季节和不同的时间进行采集，才能得到各类不同时期的标本。

采集的地点也很重要。在不同的环境里有不同的植物生长，在向阳山坡上见到的植物，阴坡上一般见不到。在低山和平原植物的种类相对较简单，但随着海拔的增加，地形变的复杂，植物的种类也比平原丰富。

因此，采集植物标本时，必须根据采集的目的和要求，确定采集的时间和地点，这样才可能采集到需要的和不同类群的植物标本。

2. 采集完整的标本，保持形态特征的完整性

应选择生长正常、无病虫害、具典型特征的植株。保留花、果（裸子植物有球花、球果）及种子。

3. 种子植物标本的采集

方法参照本书腊叶标本的制作。

4. 蕨类植物标本的采集法

蕨类植物的分类依据是孢子囊群的构造、排列方式、叶的形态和根茎特点等，所以要采全株，包括带着孢子囊的叶和地下的根状茎。如果植株太大，可以采叶片的一部分（但在带尖端、中脉和一侧的一段），叶柄基部和部分根状茎，同时认真记录植物的实际高度、阔度、裂片数目及叶柄长度。

5. 苔藓植物标本的采集法

苔藓植物用孢子繁殖，采集时，要力求采到生有孢子囊的植株；如果有长在地面上的匍匐主茎，也一定要采下来。苔藓植物常长在树干、树枝上，就需要连树枝、树皮一起采下。苔藓植物有的单生，有的几种混生，应尽力做到每一种做成一份标本，分别采集，分别编号。孢子囊没有成熟的、精子器和颈卵器没有长成的标本也应适量采一些，这对研究形态发育是有用的。标本采好后，要分别用纸包好，放在软纸匣，不要压，保持它们的自然状态。

6. 生态照片

拍数张该植物的全形照片，进一步了解生境，弥补标本的不足。

7. 野外采集记录

标本的采集记录是重要的档案材料，对于标本的鉴定和研究有很大的帮助，应作长期的保存。野外采集必须具有现场记录，记录内容有专门的记录本可按其格式填写，种子植物记录格式见表 20-1，苔藓植物记录格式见附表 5-1。

附表 5-1　苔藓植物标本采集记录

苔藓植物标本采集记录

编号＿＿＿＿＿＿＿＿＿时间＿＿＿＿＿＿＿＿＿采集人＿＿＿＿＿＿＿＿＿

地点＿＿＿＿＿＿＿＿＿＿＿＿＿＿＿＿海拔＿＿＿＿＿＿＿＿＿＿＿＿＿＿＿

生境　　林下（林型及主要树种）＿＿＿＿＿＿＿＿＿＿＿＿＿＿＿＿＿＿＿

　　　　林缘＿＿＿＿＿＿　草地＿＿＿＿＿＿　土坡＿＿＿＿＿＿

　　　　岩面＿＿＿＿＿＿　洞穴＿＿＿＿＿＿　水中＿＿＿＿＿＿

基质　　花岗岩＿＿＿＿　砂岩＿＿＿＿　风化页岩＿＿＿＿　石隙＿＿＿＿

　　　　石灰岩＿＿＿＿　玄武岩＿＿＿＿　黏土＿＿＿＿　砂土＿＿＿＿

　　　　钙质土＿＿＿＿　土壤＿＿＿＿　土壁＿＿＿＿　岩石薄土＿＿＿＿

　　　　腐殖质＿＿＿＿　附生（树名）＿＿＿＿＿＿＿＿＿＿

生活型　漂浮＿＿＿＿　固着＿＿＿＿　附着＿＿＿＿　悬垂＿＿＿＿

群落情况　优势＿＿＿＿　片状＿＿＿＿　稀疏＿＿＿＿　夹杂＿＿＿＿

光照条件　林荫＿＿＿＿　洞穴＿＿＿＿　散光＿＿＿＿　直射光＿＿＿＿

水温条件　静水＿＿＿＿　流水＿＿＿＿　沼泽＿＿＿＿　湿润＿＿＿＿

　　　　滴水＿＿＿＿　多云雾＿＿＿＿　干燥＿＿＿＿

配子体　鲜绿＿＿＿　黄绿＿＿＿　灰绿＿＿＿　白＿＿＿　金黄＿＿＿

　　　　红＿＿＿　紫＿＿＿　黑＿＿＿　有光泽＿＿＿

　　　　纤细＿＿＿＿　粗壮＿＿＿＿　扁平＿＿＿＿

生殖器　雌＿＿＿　雄＿＿＿　未成熟＿＿＿　成熟＿＿＿

　　　　老＿＿＿　脱＿＿＿　芽孢＿＿＿

孢子　蒴萼＿＿＿　蒴帽＿＿＿　孢蒴＿＿＿　成熟＿＿＿　幼小＿＿＿

俗名＿＿＿＿＿＿＿＿＿＿＿＿＿＿＿＿＿＿＿＿＿＿＿＿＿＿＿＿＿＿＿＿

学名＿＿＿＿＿＿＿＿＿＿＿＿＿＿＿＿＿＿＿＿＿＿＿＿＿＿＿＿＿＿＿＿

拉丁名＿＿＿＿＿＿＿＿＿＿＿＿＿＿＿＿＿＿＿＿＿＿＿＿＿＿＿＿＿＿＿

（二）原色非立体标本制作与保存

将硅胶粉碎成粉末状（或半截米粒状），均匀地撒在涂有乳白胶的标本纸（30 cm×20 cm的瓦楞纸板）上，去掉多余硅胶，放入烘箱内烘干备用（硅胶变色即可）。

制作时，将采好的标本或花朵（不同种类的花朵做好标记）摆在涂有硅胶的标本纸上，其上放一张吸水纸，再放一张涂有硅胶的瓦楞纸。用木板压在其上或用绳子捆紧，放入烘箱内烘烤，半天或一天即成。该瓦楞纸可反复使用。

（三）原色立体标本制作与保存

取带有花的植物枝叶装入容器里，用粒度为20~50目的硅胶颗粒将其全部埋没，10天左右标本干透，也可放入40℃左右烘箱中烘干，即可从硅胶中取出，立即密封到盛有少量干燥剂的标本瓶中长期保存，也可将标本封铸到无色透明的人工合成高分子材料中保存，无论哪种保存方法都不能受日光暴晒。

在条件许可的情况下，也可用石灰、烘干去掉杂质的细锯末等作为干燥剂。

附录六

浸制标本的采集、制作与保存

植物浸制标本,不仅在教学科研中有很重要的作用,而且在标本陈列、展示和艺术观赏等方面也有重要的价值。不宜压制的果实、花及含水分高的枝叶或地下部分(如块茎、球茎等)可制作成浸制标本。

(一) 标本采集与整理

采集具有代表性无病虫害的标本,要求标本必须具有花、果实、种子。认真填写好野外采集记录,将标本放在采集箱或采集袋中带回实验室备用。

将标本整理好后,用自来水冲洗干净,剪去残枝或多余的枝、叶、花、果实等待用。

(二) 浸制标本的制作与保存

1. 普通标本浸制

目的主要在防腐。将标本清洗整理后浸泡入70%乙醇溶液或5%~10%甲醛溶液中长期保存。此法方便简单,但标本易褪色,解剖观察结构的标本多用此法保存。

2. 绿色标本浸制

(1) 硫酸铜溶液处理:将绿色标本洗净整理后,投入5%硫酸铜水溶液浸泡,标本颜色由绿色—黄色—绿色即可,时间1~14天。将标本漂洗干净放入0.2%~1%亚硫酸液中保存。

(2) 醋酸铜溶液处理:用100 ml 5%乙酸溶液,加进研成粉末的醋酸铜6 g配成饱和原液,原液1份加水4份,加热至70~80℃,将植物放入3~10 min,翻动,由黄色转为绿色即可。将标本漂洗干净放入0.2%~1%亚硫酸液中保存。

3. 白色标本浸制

(1) 将白色标本洗净整理后,放入5%乙酸铜溶液中浸泡1~3天,然后放入0.5%亚硫酸+0.5%甘油的保存液中保存。

(2) 某些球茎等,先放入3%~5%亚硫酸溶液中处理7天左右,再放入1%~4%的亚硫酸液中保存,也可直接放入1~4%亚硫酸液中保存。

(3) 氯化锌22.5 g,溶于630 ml蒸馏水,搅拌使其溶解,再加入85%乙醇90 ml,取其澄清液做保存液。将洗净的果实等投入此液保存。

4. 红色标本浸制

(1) 用1%的甲醛和0.8%硼酸制成混合液,将植物放入,待红色转为褐色时取出,时间一般1~3天,处理后转入0.2%~1%亚硫酸+0.2%硼酸混合液中保存。

(2) 瓜类、辣椒等用5%硫酸铜溶液处理1~2周,由红色转为褐色后取出,漂洗后放入1%~2%亚硫酸+0.5%甘油液内保存。

5. 黄色标本浸制

（1）植物洗净整理后加入 5%硫酸铜溶液中处理 1～5 天，漂洗后放入 1%～2%亚硫酸液中保存。

（2）6%亚硫酸 268 ml，80%～90%乙醇 568 ml，水 450 ml，直接把要浸泡的材料放入此液中，便可长期保存。

6. 紫色标本浸制

（1）植物洗净整理后直接放入 20%福尔马林和 2%乙醇混合液保存。

（2）植物洗净整理后放入 2%～3%福尔马林和 3%饱和食盐溶液中处理 2～3 个月，然后放入 1%～2%福尔马林溶液中保存。

7. 黑色标本浸制

福尔马林 45 ml、95%乙醇 280 ml、蒸馏水 2000 ml 混合后，静置使其沉淀，取澄清液，将标本投入浸制保存。

8. 硫酸镁保鲜法

以不同浓度的硫酸镁，依次由低浓度到高浓度过渡，适合于各种颜色保鲜。

浸制标本配方很多，即使有成熟配方，也需要根据具体材料逐渐摸索，才能得到满意效果。

（三）封瓶口、贴标签

插上电炉插头，在电炉上放上石蜡锅，待石蜡熔解后，用毛笔蘸取石蜡沿着瓶盖边缘将石蜡浸入瓶口与瓶盖之间的空隙中。最后要在制作好的标本瓶外贴上标签，写明该种植物的科名、学名、采集人、采集号、采集地点和时间。在标签上也要涂上石蜡，以防标签脱落。

附录七

国际植物命名法规简介

植物种类繁多，在世界范围内，随着地域、民族的不同，对植物的命名不尽相同，常发生同物异名和同名异物现象，这些现象常常给科学研究和交流带来许多不便，因此，有必要给每一分类单位赋予一个植物学家们统一使用的科学名称（scientific name），即学名。1753年由瑞典植物学家林奈（Linnaeus）在其巨著《植物种志》（*Species Plantarum*）中首先提出双名法（binomial nomenclature），这标志着植物科学命名的诞生。1867年第一届国标植物学会议通过了第一个《国际植物命名法规》（International Code of Botanical Nomenclature，ICBN），后经多次国际植物学会讨论并修订，ICBN 为全世界采用统一的植物学命名提供了依据，是植物学家对植物命名所必须遵循的规章。下面对 ICBN 做简单介绍。

（一）植物命名的原则

（1）ICBN 的各种规则只针对植物各单位的命名（不含细菌）。
（2）分类群名称的应用由命名模式来决定。
（3）分类群的命名以最先合格发表的为准。
（4）除有特别规定外，任何分类群只能有一个正确名称，即最早的、符合各项规则的那个名称。
（5）不管其词源如何，分类群的学名均作为拉丁文处理。

（二）植物分类单位

在植物学上，任何一个植物个体均属于具有连续从属等级的分类群。任何等级的分类群均被称为分类单位（taxa）。基本的分类单位有界（regnum）、门（divisio 或 phylum）、纲（classis）、目（ordo）、科（familia）、属（genus）和种（species），其中明确规定了"种"是基本单位。除了一些化石植物外，任何一种植物都隶属于某属，该属隶属于某科，依此类推。各主要等级中还可以插入一些亚单位，如亚界（subregnum）、亚门（subdivisio）、亚纲（subclassis）、亚目（subordo）、亚科（subfamilia）、族（tribus）、亚族（subtribus）、亚属（subgenus）、组（sectio）、亚组（subsectio）、系（series）、亚系（subseries）、亚种（subspecies）、变种（varietas）、亚变种（subvarietas）、变型（forma）、亚变型（subforma）等。这些单位根据需要设立，只要不引起混乱，必要时还可以再添加亚分类单位。

（三）模式标本

科或科级以下的分类群的名称，都是由命名模式来决定的。命名模式是分类单位的名称所永久依附的那个分子，而不论该名称是否正确或是异名。例如，某个种的学名因不正确而被后人更改了，老学名的那份命名模式标本仍然是该新学名的命名模式标本。模式标本必须要永久保存，所以不能是活植物。模式标本有命名模式（nomenclatural type）、主模式（holotype）、后选模式（lectotype）、等模式（isotype）等多种类型标本。

1. 主模式标本（全模式标本、正模式标本）（holotype）

主模式标本是作者发表新分类群时据以命名、描述和绘图的那一份标本，或者是作者指定作为命名模式的那份标本。发表任何一个新种都有且只有一份主模式标本。

2. 等模式标本（同号模式标本、复模式标本）（isotype）

等模式标本是指同一采集者在同一地点、同一时间、同一植株上所制成的与模式标本同一编号的复份标本，等模式标本也只能是一份标本。

3. 合模式标本（等值模式标本）（syntype）

作者在发表一分类群时未曾指定主模式而引证了 2 个以上的标本或被作者指定为模式标本，其数在 2 个以上时，这些标本中的任何一份，均可称为合模式标本。

4. 后选模式标本（选定模式标本）（lectotype）

当发表新分类群时，作者未曾指定主模式标本或主模式已遗失或损坏时，是后来的作者根据原始资料，在等模式或依次从合模式、副模式、新模式或原产地模式标本中，选定一份作为命名模式的标本，即为后选模式标本。

5. 副模式标本（同举模式标本）（paratype）

对于某一分类群，著者在原描述中除主模式、等模式或合模式标本以外同时引证的标本，称为副模式标本。

（四）有效发表和合格发表

根据"法规"，植物学名的有效发表条件是发表品一定要是印刷品，并可通过出售、交换或赠送，到达公共图书馆或者至少一般植物学家能去的研究机构的图书馆。自 1953 年 1 月 1 日起，毕业论文在没有对其有效发表作出声明或无其他内部证据显示其有效性的情况下，将被认为属于无效发表。仅在公共集会上、手稿或标本上以及仅在商业目录中或非科学性的新闻报刊上宣布的新名称，即使有拉丁文特征集要，均属无效。

名称的合格发表必须符合命名法规规定条例的有效发表，必须附有该分类单位的特征描述或特征集要，除了法规提供的例外，名称必须仅由拉丁字母组成。自 1935 年 1 月 1 日起，除藻类（但现代藻类自 1958 年 1 月 1 日起）和化石植物外，一个新分类群名称的发表，必须指明其命名模式，才算合格发表。

（五）优先律原则

任何一个分类单位的命名是以其被发表的先后次序为依据，即凡符合法规、最早在公开出版物上合格发表的名称为唯一的正确名称，以后发表的名称只能作为异名而被废弃。优先率原则主要针对科及科以下单位，对科以上的分类单位不是强制性的。

（六）分类单位的命名

每一个分类单位只能有一个正确的名称，即最早发表的、符合各项规则的那个学名。但 ICBN 允许使用的例外，如 Asteraceae 和 Compositae（菊科）。科或科级以下的分类群的名称，都是由命名模式来决定的。种或种级以下的分类群的命名必须有模式标本做根据。

分类单位的名称通常根据该单位的显著特征或根据某属的名称而来，通常用特定的后缀（见附表 7-1）。

根据《国际植物命名法规》，植物学名必须用拉丁文或其他文字加以拉丁化来书写。科、亚科的名称通常由该科、亚科内的某一属的合法名称的词干上添加特定后缀构成。物种的名称采用了"双名法"，由两个拉丁词组成，前者是属名，第二个是种加词，后附上命名人的姓名，即一种植物完整的学名包括以下三个部分：属名＋种加词＋命名人的姓氏或姓名缩写。

植物的属名是各级分类群中最重要的名称，属名通常为一个单数拉丁名词，首字母必须大写。属名来源广泛，如形态特征、生活习性、用途、地方俗名、神话传说等。

植物的种加词用于区别同属中不同种，多数使用形容词，可以是植物的形态特征、习性、用途、地名等，种加词全部字母小写。

任何一个准确和完整的分类单位名称，都必须在单位名称后面写上首次合格发表该名称的作者姓名。植物学名中，命名人的引证一般只用其姓，如遇同姓者研究同一门类植物，则加注名字的缩写词以便区分。引证的命名人的姓名，要用拉丁字母拼写，并且每个词的首字母必须大写。我国的人名姓氏，现统一用汉语拼音拼写。如果定名人的姓名太长，可以缩写，这样方便核查其原始文献和发表日期。

附表 7-1 分类单位对照表

中文	英文	拉丁文	拉丁文后缀
界	Kingdom	Regnum	—
门	Division	Divisio	*-phyta*；*-mycota*
亚门	Subdivision	Subdivisio	*-phytina*；*-mycotina*
纲	Class	Classis	*-opsida*；*-phyceae*；*-mycetes*
亚纲	Subclass	Subclassis	*-idea*；*-phycidae*；*-mycetidae*
目	Order	Ordo	*-ales*
亚目	Suborder	Subordo	*-ineae*
科	Family	Familia	*-aceae*
亚科	Subfamily	Subfamilia	*-oideae*
族	Tribe	Tribus	*-eae*
亚族	Subtribe	Subtribus	*-inae*
属	Genus	Genus	—
种	Species	Species	

当某个名称是两个人共同发表的，则在两位作者之间用"et"或"&"相连；如果作者是两个以上，则可以只用第一个再加上"et al."；若甲作者对某种植物做了命名，但未合格发表，而乙作者著文并公开发表，那么，甲乙两作者在命名人中用"ex"相连，甲作者在前，乙作者在后。

植物种以下等级分类群有亚种、变种和变型，其命名为种的名称，加上种以下单位拉丁文缩写（变种 var.，亚种 subsp.，变型 f.），再加上种以下的加词和定名人。

（七）栽培植物的名称

《国际栽培植物命名法规》处理栽培植物的命名，定义了品种（cultivar），并规定了品种加词（cultivar epithet）的构成和使用。栽培品种名称是在种加词后加栽培品种加词，首字母大写，外加单引号，后不加定名人。根据《国际植物命名法规》所发表的名称的加词，当该类群的地位合适于品种时，可作为《国际栽培植物命名法规》中的品种加词使用。

（八）学名的改变

由于专门的研究，认为此属中的某个种应转移到另一属中去时，假如等级不变，可将它原来的种加词移动到另一属中而被留用，这样组成的新名称叫"新组合"。原来的名称叫基原异名（bisionym）。原命名人则用括号括之，一并移去，转移的作者写在小括号之外。例如，杉木最初定名为 *Pinus lanceolata* Lamb.，1826 年 Brown 又定名为 *Cunninghamia sinensis* R. Br. ex Rich.，1827 年 Hooker 在研究了该种的原始文献后，认为它属于 *Cunninghamia* 属。但 *Pinus lanceolata* Lamb. 这一学名发表最早，按命名法规定，在该学名转移到另一属时，种加词 *lanceolata* 应予保留。故杉木的合格学名为 *Cunninghamia lanceolata*（Lamb.）Hook. 其他两个学名成为他的异名，而 *Pinus lanceolata* Lamb. 称为基原异名。

（九）保留名

对不符合命名法规的名称，但由于历史上惯用已久，经国际植物学会议讨论作为保留名，如伞形科规范学名为 Apiaceae，惯用名 Umbellifera 作为保留科名，可以继续使用。

附录八

植物实验常用试剂的配制

（一）常用清洁剂

1. 乙醚乙醇洗液

可用于显微镜镜头清洁，将乙醚和乙醇按 7∶3 混合，装入滴瓶备用。用于擦拭显微镜镜头上油迹和污垢等（注意瓶口必须塞紧，以免挥发）。

2. 盐酸乙醇洗液

可用于玻片的清洁，其配方为：100 ml 95%乙醇中加入 1~2 ml 浓盐酸。

3. 硫酸重铬酸钾洗液

可用于玻璃器皿的清洁，其配方如下。

配方一（浓）：重铬酸钾 20 g＋工业用硫酸 30 ml＋水 250 ml。

配方二（淡）：重铬酸钾 20 g＋工业用硫酸 30 ml＋水 500 ml。

配制时可首先将重铬酸钾研碎加入水中，并加热以促其熔解，冷却后加入硫酸。配制后的溶液呈黄褐色，可反复使用，如变为墨绿色时，说明已氧化变质，需重配。洗液的腐蚀性极强，注意不要沾染衣服、桌面和皮肤。

（二）常用固定液

1. 福尔马林-乙酸-乙醇固定液（FAA）

又称标准固定液、万能固定液。适用于一般根、茎、叶、花药、子房组织切片，但不适用于单细胞及丝状藻类。在植物形态解剖研究上应用极广，此固定液的最大优点是兼有保存剂作用，但对染色体的观察效果较差。

配方：福尔马林（38%甲醛）5 ml＋冰醋酸 5 ml＋70%乙醇 90 ml。

幼嫩材料用 50%乙醇代替 70%乙醇，可防止材料收缩；还可加入 5 ml 甘油（丙三醇）以防蒸发和材料变硬。

2. 福尔马林-丙酸-乙醇固定液（FPA）

福尔马林 5 ml＋丙酸 5 ml＋70%乙醇 90 ml，用于固定一般的植物材料，通常固定 24 h，效果比 FAA 好，并可长期保存。

3. 福尔马林-丙酸-氯仿固定液（卡诺氏固定液）

卡诺氏固定液是研究植物细胞分裂和染色体的优良固定液，常用于根尖、花药压片及子房石蜡切片等。其渗透力迅速，根尖材料固定 15~20 min 即可，花药则需 1 h 左右，此液固定最多不超过 24 h，材料固定后，用 95%和 85%的乙醇浸洗，清洗 2~3 次，也可转入 70%乙醇中保存备用。

配方一：无水乙醇∶冰醋酸（$V∶V$）＝3∶1

配方二：无水乙醇∶冰醋酸∶氯仿（$V:V:V$）＝6∶1∶3

4. 甘油-乙醇软化剂

适用于木材的软化，将木质化根、茎等材料排除空气后浸入软化液中，时间至少一周或更长一些，也可将材料保存于其中备用。

配方：甘油∶50%或70%乙醇（$V:V$）＝1∶1

5. 铬酸-乙酸固定液

根据固定对象的不同，可分强、中、弱3种不同的配方。

弱液配方：10%铬酸2.5 ml＋10%乙酸5.0 ml＋蒸馏水92.5 ml。

中液配方：10%铬酸7 ml＋10%乙酸10 ml＋蒸馏水83 ml。

强液配方：10%铬酸10 ml＋10%乙酸30 ml＋蒸馏水60 ml。

弱液用于固定较柔嫩的材料，如藻类、真菌类、苔藓植物和蕨类的原叶体等，固定时间较短，一般为数小时，最长可固定12～24 h，但藻类和蕨类的原叶体可缩短到几分钟到1小时。

中液用作固定根尖、茎尖、小的子房和胚珠等，固定时间12～24 h或更长。

强液适用于木质的根、茎和坚韧的叶子、成熟的子房等。为了易于渗透，可在中液和强液中另加入2%的麦芽糖或尿素，固定时间12～24 h或更长。

（三）解离液

用于溶解细胞胞间层，使细胞彼此分离，获得单个完整细胞，以便观察不同组织细胞的形态特征。解离液种类很多，以下为常用解离液配方。

1. 铬酸-硝酸解离液

适用于木质化组织，如导管、管胞、纤维、石细胞等，也可用于草质根、茎成熟组织的解离。将10%铬酸和10%硝酸等量混合。

2. 盐酸-乙醇解离液

一般用于离析根尖细胞，将浓盐酸、95%乙醇等量混合。

3. 盐酸解离液

1）1 mol/L 盐酸　　浓盐酸（相对密度1.19）82.5 ml，用蒸馏水定容至1000 ml。

2）0.2 mol/L 盐酸　　浓盐酸（相对密度1.19）16.5 ml，用蒸馏水定容至1000 ml。

常用0.2 mol/L盐酸于60℃恒温下水解10～15 min，对各种类型材料都能获得细胞分离和染色合适的较好效果。

4. 硝酸-氯化钾解离液

适用于木材的植物组织。

配方：硝酸5 ml与氯化钾1 g，加热5 min。

（四）常用染色液

1. 番红染液

番红为碱性染料，可将木质化、栓质化和角质化的细胞壁以及细胞核中染色质、染色体和花粉外壁等染成红色。植物组织制片中常与固绿、苯胺蓝等做双重染色，与橘红G和结晶紫做三重染色，是最常用的染色剂之一。根据需要可按照以下三种配方配制。

1）番红水溶液　　番红1 g＋蒸馏水100 ml。

2）番红乙醇溶液　　番红1 g＋50%（或95%）乙醇100 ml。

3）苯胺番红染色液

A液：番红 5 g＋95％乙醇 50 ml。

B液：苯胺 20 ml＋蒸馏水 450 ml。

将 A、B 两种溶液混合后充分摇匀，过滤后使用。

2. 固绿染液

又名快绿溶液，是一种酸性染料，可将纤维素的细胞壁和细胞质染成绿色，着色很快，故要掌握好染色时间。在植物组织制片中常与番红配合进行对染，是最常用的染色剂之一。

1）固绿乙醇溶液　　固绿 0.5 g＋95％乙醇 100 ml。

2）苯胺固绿染色液　　固绿 1 g＋95％乙醇 40 ml＋苯胺 10 ml。

配后充分摇匀，过滤后使用。

3. 碘-碘化钾（I-KI）染液

能将淀粉染成蓝紫色，蛋白质染成黄色，也是植物组织化学测定的重要试剂。

配制方法：将 2 g 碘化钾放入 5 ml 蒸馏水中加热使其完全溶解，然后加入 1 g 碘，完全溶解后用蒸馏水稀释至 300 ml，放入棕色玻璃瓶中，置于暗处保存。若用于淀粉的鉴定，还需稀释 3～5 倍。如果用于观察淀粉粒上的轮纹，需稀释 100 倍以上，观察结果更清晰。

4. 苏丹Ⅲ染液

能使木栓化、角质化的细胞壁及脂肪、挥发油、树脂等染成橘黄色或淡红色。

1）取 0.1 g 苏丹Ⅲ，溶解于 20 ml 95％的乙醇中即可。

2）先将 0.1 g 苏丹Ⅲ溶解在 50 ml 丙酮中，再加入 70％乙醇 50 ml，即可使用。

5. 间苯三酚染液

用于木质化的细胞壁染色，将 5 g 间苯三酚溶解于 100 ml 95％的乙醇中（注意溶液呈黄褐色即失效）。

6. 铁乙酸洋红染液

适用于压碎涂抹制片，能使染色体染成深红色，细胞质染成浅红色。

配法一：冰醋酸 90 ml 加入 110 ml 蒸馏水中煮沸。取下后立即加入 1 g 洋红搅拌，使之迅速冷却并过滤，再加入数滴乙酸铁或氢氧化铁媒染剂的水溶液，至颜色变为红葡萄酒色即可（注意铁剂不要加得太多，否则洋红会发生沉淀）。

配法二：先将 200 ml 45％乙酸水溶液放入锥形瓶中，煮沸后停止加热，然后将 1 g 洋红粉末分多次缓慢加入（注意不能一次倾入，以防溅沸）。待全部加完后，再煮 1～2 min，并用棉线悬入一生锈的小铁钉，过 1 min 后取出，或滴入 4％的铁明矾液 5～10 滴，使染色剂略含铁质，以增进染色性能。过滤后，放棕色滴瓶中备用（避免阳光直射）。

如无洋红，可用地衣红代替，配法同洋红，而且对于某些植物染色效果更好。

7. 龙胆紫染液

龙胆紫为一种碱性阳离子染料，可染细胞核、染色质、纺锤丝、线粒体等。现常以结晶紫代替，必要时可将医用紫药水稀释 5 倍后代用。

取 0.2 g 龙胆紫溶于 100 ml 蒸馏水中。

8. 改良苯酚品红染液

该染液是观察植物染色体比较理想的染色剂，优点较多，使用方便。配制方法如下。

A液：取 3 g 碱性品红溶于 100 ml 70％乙醇中（可长期保存）。

B液：取 A 液 10 ml 加入 90 ml 5％苯酚（即石炭酸）水溶液中（2 周内使用）。

C液：取 B 液 55 ml 加入 6 ml 的冰醋酸和 6 ml 38％甲醛（可长期保存）。

染色液：取 C 液 10～20 ml，加入 80～90 ml 45％乙酸和 1.5 g 山梨醇。放置 2 周后使用，染色效果显著，可普遍用于植物组织的压片法和涂片法，使用 2～3 年不变质。山梨醇为助渗剂，兼有稳定染色液的作用。如果没有山梨醇，也能染色，但效果稍差。

9. 苏木精染液

苏木精是植物组织制片中应用最广的染料，它不仅是很强的核染料，而且染色时可以分化出不同的颜色。它的配方很多，最常用的配方有以下几种。

1) 代氏苏木精

甲液：苏木精 1 g＋95％乙醇 10 ml。

乙液：铁明矾（硫酸铝铵）10 g＋蒸馏水 100 ml。

丙液：甘油 25 ml＋甲醇 25 ml。

配法：分别配制甲、乙液，充分溶解后，将甲液滴入乙液中，并不断摇动，放入广口瓶，瓶口用纱布扎住，置于光线充足的地方一周以上，再加丙液，混合均匀，瓶口仍用纱布封住，继续充分氧化，直到颜色变成深紫黑色为止。过滤，再密封瓶口，两个月后即可使用。染色力强，可保存多年不变质。如果急用可加少量过氧化氢促其氧化，使用时根据需要可稀释 1～3 倍。

2) 铁矾苏木精

甲液：铁明矾（硫酸铁铵）4 g＋蒸馏水 100 ml＋冰醋酸 1 ml＋硫酸 0.12 ml。甲液是媒染剂，必须用时现配，保持新鲜。

乙液：苏木精 0.5 g＋蒸馏水 100 ml。

乙液有两种配法：①先将苏木精 0.5 g 溶于少量 95％乙醇中，待溶解后，再加入蒸馏水 100 ml，瓶口用纱布包扎静置，使其慢慢氧化，约一个月后过滤备用，如急用，可加入 3～5 ml 过氧化氢，促其氧化成熟；②取苏木精 2 g 溶解于 20 ml 95％乙醇中，过滤作为长期保存的原液。使用时，用蒸馏水稀释，即取原液 5 ml 加入蒸馏水 95 ml，即成 0.5％的苏木精水液。

10. 曙红染液

常与苏木精对染，能使细胞质染成浅红色，起衬染作用。也常用于 95％乙醇脱水时，加入少量曙红溶液，其目的是在包埋、切片、展片、镜检时便于识别材料。

取曙红 0.25 g 溶于 100 ml 95％乙醇中。

11. 中性红染液

用于染细胞中的液泡，可鉴定细胞的死活。

取中性红 0.1 g 溶于 100 ml 蒸馏水中，用时再稀释 10 倍左右。

12. 钌红染液

钌红是细胞胞间层专性染料，配后不易保存，应现用现配。

取 5～10 mg 钌红溶于 25～50 ml 蒸馏水中即可。

13. 亚甲基蓝染液

常用于细菌等的染色，取 0.1 g 亚甲基蓝，溶于 100 ml 蒸馏水中即成。

14. 苯胺蓝溶液

为酸性染料，对纤维素细胞壁、非染色质的结构、鞭毛等，尤其是染丝状藻类效果好。还多用于与真曙红做双重染色，对于高等植物多用于与番红做双重染色。

配方：苯胺蓝 1 g，35％或 95％乙醇 100 ml。

15. 橘红 G 乙醇溶液

为酸性染料，染细胞质，常做双重或三重染色用。

配方：橘红 G 1 g，95％乙醇 100 ml。

（五）常用的透明剂及透明方法

材料在脱尽水分后还需经过与石蜡、树胶相混合的溶剂来处理，这种溶剂能使材料清净透明，增加组织折光系数。常用的透明剂有以下几种。

1. 二甲苯

二甲苯价格便宜，是目前应用最广的透明剂。它作用迅速，透明力强，能与乙醇混合，也可溶解石蜡，并能与树胶混合成封藏剂，但不溶于水，使用时必须脱净水分，否则发生乳状混浊。其缺点是：使组织收缩变脆，故在二甲苯中不宜停留时间过长，同时必须在材料完全脱水后方可使用。为了脱水彻底和避免材料收缩，应逐步从无水乙醇过渡到二甲苯中，即无水乙醇→无水乙醇＋二甲苯（$V:V=1:1$）→二甲苯。

2. 氯仿

为常用的透明剂，能与乙醇混合，溶解石蜡，在石蜡制片中，浸蜡前的透明多采用氯仿。氯仿对材料收缩也较小，易挥发，浸蜡时渗入组织中的氯仿易排除。但渗透力较弱，会破坏染色，一般染色后的切片，不宜用氯仿处理。使用氯仿应逐渐增加浓度至纯氯仿，一般用五级氯仿透明，即 1/5 氯仿［氯仿（V）：无水乙醇（V）＝1:4］→2/5 氯仿［氯仿（V）：无水乙醇（V）＝2:3］→3/5 氯仿［氯仿（V）：无水乙醇（V）＝3:2］→4/5 氯仿［氯仿（V）：无水乙醇（V）＝4:1］→纯氯仿（2 次）。

3. 水杨酸甲酯

又称冬青油，可作整体制片的透明剂，效果较好，对维管系统的透明也很理想，但其渗透力较弱，且具毒性，用时要小心。

其他透明剂还有：丁香油、香柏油等。

（六）常用粘贴剂

1. 明胶粘贴剂

此粘贴剂除粘贴蜡带外，还能作为花粉及单细胞藻类的粘贴剂。其配法如下：

先将 100 ml 蒸馏水加温至 30～40℃，慢慢加入 1 g 明胶，待全部溶解后，再加入 2 g 苯酚和 15 ml 甘油，搅拌至全溶为止，然后用纱布过滤，储于瓶中备用。

2. 火棉胶粘贴剂

适用于较厚的组织材料，如木材或种子切片，先用明胶粘贴剂粘贴，稍干后，再滴上火棉胶溶液，然后把贴好的切片完全烘干。

配方：50 ml 无水乙醇＋50 ml 乙醚＋2 ml 火棉胶。

3. 蛋清甘油

将鸡蛋一端打开一个小孔，只让蛋清慢慢流入烧杯内，用玻璃棒充分搅拌成泡沫状，然后用粗滤纸或双层纱布过滤到量筒中，经一昼夜（或更长）能滤出透明蛋清液，再加入等量甘油及少量防腐剂（如樟脑等）振荡使其完全混合后即可应用。可放低温干燥处（如冰箱中）长期保存。

（七）常用封藏剂

1. 加拿大树胶

是玻片标本的优良封固剂。将固体的加拿大树胶块溶解于二甲苯或正丁醇中，配制浓度以在玻璃棒一端形成小滴滴下而不呈线状为宜（注意绝对不能混入水或乙醇），也可用人工合成的中性树胶代替。配制时不可加热，否则胶变成深褐色，影响观察，同时树胶受热易酸化，可在胶内加入少量碳酸钙以中和之。配好的树胶要用专门树胶瓶盛装，内插细长玻璃棒，使用时勿使树胶滴在瓶口上，并避免阳光照射。

2. 乳酚甘油

此封藏剂适用于整体封藏，如藻、蕨原叶体、幼根等其他小材料封藏都可适用。

配方（体积比）：苯酚∶乳酸∶甘油∶蒸馏水＝1∶1∶1∶1。

3. 甘油胶冻

配制方法：明胶 10 g、蒸馏水 30 ml、甘油 30 ml、苯酚 1 g。将 4 种药剂混合后加热至 70～80℃，装入大口瓶中密闭，后置 50℃ 温箱中 48 h，再加热到 80℃ 并用消毒过的纱布连续过滤 2 次即可。此剂在室温下为固态，使用时，先转置 60℃ 水浴锅中液化，取一滴于载玻片上，加入材料（菌丝或子实体等），迅速加盖玻片即可。

（八）预处理液

用于根尖压片的前处理液，能使细胞有丝分裂染色体缩短。

1. 8-羟基喹啉预处理液

称取 0.29 g 8-羟基喹啉溶于 1000 ml 蒸馏水中，即得到浓度为 0.002 mol/L 的 8-羟基喹啉预处理液。

2. 对二氯代苯饱和水溶液

将对二氯代苯加入蒸馏水中搅拌至不再溶解为止，即成饱和水溶液。

（九）标本消霉剂

用于腊叶标本消毒，常用 0.4% 升汞乙醇溶液（95% 乙醇 1000 ml＋4 g 升汞），浸泡标本 0.5～2 min。注意：升汞有剧毒，千万不要弄到手上，消毒后注意洗手。

（十）各级乙醇的配制

由于无水乙醇价格较高，故常用 95% 的乙醇配制。配制方法很简便，用 95% 的乙醇加上一定量的蒸馏水即可。可按下列公式推算：

［原乙醇浓度值（95%）－最终乙醇浓度值］×100＝所需加水量

最终乙醇浓度/%	95%乙醇用量/ml	蒸馏水量/ml
85	85	10
70	70	25
50	50	45
30	30	65

(十一) 磷酸缓冲液配制

母液：

储备液 A：0.2 mol/L Na_2HPO_4 溶液（$Na_2HPO_4 \cdot 7H_2O$ 53.65 g 或 $Na_2HPO_4 \cdot 12H_2O$ 71.7 g，用蒸馏水溶至 1000 ml）。

储备液 B：0.2 mol/L NaH_2PO_4 溶液（$NaH_2PO_4 \cdot H_2O$ 27.8 g 或 $NaH_2PO_4 \cdot 2H_2O$ 31.2 g，用蒸馏水溶至 1000 ml）。

0.1 mol/L 的缓冲液配法：x ml（A）＋y ml（B），稀释至 200 ml。

pH	5.7	5.8	5.9	6.0	6.1	6.2	6.3	6.4	6.5	6.6	6.7	6.8
x	6.5	8.0	10.0	12.3	15.0	18.5	22.5	26.5	31.5	37.5	43.5	49.0
y	93.5	92.0	90.0	87.7	85.0	81.5	77.5	73.5	68.5	62.5	56.5	51.0
pH	6.9	7.0	7.1	7.2	7.3	7.4	7.5	7.6	7.7	7.8	7.9	8.0
x	55.0	61.0	67.0	72.0	77.0	81.0	84.0	87.0	89.5	91.5	93.0	94.7
y	45.0	39.0	33.0	28.0	23.0	19.0	16.0	13.0	10.5	8.5	7.0	5.3